T0276362

RABIETAS

MÍRIAM TIRADO

Rabietas

Consejos y herramientas
para lidiar con ellas
con conciencia, humor y amor

URANO
Argentina – Chile – Colombia – España
Estados Unidos – México – Perú – Uruguay

A mis hijas Laia y Lua.
Gracias por vuestras rabietas.

ÍNDICE

PRÓLOGO 15

INTRODUCCIÓN. 21

CAPÍTULO 1

CUANDO TODO ERA FÁCIL 25

¿DÓNDE ESTÁ MI HIJA? 27

LA VIOLENCIA QUE HAY EN MÍ 31

TOCAR FONDO. 37

CAPÍTULO 2

QUÉ ES UNA RABIETA 43

VALE, PERO ¿SE PUEDEN EVITAR? 44

NORMAL O ANORMAL. EL AGOBIO DE LOS PADRES 47

RABIETAS: DESDE CUÁNDO Y HASTA CUÁNDO 50

¿POR QUÉ RABIAN TANTO? 55

QUÉ ESCONDE UNA RABIETA.............................. 57

EL MIEDO, ORIGEN DE CASI TODO 63

EL BERRINCHE COMO OPORTUNIDAD 67

CAPÍTULO 3

¿CÓMO SON LOS NIÑOS Y NIÑAS? 69

SON PEQUEÑOS 71

SON INMADUROS 73

SON EGOCÉNTRICOS 74

YO NO PIENSO LO QUE TÚ PIENSAS 78

VIVEN EL PRESENTE 80

SON TODO EMOCIÓN 82

SON JUEGO Y MAGIA 84

LES FALTA LENGUAJE 87

TIENEN NECESIDADES QUE PIDEN SER SATISFECHAS 90

«BIG CHICKENS» 94

CAPÍTULO 4

EL LLANTO 97

EL LLANTO REMUEVE 100

EL LLANTO, A MENUDO, CANSA 104

CUANDO EL LLANTO ES «TOO MUCH» PARA NOSOTROS 107

¿POR QUÉ TENEMOS TANTO MIEDO A QUE LLOREN? 110

¿CONFLICTO? NO, GRACIAS 111

PERO ES QUE NO QUIERO QUE SUFRA 116

CAPÍTULO 5

NO ERES TÚ, SOY YO 119

¿POR QUÉ SOLO A MÍ? 121

¿POR QUÉ SE PONE ASÍ SI LO TRATAMOS BIEN? 125

SIN REFERENTES 128

UNA NUEVA MIRADA Y UN NUEVO PRECIO A PAGAR 130

MAMÁS Y PAPÁS FRUSTRADOS, NIÑOS Y NIÑAS FRUSTRADOS . 135

LAS GRANDES DESCONOCIDAS 138

EMOCIONES SIN JUICIOS 140

Y CUANDO LAS SIENTA, ¿QUÉ HAGO? 143

CAPÍTULO 6

LO MÁS IMPORTANTE PARA ACOMPAÑAR UNA RABIETA 151

PERMITIR QUE LO QUE ES SEA. 156

HA ESTALLADO EL «BIG CHICKEN». ¿QUÉ COCREAS?. 162

EMOCIÓN VERSUS COMPORTAMIENTO 166

CAPÍTULO 7

LOS LÍMITES. 171

NUESTRA HISTORIA. 173

PRIMERO LOS NUESTROS. 176

DA CUERPO AL LÍMITE. 181

QUÉ LÍMITES 183

CUÁNTOS LÍMITES. 186

CÓMO PONER LÍMITES. 188

CUANDO NO OBEDECEN 193

CAPÍTULO 8

CÓMO ACTUAR 201

CUANDO HAY PÚBLICO. 217

PAREJA: CUANDO ACTUAMOS DISTINTO 222

SITUACIONES ESPECIALES. 228

RABIA ENTRE HERMANOS. 238

RABIETAS NOCTURNAS. 244

CAPÍTULO 9

LA FALTA DE AUTOCONTROL EN ELLOS Y EN NOSOTROS 249

RECURSOS PARA NUESTRO AUTOCONTROL. 251

RECURSOS PARA SU AUTOCONTROL 267

TU DERECHO A «PATALETA» 278

LO QUE NO HAY QUE HACER 280

CAPÍTULO 10

BAJAR A LA TIERRA 285

HORARIOS Y RUTINAS 287

RABIETAS POR LAS MAÑANAS 291

RABIETAS EN LAS COMIDAS 306

RABIETAS POR PANTALLAS 314

RABIETAS EN EL PARQUE 317

LA HORA DEL BAÑO 319

¡A DORMIR! 322

DE FINDE Y VACACIONES 326

CAPÍTULO 11

RABIETAS EN NIÑOS Y NIÑAS DE ALTA SENSIBILIDAD 337

RABIETAS EN NIÑOS Y NIÑAS DE ALTAS CAPACIDADES 343

CUÁNDO CONSULTAR CON UN ESPECIALISTA 346

CAPÍTULO 12

¿AMOR O DEPENDENCIA? 351

TODO EMPIEZA EN TI 354

¿ME VES? ¿ME ESCUCHAS? ¿ME QUIERES? 360

SUELTA Y FLUYE 365

LA MONTAÑA DE MILLONES DE CIMAS 368

EPÍLOGO 373

AGRADECIMIENTOS 377

«Ámame cuando menos me lo merezca porque será
cuando más lo necesite.»

Proverbio chino

PRÓLOGO

Existe una antigua discusión sobre la naturaleza humana que queda especialmente representada por las posiciones polarizadas de dos filósofos: Thomas Hobbes y Jean-Jacques Rousseau (siglos XVII y XVIII, respectivamente). Para el primero, el hombre era intrínsecamente malo y violento y necesitaba del Estado para dominar sus instintos; por el contrario, para el segundo, los seres humanos se mostraban bondadosos y pacíficos de forma natural y era la sociedad la que los corrompía.

Nuestra sociedad se ha desarrollado bajo una fuerte influencia de creencias religiosas que nos adjudican un pecado original desde el nacimiento, el cual necesita ser redimido, y que nos ha enseñado, además, a desconfiar de nuestra propia naturaleza esencial. Aunque de forma consciente puede parecer que estas creencias están superadas, en el inconsciente colectivo se encuentran plenamente vigentes y nos condicionan en el modo en que nos percibimos y en nuestra capacidad de confiar en nosotros mismos y guiarnos a través de nuestra forma de sentir más que en los estándares de comportamiento socialmente aceptables. Hobbes ha ganado el pulso.

Desde este punto de vista, las niñas y los niños son vistos como seres con instintos que hay que reprimir, modelar y adiestrar para «socializarlos». No es extraño que en lo referente a la crianza se haya desarrollado el paradigma de la crianza tradicional adultocéntrico (citando a la autora), basado en el control del comportamiento de los niños a través del miedo, el grito, la amenaza, la culpa, el soborno, el chantaje e incluso justificando la agresión física.

Desde el primer minuto de lectura de este texto, Míriam nos deja muy clara su confianza en la naturaleza esencialmente bondadosa del ser humano, defendiendo especialmente esta cualidad en las niñas y niños, seres humanos completos pero inmaduros que se merecen todo el respeto y toda la atención. No se trata de dejarlos «en libertad» porque sin la influencia corruptiva de los adultos serán capaces de desarrollar sus dones, como diría Rousseau, sino todo lo contrario: acompañarlos muy de cerca con respeto, empatía y asertividad para que puedan desarrollar todo su potencial.

Conviene entrar en su mundo, comprenderlo y desde ahí establecer un espacio de seguridad donde puedan gestionar, transitar y superar todas las dificultades que en su desarrollo se presentan. Ah, y lo más importante, Míriam nos propone este acompañamiento desde el desarrollo de la propia consciencia, presencia y autenticidad.

No se trata de aplicar métodos bien estructurados ya documentados y avalados por estudios de prestigio. El reto es mucho más profundo: establecer un compromiso con la introspección y el autoconocimiento; entrar en la propiocepción detectando nuestros clichés, patrones de creencias inconscientes; ordenar nuestro mundo interno, tomar consciencia, liberar y sanar los bloqueos emocionales que arrastramos desde la infancia para poder acompañar «a nuestros peques» sin responsabilizarles de nuestros prejuicios y limitaciones.

Se necesita realmente una atención plena, profunda y elevada para no dejarnos llevar por «esta creencia injusta, falsa, simplista, adultocentrista, irrespetuosa y carente de base de que los peques son crueles y te toman el pelo a la mínima», especialmente cuando nos hallamos en la ardua tarea —tema central de este libro— de acompañar a nuestros hijos por la intensa etapa de las rabietas.

Desde un gran conocimiento de la psicología infantil y con un lenguaje sencillo pero profundo, Míriam nos ayuda a entender el mundo interno de los niños y su percepción de la realidad. Nos ayuda a entender el abismo que existe muchas veces entre la comprensión de lo que acontece en la realidad cotidiana percibida por un adulto y la percibida por un niño, y lo hace ayudándose de ejemplos; incluso nos revela sus propias experiencias y vivencias de manera sencilla y sincera. Nos propone estrategias de actuación, pero especialmente nos propone superar el miedo a la introspección, así como enfocar nuestra atención en percibir y comprender con claridad nuestra forma de actuar y «nuestras razones» desde el propio respeto y autoestima, lo que nos permite actuar menos desde la reacción y más desde la consciencia y la empatía.

Para asegurar que la comprensión del texto no es solo intelectual, de vez en cuando nos propone detener la lectura y entrar en los «Explora…» para tomar consciencia desde el sentir en el cuerpo, corporalizar, incorporar desde el sentimiento lo que la lectura está movilizando en nuestro interior.

Hay una constante en este libro: la confianza en nuestra capacidad de evolucionar y transformarnos, la posibilidad siempre presente de reparar los vínculos afectivos con nuestros hijos y, sobre todo, mejorar de forma eficiente y plena el tránsito por esta etapa.

Ante toda esa confianza que transmite, uno podría pensar que Míriam ha vivido una infancia en un entorno familiar ideal y sin dificultades. Deja que te cuente algunas cosas…

Conocí a Míriam cuando acababa de cumplir cinco años. Me enamoré profundamente de su madre y enseguida la realidad me enseñó que junto a aquella mujer que amaba venía «pegada» una niña. Ahora, cuando lo recuerdo, me sorprende que no tuviera ninguna resistencia a aquella situación, de modo que en poco tiempo me encontré conviviendo con aquella díada y formando un núcleo familiar como si siempre hubiera sido así.

Vivía esta nueva situación de forma natural y con ganas pero, a decir verdad, con poca consciencia ni demasiada reflexión. No me planteé «hacer de padre», puesto que Míriam ya tenía uno y en activo. Pero claro, al convivir, de forma natural también se instaló una relación en la que yo ejercía la función paterna normalmente.

Los padres de Míriam se acababan de separar, las relaciones entre los adultos, adaptándonos a la nueva situación, era buena, de respeto, comprensión y estima. Siempre he tenido una buena relación con el padre de Míriam. Este tránsito era vivido por los adultos de forma suficientemente buena, pero esta complacencia no nos dejó ver muchas veces las dificultades, el sufrimiento, la inseguridad y el dolor que Míriam vivía en aquella nueva situación. El hogar conocido y seguro se desintegra y hay que adaptarse a una nueva situación con nuevos miembros adultos que hay que conocer y con los que hay que convivir sí o sí, etc.

Míriam creció en este nuevo entorno familiar. Durante este tiempo, fui entrando en un largo proceso de introspección, terapia y crecimiento personal y, mientras Míriam crecía, también crecía mi capacidad de presencia, consciencia y empatía. El vínculo con Míriam fue creciendo y mejorando día a día. Las hijas y los hijos son muy generosos y poco o nada rencorosos, perdonan con facilidad las carencias de los adultos y se acercan y confían de buen grado en el acompañamiento del adulto de referencia cuando este evoluciona y recupera «el norte».

La propuesta de Míriam de focalizar el acompañamiento de los hijos en su proceso de crecimiento, y en especial en el tránsito y gestión de las rabietas, tiene valores añadidos. Poner el énfasis en la introspección y el crecimiento personal no es solo una forma muy eficiente y positiva de ayudar a los hijos, sino también la oportunidad de mejorar y resituarse en la vida de forma más fluida y plena para las madres, los padres y los adultos de referencia.

Al mismo tiempo, es una oportunidad de mejorar y reforzar los vínculos con los adultos de nuestro alrededor. Es emocionante contemplar cómo poco a poco se va reestructurando la familia. Hijas e hijos, padres, madres, hermanos, abuelos (en nuestro caso incluso bisabuelos), cada generación desde su momento y mirada, aportan su saber y capacidad, los cuales revierten en el conjunto de una familia extensa que puede expresar todo su potencial con relaciones fluidas y placenteras.

Bueno, no te entretengo más, te animo a leer, seguir y dejarte llevar por el viaje interior que este libro propone. Estoy convencido de que llegarás al final del libro no solo con un entendimiento que facilite el arte de acompañar a tus hijos en el aprendizaje de gestionar sus emociones, sino también con el sentimiento de transformación y crecimiento como persona más libre y más plena que este trabajo habrá producido en ti. ¡Que así sea!

JOSEP M. GARCIA SOLA
Psicólogo, Terapeuta Psicocorporal

INTRODUCCIÓN

Perdí la cuenta hace mucho tiempo de las rabietas que me ha tocado sostener, y te lo digo de entrada para que no pienses que yo me he librado de ellas. No, al contrario. Si estoy aquí hablando de rabietas y de cómo lidiar con ellas es porque, precisamente, he vivido un montón. Vaya, que en una competición de madres y padres que más rabietas han vivido, ¡creo que yo tendría posibilidades! ;)

Sí, sé que tú también crees que las tendrías y seguramente es cierto. Vamos, que aquí no se escapa nadie y vamos todos para podio. O casi. Para que no te deprimas te diré que esto tiene muchas cosas buenas, aunque ahora mismo ni te lo creas ni te consuele. Más adelante, en este libro, sabrás por qué.

Pero quiero dejar muy claro, antes de empezar, que no tengo la varita mágica que hará desaparecer las rabietas en tu casa de un plumazo. Si la tuviera, yo no habría vivido las que he vivido y, seguramente, no estaría escribiendo este libro. Además, deja que te diga que si alguien te promete que siguiendo sus pasos vas a poder librarte de ellas, desconfíes. No solo porque creo que no es posible, sino porque creo que no es bueno.

Digamos que, con este libro, yo no quiero que elimines las rabietas de tus peques de vuestra vida, sino que consigáis hacerlas más llevaderas, entenderlas y sacarles el máximo provecho posible para aprender y crecer juntos. Y ya que estamos, que podáis mirarlas con humor y con mucho amor y consciencia.

Es, de hecho, lo que a mí me ha servido de verdad: entender todo lo que esconde un berrinche, entrar en él, entrar en el mío propio (cuando ellos rabian a menudo nosotros también lo hacemos), y explorar todos sus rincones. Solo sumergiéndome de lleno en ellos conseguí empezar a lidiarlos, a perderles el miedo, a amarlos. Y con ellos a amar también a mis hijas profundamente cuando estaban en plena rabieta.

Ya lo sé: fácil no es, y te juro que fácil no me ha resultado. He llorado a veces al sentir que las rabietas de la mayor me pasaban, literalmente, por encima. Supongo que tenía que tocar fondo para entrar, de verdad, en el «apasionante» mundo de las rabietas. Y esto no es una broma: es apasionante y en este libro te voy a contar por qué.

Este es mi objetivo: que cuando termines el libro vivas y veas las rabietas de tu hijo o hija como una oportunidad de crecimiento y de transformación, y no como un conflicto más en vuestra vida que os distancia. Que cuando termines el libro, hayas cambiado la mirada, tengas una visión de ti misma/o y de tus hijos e hijas más consciente, más global, más profunda.

Algo que nos sucede a menudo es que la teoría la comprendemos a la perfección pero, sin embargo, nos cuesta mucho llevarla a la práctica. Para que este no sea el caso de este libro, y que su lectura te ayude a integrar lo expuesto para que haya un verdadero cambio en ti y en la forma de acompañar a tu hijo o hija en sus rabietas, encontrarás en él una parte práctica. Te propondré que detengas la lectura a ratos para entrar en el cuerpo y para que todo lo leído pueda ser luego vivido en el cuerpo y transformado desde la comprensión y desde la toma de consciencia profunda de nuestra propia historia. Para ello, te propongo que tengas a mano una libreta, por si quieres hacer este camino acompañada/o de algo de escritura. A veces, dejar negro sobre blanco cómo nos sentimos nos ayuda a ordenar nuestras ideas y a tomar más consciencia aún de cómo estamos. Así que, si quieres, puedes tomar algunas notas después de hacer los ejercicios que te propongo en los apartados «Explora».

No quiero que este libro sea uno más que se amontone en tus estanterías y se llene de polvo. O que sea de esos que nombramos cuando decimos «yo he leído mucho y me sé la teoría, pero a la hora de pasar a la práctica, no me sale». No; escribo estas páginas con la intención de que este libro sea distinto para ti y te sirva para hacer de verdad una transformación en ti: para que te ayude a cambiar de mirada pero, no solo a un nivel teórico, sino que en tu interior (en tu cuerpo, en tu cerebro y en tu alma) se haga el clic necesario que te ayude a que haya armonía entre lo que crees que debes hacer y lo que haces.

Yo pondré todo mi empeño y espero conseguirlo.

Sea como sea, me apetece mucho hacer este viaje contigo. ¿Me acompañas?

CAPÍTULO 1

CUANDO TODO ERA FÁCIL

Después de un parto más que difícil, costoso y complicado que me dejó casi en KO técnico, la vida me regaló una feliz lactancia y una fácil adaptación. Después de lo vivido con el parto, todo me resultaba más o menos sencillo. Lo que mi hija Laia quería y necesitaba era justamente lo que a mí me salía darle: contacto, leche, brazos, mirada, acompañamiento, empatía, tiempo, presencia...

Fue un tiempo plácido. Me sorprendieron muchas cosas de la maternidad, y algunas no precisamente de manera positiva, como el hecho de sentirme invisible al mundo. Pero tengo que reconocer que los dos primeros años de su vida, en los que yo estuve por completo en excedencia laboral, me resultaron de lo más felices y placenteros.

Tenemos un bebé que (casi) solo tiene ojos para mamá y además está precioso, y sonríe a la mínima de cambio, los enfados se le pasan en un momento y es demasiado pequeño como para llevarnos la contraria. Sé que algunos pensaréis que vuestro bebé a partir de los doce meses ya no era tan «fácil» pero, en realidad, todavía es una edad en la que los bebés hacen lo que los padres dicen. Quizá protestan un momento, sí, pero es fácil distraerles, cambiarles el chip y que aquello que ha pasado se les olvide en un instante.

Un bebé nos conecta con la vulnerabilidad, con la fragilidad, y lo que nos nace es acompañarlo, ayudarlo, tratarlo bien. Nuestra necesidad de atenderlo y la suya de ser atendido se encuentran y nos allanan el camino, que aunque sea nuevo y a ratos costoso es también muy instintivo.

Es en esos momentos, y también cuando no tenemos hijos, cuando osamos juzgar escenas como la siguiente: vas por la calle, o estás en el súper o en un restaurante, y ves a una familia con una hija que parece poseída por la niña del exorcista. Normalmente vemos a un niño o una niña desbocado (da igual porque afecta a los dos sexos por igual) y a unos padres desbordados, y entonces piensas aquello de «si algún día tengo hijos, a mí esto no me va a pasar» o «mi hija preciosa esto no lo va a hacer porque estamos vinculadas y nos adoramos».

Lo último que queremos en ese momento es vernos en la situación de esos padres desbordados. No, no mola nada, y estamos convencidos de que eso, a nosotros, no nos va a suceder jamás. Y en caso de que nos sucediera, algo nos dice que sabríamos perfectamente cómo actuar y salir de esa situación más que airosos.

¡Santa inocencia! ¡Santa ingenuidad! Me gustaría saber cuántos padres hemos pensado en algún momento, viendo un berrinche de un niño, «a mí esto no me va a pasar». Pero en 3, 2, 1 nos hemos visto en esas y en peores situaciones y hemos pensado «Dios, ¡soy como esos padres a quienes me atreví a juzgar!» Estoy segura de que llenaríamos un montón de campos de fútbol entre todos. La maternidad y la paternidad son un baño de humildad que lo pone todo en su sitio y que da una muy buena perspectiva para seguir criando y para intentar dejar de juzgar.

La cruda realidad es que ni cuando no tenemos hijos, ni cuando ya tenemos a nuestro bebé sonriente en nuestros brazos, tenemos ni idea de qué sentiremos cuando llore poseído, chillando, en medio de un supermercado. No tenemos ni idea de qué sentiremos nosotros, de cómo actuaremos en esa situación. De qué se nos despertará dentro.

Todo lo que imaginemos o pensemos lo hacemos desde la persona que somos en ese preciso instante y que no tendrá nada que ver, muy probablemente, con la persona en la que nos habremos convertido después de tener a nuestros retoños. Todo lo que pensemos será fruto de nuestra fantasía y nuestras expectativas. Es así. Así de simple y así de profundo al mismo tiempo.

Pero creemos que lo que pensamos en cualquier momento respecto del futuro se va a cumplir porque nos creemos firmemente lo que pensamos, sin darnos cuenta de que lo que pensamos es producto de quienes creemos ser en cada momento; y eso va cambiando minuto a minuto. Así que lo que pienses ahora sobre cómo vas a actuar con tus hijos e hijas cuando tengan quince años lo más probable es que no se vaya a cumplir, porque ni sabes cómo serás tú en ese momento ni sabes cómo serán ellos.

¡Ah! ¡Y nadie te prepara para eso! Para ese baño de humildad, para lo de navegar hacia lo desconocido… Nadie. Y aunque alguien quisiera prepararnos, no lo conseguiría. Son ese tipo de cosas que tienes que vivir si quieres saber qué harías tú.

Hay quien dice aquello de «es que nadie te cuenta esto», y yo creo que no es que no lo cuenten (porque muchas personas sí, e Internet está plagado de información), es que ni estamos listos para escuchar esas cosas ni es nuestro momento; ni aunque nos lo contaran podríamos comprenderlo profundamente.

Luego, un día, de repente y sin avisar, aquello que te parecía tan fácil y plácido —criar a tu bebé— se convierte en una ardua tarea que no sabes ni cómo afrontar.

Es entonces cuando te preguntas:

«¿Pero se puede saber quién me ha cambiado a mi hija? ¡Ella no era así!»

¿DÓNDE ESTÁ MI HIJA?

Me acuerdo de lo que sentí cuando ella empezó la etapa de fuertes berrinches. Os mentiría si os dijera que sé exactamente el día, pero sí recuerdo la sensación que tuve al principio. Estaba absolutamente descolocada, no la reconocía. A ratos era la de siempre y a ratos era como si me hubieran cambiado la niña. Era una sensación de «¿dónde está? Echo de menos cómo era antes... Y ahora ¿qué?» con cierto miedo escondido.

Tenía la sensación de estar navegando por aguas turbulentas sin saber muy bien qué rumbo estábamos tomando. Me sentía totalmente insegura. Durante mucho tiempo me había sentido justo al contrario: segura y convencida de lo que hacía. Sentía que sabía qué necesitaba ella y vivía con la sensación de «situación controlada». Aquello me daba tranquilidad, calma y un cierto sabor de felicidad y victoria. Sentía que era fácil y que yo lo hacía «bien».

Pero cuando empezó la etapa de las rabietas, recuerdo que cuando su padre llegaba del trabajo yo le contaba: «Hoy hemos tenido en casa a dos niñas, ¡y una de ellas me ha dado mucho miedo!» Las primeras veces, cuando le explicaba cómo se había puesto, a él le costaba creerlo. La veía cómo corría a recibirle, con esa sonrisa, a enseñarle todas las cosas nuevas que había hecho y aprendido y a él le resultaba difícil pensar que esa niña era la misma que había rabiado conmigo un rato antes. Lo que yo le contaba no encajaba para nada con lo que él veía ni con la imagen que él tenía de ella.

En cierto modo era irritante vivirlo y tener que gestionarlo, la mayoría de las veces, sola (más adelante ahondaré en esto). Sin saber a penas por qué veías que se estaba enfadando y, de repente, sin tiempo a prepararte siquiera o a gestionar nada, empezaba a chillar como si no hubiera un mañana. Con un chillido agudo que me hacía saltar los tímpanos y me ponía de los nervios. Sí, de los nervios.

Supongo que ya te has dado cuenta de que cada peque (y no tan peque) tiene la capacidad innata de hacer aquello que irrita más a sus padres. ¡Tienen esa «habilidad», qué le vamos a hacer! No por chinchar, ni siquiera lo hacen de manera consciente, pero cada hijo e hija sabe qué nota tocar para que la parte racional y adulta de sus padres salte por los aires. En realidad creo que nos hacen un favor, para que nos pongamos las pilas y entremos de lleno en la necesidad de trascender esa irritabilidad. Pero hasta que no te das cuenta de ello, crees que tu hija, y en concreto sus rabietas y la forma que tiene de expresarlas, van a acabar contigo. De ahí el subtítulo que escogí para este libro: «… y no morir en el intento».

De modo que yo creía que alguien me había cambiado la hija, o que tenía algún problema, o que algo pasaba, porque aquello no podía ser normal. Yo era de las que decía ingenuamente: «esto no lo había hecho nunca», como si aquello fuera garantía de algo. Ahora, con los años, me río de mí misma y de esa frase porque, pues claro que no lo había hecho nunca, porque era todavía pequeña para tener consciencia de lo que quería y de lo que no. No lo había hecho nunca porque antes no había entrado en la fase de rabietas porque, simplemente, no estaba todavía madura para ello. Me río de mí misma porque yo, que había leído tanto de crianza, creía que ya lo tenía todo sabido. Que cada etapa me resultaría fácil y que no me irritaría con mi hija porque sabía que era pequeña. Otro baño de humildad, ¡marchando!

Madres y padres, a veces tengo la sensación de que siempre llegamos tarde a las distintas etapas de nuestros peques. Nos damos cuenta de que están en fase de rabietas cuando ya hace días o semanas, o incluso meses, que están a fondo con su criterio, sus ideas y sus negativas. Nos damos cuenta de que están preadolescentes cuando hace ya un montón que empezaron a mostrar cambios, pero nosotros todavía pensábamos que eran los de antes. Bueno, supongo que es ley de vida, pero ojalá pudiéramos tener consciencia plena de los cambios que van aconteciendo a medida que van aconteciendo y no cuando ya llevamos semanas de crisis porque estábamos en la parra.

Supongo que esto tiene que ver con nuestro apego a la permanencia. Creemos que todo queda igual, que la vida no cambia, que la muerte no llega y no nos damos cuenta de que cada instante está lleno de vida y muerte, de que cada momento llega, dura lo que dura y se desvanece. Creemos que la vida es una línea recta, sin curvas, recovecos, giros inesperados o marchas atrás. Y vemos a nuestro hijos e hijas también, de alguna forma, como seres permanentes. ¿Cuántas veces has escuchado a adultos hablar de sus hijos de veinte, treinta o cuarenta y cinco años como si todavía fueran sus peques de seis años?

Así que, bueno, intenté no quedarme con esas ideas de permanencia y darme cuenta, de verdad, de que mi hija estaba cambiando y mucho. Tener amigos con peques de la misma edad tiene muchas cosas buenas y una de ellas es que te comunican que a ellos les pasa exactamente lo mismo.

Entonces te das cuenta de que no solo lo que tu hija hace es normal, sino de que es lo más habitual del mundo. Si los amigos que tenéis os dicen todo lo contrario y no les pasa nunca nada de lo que os pasa a vosotros, haceos un favor y cread nuevas amistades. Sí, a veces te encuentras con esas personas que, lejos de empatizar, te hunden todavía más en la miseria porque tienen niños y niñas que duermen de un tirón, no lloran nunca y se lo comen todo. Por esa razón hice el vídeo «Mi hijo duerme del tirón», para desmitificar un poco el mito del niño bueno, el que duerme seguido, se lo come todo y se comporta como si tuviera ya treinta años.

Finalmente, después de unos cuantos berrinches, de haber hablado con algunos amigos que no mienten y de haber buscado en libros y en Internet (sabes que no se debe hacer en momentos de desesperación, pero todos caemos en las búsquedas a san Google), se te cae la venda de los ojos: nadie te ha cambiado a tu hija. Tu hija es así. Tu hija es así, *también*.

Te da un vuelco el corazón porque te das cuenta de que, como sucede en esas ocasiones, tu hija no te gusta. El corazón duele porque hasta entonces nunca te había pasado: te gustaba todo de ella, todo. Y al ser consciente de que no te gusta cómo es cuando se enfada, y con el dolor que ello comporta, llega otro sentimiento igual de desagradable o más: la culpa.

Porque no quieres, no quieres sentir lo que sientes cuando quien tienes delante parece la niña del exorcista. No quieres sentir que no te gusta. No quieres sentir ese rechazo que te llega de no sabes dónde y que jamás pensaste que sentirías.

Pero no es solo eso, hay más. Sí, porque además de no gustarte cómo se comporta o qué hace cuando estalla en una rabieta, hay algo que lo empeora todo más aún, y es cómo te comportas tú.

Es en ese momento cuando te das cuenta de que no te gusta tu hija pero, sobre todo, no te gustas tú en esa situación. No te gusta lo que sientes, ni cómo te expresas, ni lo que haces. Y el rechazo es doble: hacia ella y hacia ti. Porque de repente descubres... la violencia que hay en ti.

LA VIOLENCIA QUE HAY EN MÍ

Su llanto te inquieta solo un poco al principio, pero a medida que va aumentando y durando y, sobre todo, si no tienes tiempo de gestionarlo, si estás estresado, o no encuentras ninguna herramienta ni ningún recurso para apaciguarlo, llega ESO.

Eso es una desagradable sensación que se instala en tu diafragma y que hace que se te tense la mandíbula, las cervicales y el cuerpo entero. Eso es algo que ni recordabas que tú tenías. Es más, te creías la persona menos violenta del mundo, pero en ese momento lo ves: ves la agresividad que hay en ti. Esa ira que te consume por dentro y que arde. Ese volcán que entra en erupción y muestra una «tú» que no reconoces.

Y te asustas.

Eso puede aparecer en cualquier momento, a veces con un bebé muy pequeño en brazos que esté con ese llanto punzante y desesperante que no cesa. En esas ocasiones, junto con esa tan desagradable sensación de ver que te estás enfadando con tu propio bebé de días, llega también el pensamiento de «me he equivocado, no voy a saber manejar esto».

Pero quizá esas sensaciones aparecen más tarde, cuando tu hijo ya es más mayor y empieza a decirte con gestos y llantos que no piensa estar de acuerdo con todo lo que tú digas, ni mucho menos.

La viví. Viví intensamente esa sensación de «ahora me está irritando tanto que, por ganas, le daría un cachete» o «no sé qué más hacer para que se calle de una vez, le echaría el agua de esta botella encima». Yo con esos pensamientos. Yo que estaba superconvencida de la crianza con respeto, apego y consciencia, que había leído un montón de libros de maternidad. Yo, que siempre había estado en contra de abofetear a los niños o de ignorarlos, reñirlos o castigarlos, mi mente me traía solo frases de bruja de los cuentos.

Y me asusté. No me gusté en absoluto y esto me hizo tocar fondo. «¿Por qué siento esto si soy de verdad consciente de las necesidades de los niños, de su derecho a ser respetados siempre?» El baño de humildad que supone te juro que es absoluto y que te deja en cueros, totalmente desnuda. Y necesitas tiempo y mucha compasión hacia ti misma para no hundirte, odiarte y machacarte.

Acepté que me faltaban recursos, que me quedaba un largo camino por recorrer y me dije: «tengo que aprender más sobre esto que nos pasa, tengo que leer, tengo que formarme, tengo que explorar esta etapa porque no quiero vivir más esto que nos acaba de ocurrir».

En realidad lo que no quería no era vivir esa situación, sino vivirla de *esa* manera en concreto.

No le pegué, ni tampoco he pegado nunca a la pequeña, que también pasó en su momento por un apogeo de rabietas. No lo hice porque no quise hacerlo, porque me negué, porque mi voluntad en esos momentos fue más fuerte y porque, por suerte, pude mantener un segundo de distancia y ver un poco más allá.

Pero el miedo fue atroz. Por mi experiencia, absolutamente desagradable, y por pensar qué debía de pasar con esos hijos de padres que no pueden contenerse y dejan aflorar esa violencia que surge de golpe y estalla.

Como siempre cuando algo me preocupa, una noche después de haber experimentado esas sensaciones y, sobre todo, el miedo que me provocaron, escribí:

La violencia que hay en mí (8.11.2011)

Cuando hablamos de crianza, cuando hablamos de los hijos, los niños…, a menudo hablamos de «su» violencia, de «su» agresividad. Que si pegan, que si muerden, que si contestan, o se empujan, o se tiran de los pelos unos a otros.

Algún día hablaré de esa violencia, de la «suya», pero en cualquier caso, la que a mí me sorprende y me deja fuera de juego es la violencia que hay en mí. La que noto en determinadas ocasiones muy dentro de mí, en algún lugar muy profundo, casi cerrada a cal y canto, que quiere manifestarse.

Tengo la sensación de que todos tenemos nuestra parte violenta o agresiva, da igual, y lo que nos diferencia es la manera en que se expresa y si lo hace o no. Hay quienes no tienen ni una pizca de autocontrol y son violentos con las manos y con las palabras o con los actos. Hacia los hijos es muy fácil, porque ellos son más vulnerables, porque están en inferioridad de condiciones.

Yo no me considero una persona violenta, en absoluto. No soporto la violencia en ninguna de sus formas y me incomoda y me indigna verla manifestarse en la televisión, en la calle o donde sea.

Hasta ahora, que soy madre y tengo una hija de poco más de dos años, no me había dado cuenta de que yo no estaba exenta de esta violencia interna, que se esconde en algún rincón nuestro con unas ganas locas de salir y expresarse. Yo estaba convencida de que yo, agresividad no tenía por ninguna parte y lo único que pasaba es que nunca nadie me había llevado al límite de mi paciencia. Por si os lo preguntáis, no, no he pegado nunca a mi hija y espero no hacerlo. Es más, tengo la consciente intención y el firme propósito de no hacerlo jamás. Ni a ella ni a nadie.

Y no es fácil, porque hay algunos días que, de repente, ves la violencia que hay en ti y tienes que hacer esfuerzos para controlarla y volverte a centrar, y serenarte, y recuperar la paciencia perdida y entender que tú eres la adulta y que ella es la niña.

Que estos son los papeles que nos tocan y que, por tanto, eres tú quien tiene que hacer el enorme sobreesfuerzo de recuperar el control perdido, de recuperarte a ti.

Ver la agresividad que hay en mí me ha hecho tomar consciencia. Me he conocido con más profundidad. He aprendido que cuando aparece con fuerza tengo que retirarme un momento, respirar hondo, cerrar los ojos un instante o (si hay alguien más) cambiar de habitación.

Necesito poco tiempo, a veces solo tres o cinco minutos, para volver con la calma necesaria que hace que los conflictos se disuelvan como si nunca hubieran existido. Pero luego me quedo triste, abatida e impactada de ver con qué fuerza me sale esa rabia mezclada con frustración, impotencia y, la mayoría de las veces, cansancio.

No me gusta nada reconocer que cuando me saca de quicio tengo que respirar muy profundamente porque, si me abandonara a ese sentimiento, le daría ese guantazo que no le quiero dar. Y me pone muy triste darme cuenta de lo expuestos que están los niños cuando los padres no se controlan, cuando la violencia que hay en ellos se manifiesta sin que nada ni nadie los detenga. Dentro de cuatro paredes puede pasar de todo y nadie saber nada.

Sí, me he dado cuenta de que en mí también hay agresividad, pero me he propuesto no cabalgar nunca con ella. En primer lugar por mi hija, y en segundo lugar por mí.

Escribí estas palabras con cierta vergüenza: exponerme y contar lo que contaba en ese post hace ya unos cuantos años me hacía sentir insegura, indefensa y vulnerable. Pero creía que era necesario mostrar lo que yo vivía y mi compromiso de seguir en esa etapa de rabietas desde el respeto. Pensaba que nadie leería el texto, pero cuál fue mi sorpresa cuando empezó a tener más y más visitas. Y no solo eso, también comentarios y, sobre todo, muchos correos privados.

Reconocer la propia agresividad en público no es algo agradable, y supongo que por ese motivo muchos optaron por expresarme lo que mi texto les había generado enviándome correos en privado. Lo que me confesaban algunos era que habían pegado a sus hijos, zarandeado, metido en la ducha con agua fría en pleno mes de febrero, etc. La expresión de la violencia es infinita, supongo.

Y me volví a asustar, porque si esas personas que me decían estar comprometidas con la crianza consciente y respetuosa habían perdido los nervios de esa forma y habían dañado a sus hijos, ¿qué no harían personas que creían firmemente que los niños merecen ser pegados, castigados, reñidos cuando no hacen lo que los adultos queremos?

Creo que fue después de leer todos esos mensajes cuando me dije que no podía ser, y que este era un tema en el cual yo tenía que entrar a fondo. Eso fue en el 2011, desde entonces no he parado de formarme en este tema para intentar ayudar a madres y padres a no perder los nervios y a poder relacionarnos con los hijos en plena rabieta desde otro lugar. Un lugar más sereno, más respetuoso, más amoroso y más consciente.

Me he informado, me he formado y me he dedicado a divulgar lo importante que es conocernos y «trabajarnos» para controlar nuestra agresividad y nunca descargarla en los peques. He dado multitud de conferencias en escuelas y centros sobre rabietas, imparto talleres de acompañamiento de emociones para madres y padres, e intento, con mis posts y mis vídeos, transmitir siempre algo de base: es importantísimo que respetemos a nuestros hijos e hijas.

Primero porque lo merecen y es su derecho, segundo porque son los adultos del mañana y nuestra sociedad, precisamente, no va sobrada de respeto, autocontrol, autoconocimiento, amor incondicional, etc. Así que tenemos que empezar por la base si queremos cambiar algo, si queremos un mundo mejor, más consciente, más amoroso y amable. Empezar por la base significa que para poder ser otro tipo de ejemplo para ellos, que son el futuro, tendremos que cambiar nuestra mirada, desaprender lo heredado y aprender nuevas formas de comportarnos, comunicarnos y transitar los conflictos.

Puede parecer una tarea ardua, y quizá lo sea. Lo que tengo claro es que es una tarea imprescindible: ayudar a crecer al adulto que hay en nosotros desde la compasión, el respeto y la consciencia para luego ayudar a nuestros hijos e hijas en su camino de vida.

Es imprescindible y trascendente. Nada de tu paso por este mundo dejará más huella que el hecho de que hayas evolucionado, te hayas transformado y hayas madurado y que, desde ahí, hayas criado a tus hijos e hijas desde ese adulto consciente en el que te has convertido.

Agradezco el post «La violencia que hay en mí» y agradezco cada uno de los comentarios y correos que me llegaron tras su publicación. Sin ellos, hoy yo no estaría aquí.

EXPLORA...

Te propongo que leas atentamente las próximas frases y que luego cierres los ojos y explores en tu interior. Intenta respirar conscientemente, sintiendo y notando cómo el aire entra y sale de tu cuerpo. Relaja allí donde notes que hay tensión y sigue prestando atención al aire que entra y sale, entra y sale...

Ahora te propongo que centres tu atención en tu sentir ahora y aquí y trates de responderte estas preguntas: ¿cómo te sientes ahora? ¿Te has sentido identificada/o con lo que ibas leyendo? ¿Qué emoción dirías que hay ahora mismo en tu interior? Intenta ponerle nombre si puedes identificarla. Ahora respírala y date cuenta de qué genera en ti. Respira conscientemente observando lo que sientes. Respira la emoción que hay en ti, llévale aire y exhala después profundamente. ¿Es agradable o más bien produce una sensación desagradable en tu cuerpo? Sea como sea, respírala y quédate sintiendo. Permítele espacio, permite que sea. No intentes ni reprimirla ni etiquetarla como buena o mala. Simplemente dale espacio. Esto que sientes tiene que ser vivido y atendido. Ábrete a ello...

Si alguna vez has sentido violencia en ti, agresividad, ira o rabia contra tu hijo o hija, conecta con ese momento. Sigue manteniendo una respiración consciente y profunda y conecta con ese momento, con esa rabia que se apoderó de ti. Sé que quizá no te apetezca o no sea agradable pensar en ello o revivirlo pero, aunque sea desagradable recordar un instante como aquel, pregúntate: ¿Qué puedo aprender de ese momento? ¿Qué me puede mostrar de mí misma/o? Y quédate en silencio, creando espacio para que las respuestas vayan encontrando su lugar.

A la intuición, para que nos ayude, hay que darle espacio y escucharla.

TOCAR FONDO

A veces los momentos de lucidez en temas realmente importantes, que van a significar un antes y un después en ti, llegan después de tocar fondo. Era un lunes, creo. Llevaba unos días *heavy metal*, ya sabéis a lo que me refiero. Esos días de berrinche va, berrinche viene, y yo allí intentando capear el temporal.

Yo estaba embarazada; de esto hablaré más adelante, sobre cómo gestionamos las rabietas cuando estamos gestando otro bebé, ahora solo dejo este apunte. Así que yo estaba embarazada, cansada y asustada. Ese día la lio parda: chilló, tiró cosas por el suelo, intentó darme patadas y el llanto duró muchísimo. Yo estaba, literalmente, agotada.

Noté «eso» que subía dentro de mí, esa agresividad, la cual contuve con todas mis fuerzas, y me agoté. Cuando pasó todo, me quedé sin fuerzas e inmersa en una tristeza infinita. Llegó su padre y yo necesitaba salir de casa. Necesitaba alejarme de ese lugar un rato. Necesitaba alejarme, en realidad, de ella. No podía más, sentía una gran debilidad física, mental y emocional. Llamé a mi madre y le pregunté si podía ir a verla a ella y a mi padrastro a casa. «Ven», me dijo al escuchar que le decía «no puedo más».

Me estaban esperando en el salón ella y Josep Maria, su marido y el autor del prólogo de este libro. Me senté en el sofá y empecé a llorar. Me sentía tan impotente. Les conté lo que había sucedido y lo que estaba pasando los últimos días con tanta rabieta en casa. Con tanto malestar por parte de todos. Pero después de contarles lo que había sucedido, hablé de lo que me resultaba realmente doloroso, que era decir alto y claro que en ese momento detestaba a mi hija y me detestaba a mí.

Y suena tan mal cuando lo dices en voz alta que solo el hecho de pronunciar esas palabras te hace sumir en el llanto de nuevo. La detestaba a ella por lo que hacía, por lo que yo sentía cuando ella se comportaba así y porque nada parecía ser suficiente para que estuviera contenta. Porque ella no comprendía que yo estaba embarazada, cansada y que necesitaba calma y recogimiento. Y me detestaba a mí porque me lo tomaba como algo personal y me sentía fracasada y una madre horrible por detestar a mi hija. Porque no sabía ayudarla, porque sentía que no tenía herramientas, porque todo lo que había leído no me servía, porque me sentía en un callejón sin salida.

«Llora», logré escuchar inmersa en mis sollozos. No tengo ni idea de qué más me dijeron, no lo recuerdo. Pero sí recuerdo la sensación de sentirme acompañada y no juzgada. Recuerdo que me permitieron ser: estar desbordada, decir cosas que, ni por asomo, pensaba, detestar a mi hija, machacarme a mí. Me dieron el espacio emocional para liberarme de tanto dolor y desazón. Y lo hicieron con pocas palabras y sin ningún juicio. No se sintieron ni dolidos, ni ofendidos porque hablara así de su nieta, ni tampoco preocupados. Simplemente dejaron que eso, mi malestar, se manifestara. Estuve allí una hora llorando sin parar. Después nos reímos y me fui de vuelta a casa, agotada, pero muchísimo mejor.

Esa noche fue crucial. El hecho de tocar fondo supuso un antes y un después. Me di cuenta, al cabo de un tiempo, de lo mucho que había significado. Y entonces empecé a encajar las piezas y a encontrar sentido a todo lo dicho, vivido, leído; el puzle entero encajó.

No fue de un día para otro, pero os puedo asegurar que esa noche la tengo guardada en la memoria como una de las más importantes de mi maternidad. ¡Con lo que llegué a sufrir ese día, madre mía! Pero qué bien y qué magnífico que mi hija me condujera hasta ese lugar tan oscuro y desagradable, que me llevara a mis infiernos.

Si no lo hubiera hecho, no habría existido esa hora con mis padres, ni esa comprensión tan profunda. Y yo no hubiera podido ayudarla. Ni habría podido después ayudar a la pequeña como lo estoy haciendo ahora. Desde otro lugar, con otra perspectiva.

No sé si tú ya has bajado a tus infiernos. Ojalá no lo necesites y que a través de mi «tocar fondo» y de lo que te he contado, y te voy a contar, puedas criar desde ese otro lugar donde no hará falta sufrir tanto y desde donde podrás entender y lidiar con las rabietas de una forma más serena, respetuosa y libre de dolor.

Pero ¿qué fue lo más radical que pasó esa noche? Sencillamente que mi madre y su pareja me permitieron estar como estaba y sentirme como me sentía. No hubo en ningún momento la intención o el deseo de cambiar esa situación, ese ahora y aquí. Tampoco me dieron soluciones, ni consejos, ni palabras que en ese momento no me podían ayudar como «anímate».

Me sentí amada incluso cuando estaba en el pozo más hondo, en mis infiernos, en mi oscuridad más tremenda y dolorosa. Me sentía aceptada a pesar de estar diciendo cosas duras, a pesar de contarles que no era la madre que quería ser.

Me escucharon con atención, con empatía y sin juzgarme, sosteniendo cada palabra y cada lágrima que salía de mí. Y eso, justamente eso, fue el clic que hizo que todo cambiara a partir de entonces. Porque me trataron como mi hija quería ser tratada y yo no conseguía comprender. Comprender que a veces no es suficiente con ceder o negarse, que a veces no hay nada que cambiar, que a veces no hay nada que decir. Que a veces lo único que hay que hacer es comprender, aceptar y sostener. Aceptar profundamente ese aquí y ahora, una aceptación que no es en absoluto pasiva, como quien tira la toalla. Se trata de una aceptación que requiere consciencia, comprensión y también no resistencia a lo que *es*.

Mis padres no quisieron cambiar mi momento aquella noche, ni hacerlo más dulce. Tampoco quisieron intervenir para ayudarme en lo que yo les contaba. Aceptaron lo que era sosteniendo ese espacio emocional sin resistencia alguna. Eso es lo que necesitan nuestros hijos e hijas. Primero, que comprendamos qué es una rabieta (que es en lo que entraremos a continuación) y luego que abracemos el momento presente tal y como es, haya berrinche o no lo haya.

Nuestra dificultad de aceptar el presente junto con las expectativas de color de rosa que tenemos y nuestra necesidad de tener el control de todas las situaciones nos hace añadir sufrimiento a esas situaciones en las que la rabia aparece.

Quédate con esa noche: yo estaba en plena rabieta, como mi hija, solo que mis padres tuvieron una actitud que no se parecía en nada a la que venía teniendo yo con mi hija y sus berrinches. Yo no los aceptaba, yo quería cambiar esas situaciones, no me gustaban. Yo no quería que tuviera rabietas, yo quería que comprendiera mis puntos de vista, los aceptara y obedeciera. Esa era la diferencia, y lo importante no era lo que hacía ella, sino que yo lo trataba desde el prisma equivocado y ese prisma lo único que hacía era añadir dolor, sufrimiento y distancia entre las dos. Eso, a su vez, incrementaba el malestar de Laia así como el número de rabietas.

A lo largo del libro iremos entrando en todos estos temas detalladamente y en cómo acompañar las rabietas de nuestros peques, pero antes que nada, tenemos que entender algunas cosas. Tenemos que saber qué son, de qué estamos hablando.

EXPLORA...

Después de leer este apartado te propongo que paremos un momento y demos espacio a la escucha interna. Es importante detenerse para conectar y para comprender. Te propongo que, una vez más, pongas tu atención en la respiración. Observa cómo entra y sale el aire que respiras. Nota cómo entra en tu cuerpo y nota cómo sale. Procura relajar allí donde notes tensión y, gracias a la respiración, ve soltando y relajando con cada espiración.

Ahora te propongo que observes cómo te sientes después de leer lo que has leído. Te he hablado de tocar fondo y quizá has tocado fondo alguna vez en tu vida. Con tus hijos o en algún otro momento, incluso antes de tenerlos. ¿Sientes que se ha removido alguna emoción mientras leías? Te invito a que recuerdes qué pasó y qué te aportó tocar fondo de esa manera. Sé que no es agradable tocar fondo, que es doloroso y que, cuando estamos ahí, es duro. Pero muchas veces es gracias al dolor que crecemos y nos transformamos. Esto no significa que no podamos transformarnos y evolucionar también en momentos de felicidad y plenitud, pero el dolor tiene un impacto muchísimo más grande y es un portal enorme y con un gran potencial para crear una gran brecha y suponer un antes y un después en nuestra vida.

Es bueno que reconozcamos cuándo tocamos fondo y veamos el camino recorrido hasta allí. No solo lo que nos queda por hacer, sino especialmente qué ha supuesto para nosotros ese momento, para poderlo agradecer, para transformar esa energía dolorosa y llena de sufrimiento en otra de gratitud, de alegría y conexión con ese instante que supuso un «insight» para nosotros. Busca en tus recuerdos esos momentos y hazles el homenaje que merecen. Te han convertido en la persona que eres hoy y, estoy segura, te han enseñado mucho. Respira profundamente y hónralos. Forman parte de ti.

CAPÍTULO 2

QUÉ ES UNA RABIETA

La rabieta (o berrinche, o pataleta, llámalo como prefieras) es la expresión de un malestar muy desagradable que siente el peque en su interior y que le hace estallar. A veces es frustración, a veces es ira, a veces la produce los celos, el cansancio, el hambre, etc. Podríamos pensar, pues, que es un simple enfado, pero no. Lo que distingue una rabieta de un enfado es la forma en que se expresa, el comportamiento del niño o niña que está en pleno ataque de rabia.

Si tu hijo todavía no está en esa fase o si no tienes hijos, es probable que hayas presenciado alguna rabieta por la calle. Sí, esas escenas de «Dios, ¿pero qué es esto?» y en las que muchos adultos sin hijos piensan «si algún día tengo hijos, te juro que esto no lo permitiré» o «esto es porque no le ponen límites».

Abro paréntesis: todos sabemos lidiar perfectamente con las rabietas cuando no hemos vivido ninguna. Luego, ya es otro cantar. Cierro paréntesis.

Pero ¿qué hacen exactamente un niño o una niña en plena rabieta? Pues de todo: pueden gritar, pueden tirarse al suelo y patalear, pueden tirar cosas, pueden intentar pegar o dar patadas, pueden intentar dañarse a sí mismos. Visto desde afuera, y hablando coloquialmente, cuando un niño pequeño entra en plena rabieta es como si cortocircuitara. De repente, no admite palabras, ni gestos, ni casi ayuda. Es como si se desconectara de este mundo y costara llegar a él, conectar con él.

Explota y, en su explosión, hace lo que puede para sacar hacia fuera esa energía que antes tenía dentro y que le producía tantísimo malestar.

La emoción que siente es tan fuerte y le desborda tanto que, en esa edad en la que no existe el autocontrol, simplemente estalla. Cuando estallan en rabieta sufren. No lo hacen a propósito ni para fastidiar. Están sufriendo y sienten muchísimo malestar. A veces a los adultos nos cuesta comprender que ellos sufren cuando se ponen así, porque quizá al cabo de relativamente poco rato vuelven a estar riendo. Como a nosotros, si nos pusiéramos así, nos costaría Dios y ayuda volver a reír, consideramos que quizá nos están tomando el pelo cuando estallan en un rabieta y lloran de esa manera.

Los niños viven el presente de una forma intensa, no como nosotros. Así, cuando estallan, lo hacen por todo lo alto, y sí, sufren. Pero eso no quiere decir que una vez transitada esa rabia, llorada y acompañada, no puedan volver a reír. De hecho, nuestros hijos viven las emociones de una forma bastante más sana que nosotros: se permiten transitarlas y, una vez que lo han hecho, pueden pasar página. ¿Cuántos adultos se quedan atrapados en enfados que ni siquiera se atreven a sentir durante días, semanas, meses o incluso años?

Cuando te digo que sufren, no lo hago para que te den pena o sientas culpa, ni mucho menos. Te lo digo para que podamos conectar con ellos, desde su vivencia y su dolor, sabiendo también que es normal que tengan rabietas y que sufran en ellas, que tengan necesidades no satisfechas y que las expresen para que sean atendidas. Es necesario que les comprendamos porque solo desde la comprensión de lo que es y de lo que expresan, solo desde el reconocer la validez de lo que sienten, podremos acompañarles sin juicios, de forma amorosa, compasiva y asertiva.

VALE, PERO ¿SE PUEDEN EVITAR?

Sí, algunas sí, sin duda. Si tu hija está hambrienta y tiene sueño porque resulta que es sábado y habéis salido a pasear sin daros cuenta de que se estaba haciendo tarde y todavía no teníais restaurante donde comer, sí, podía evitarse, claro. No solo podía, sino que esta rabieta debía evitarse.

Algunas de las rabietas que tienen nuestros peques son evitables, pues son fruto de alguna necesidad primaria no satisfecha, como hambre, sueño, cansancio, etc. Estas situaciones, con anticipación, pensando que tenemos que actuar antes de llegar a ese extremo (darle de comer antes de que esté muy hambriento, por ejemplo), pueden evitarse sin duda.

Pero hay otras que no podremos evitar y que tampoco debemos evitarlas. Porque hay rabietas que suceden porque hay malestar emocional y este necesita salir. Porque están celosos, porque las cosas no les salen como querrían y se sienten frustrados, porque no comprenden el mundo que les rodea y colapsan. Está bien así también: necesitan vivir esas emociones y poder transitarlas, es ley de vida.

No tiene que ser nada fácil tener entre dos y seis años, la verdad. La comprensión del mundo para un niño o una niña de esas edades es limitada y nuestro mundo es muy loco. Ver que tus padres se van a trabajar tantas horas, que querrías estar con ellos, pero no lo estás, que cuando están tienen que hacer tareas en casa y no juegan contigo, que cuando lo hacen se hace corto, que luego vienen un montón de órdenes de cenar, bañar, acostarse, etc., tiene que ser francamente difícil. Y no solo por eso, sino por muchas cosas más. ¿Te has puesto alguna vez en sus zapatos y en su día a día? ¿Realmente en sus zapatos? Porque si lo hacemos e intentamos ver el mundo desde su perspectiva y lógica nos sentiremos tan frustrados como ellos.

Pero no es solo que el mundo de afuera les sea tan distinto y ajeno a lo que ellos viven y sienten por dentro. Es que no se comprenden por dentro. Es que son inmaduros y es que, además, se están desarrollando a un ritmo vertiginoso en el que cada dos por tres están cambiando, asimilando, procesando. ¡Vaya!, es apasionante y a la vez asusta. No, no debe de ser nada fácil estar en su piel. Si pudiéramos recordar cómo nos sentíamos nosotros a su edad, sería tan útil para conectar con ellos.

Pero la mayoría no recuerda mucho de esa época, y lo que recuerda son memorias fugaces, o historias contadas o percibidas a través de fotografías.

Te animo a recordar para poder empatizar más con tu hijo o hija. Intenta recuperar cómo te sentías a los cinco años cuando ibas al cole, etc. A veces no recordamos porque hemos querido, inconscientemente, olvidar todo aquello, justamente por lo duro que nos resultaba. Y es normal. No es una edad sencilla porque hay multitud de cambios y mucha inmadurez, dependencia de los adultos de referencia y muchas necesidades. Todo eso les hace más vulnerables y les expone más.

EXPLORA...

Ahora te propongo que pares un momento e intentes conectar con tu cuerpo. Para poder realmente llevar a cabo una crianza consciente de nuestros hijos e hijas, nuestra mente, nuestro cuerpo, nuestra alma y nuestro corazón tienen que ir de la mano. Así que te propongo que ahora instales una respiración consciente: que observes cómo el aire entra y sale de tu cuerpo y cómo va llenando espacios. Centra la atención en tu abdomen, en tu pecho, y nota cómo la entrada y salida de aire ensancha y contrae.

Cuando te sientas relajada/o, te animo a cerrar los ojos e intentar conectar con esa etapa que tú también viviste. Sí, cuando eras pequeña o pequeño y te sentías también, seguramente, vulnerable, dependiente y que no acababas de comprender el mundo que te rodeaba. Te animo a explorar si recuerdas algo y, en caso afirmativo, qué es. ¿Qué emoción evoca en ti ese recuerdo? Escucha tu cuerpo, ¿se ha activado algo? Si es así, respíralo, permite que lo que es sea, se manifieste, y escucha atentamente porque quizá descubras algo que quiere ser atendido.

Intenta viajar en el tiempo para poder conectar más con quien fuiste y, así, conectar más con el momento actual que atraviesa tu hijo o tu hija. ¿Recuerdas cómo sentías el mundo? ¿Recuerdas si lo comprendías? ¿Recuerdas cómo te sentías?

Quédate en silencio y abraza a ese niño o niña que fuiste y a todas sus emociones y sentires. Era válido y legítimo sentirse así.

NORMAL O ANORMAL. EL AGOBIO DE LOS PADRES

La primera vez que mi hija tuvo una rabieta me quedé alucinada. Se mostró como nunca lo había hecho antes. No supe casi ni qué hacer. No entendía el motivo de tanta rabia por algo tan nimio (en ese momento me lo pareció). Pero le encontré una explicación, podía tratarse de algo circunstancial porque en ese momento se le había juntado el sueño y el hambre.

Podía no volver a suceder jamás. Ilusión. Claro que volvió a suceder. Claro que los niños tienen más de una y de dos rabietas. Y es entonces, cuando los vemos poseídos a menudo, cuando nos preguntamos: «Pero bueno, ¿esto es normal?» Ese concepto de normalidad que tanto preocupa siempre a los padres: ¿será normal lo que hace? ¿Será normal que lo haga a esta edad? ¿Es mi hijo normal?

Está claro que a mí la primera rabieta de mi hija no me lo pareció, pero por el simple hecho de que no las había tenido nunca y, por lo tanto, no estábamos nada habituados a ellas. Por suerte, por aquel entonces ya sabía algunas cosas sobre niños y entendí que eso que hacía ella en aquel momento lo hacían también muchos niños a esa edad.

Digamos que el concepto de normalidad nos relaja, saber que no somos los únicos padres y madres pringados que estamos intentando gestionar (a veces sin éxito) el enfado monumental de nuestro hijo nos da una especie de una calma interior. Y todo lo que nos aporte calma interior en estos casos creedme que ayuda. Pero ahondemos un momento en ese concepto de normalidad porque esconde algo más profundo: nos comparamos muchísimo con los demás.

Lo de compararse es peligroso: si los hijos de los demás hacen cosas que no nos gustan, nos comparamos en la dirección «qué bien estamos» y nos sentimos mejor. Pero como sea al contrario (que los hijos de los demás hacen cosas que nos gustaría que hiciera el nuestro y no hay manera), nos podemos hundir en la miseria. Ahí nos vemos fuera del rebaño y nos sobrevienen todos nuestros miedos. Vemos normal lo que hacen los demás, y por lo tanto «raro» a nuestro hijo (porque a menudo confundimos lo que hace con lo que es).

¿Quién decide qué es normal y qué no? Es cierto que hay cosas más habituales que otras, pero normal o no normal estamos de acuerdo en que es un concepto un tanto abstracto y arduo de definir, ¿no crees? Este concepto también dependerá de la información que tengamos respecto de un tema y la muestra que tengamos para comparar. Por ejemplo, si no estás acostumbrada a relacionarte con niños y resulta que no sabes que cuando son pequeños están en plena fase egocéntrica, cuando tu hijo se exprese egocéntricamente puedes considerar que no es normal, cuando en realidad no tiene nada de raro.

Que los niños y niñas tengan rabietas es muy habitual a estas edades, y también los hay que tienen muy pocas y no por eso son anormales. Lo que hacen es poco habitual, pero cada niño es completo, único y perfecto tal y como es en cada momento. Conectemos profundamente con eso y dejemos de compararnos, porque debajo de la comparación se esconde nuestro inconsciente partiendo de la carencia y la escasez. Nos comparamos para sentirnos mejor o para ser mejores, como si no fuéramos suficientes ya tal y como somos, como si nos faltara algo.

Se dice que las comparaciones son odiosas y probablemente sea porque las comparaciones traen sufrimiento siempre. Porque nos dividen en mejores o peores, en tú y yo. Y, en realidad, la pura y cruda realidad es que no somos tan distintos. La separación es casi el origen de todo sufrimiento: el separarnos entre unos y otros, y cuando nos comparamos, nos separamos. Nos separamos de quienes nos estamos comparando y, en el caso de que estemos comparando a nuestro hijo, nos separamos de él, porque nos desconectamos de quién es él profundamente. Con sus ritmos, su proceso, su nivel de madurez, su aquí y ahora, su historia, su mochila, sus experiencias y su llegada al mundo. Es habitual comparar niños y niñas. Yo creo que lo hacemos todos; son muchos siglos de separación y comparaciones, y quizá ya va siendo hora de no hacerlo más. De verles tal y como son: únicos, especiales e irrepetibles, y de vernos a nosotros también así. Quizá ya ha habido demasiada separación en este mundo y es hora de empezar a vernos desde la unidad de lo que somos.

EXPLORA...

Como has hecho anteriormente, cierra los ojos un instante y déjate sentir cómo andan las comparaciones en tu interior. Pero antes, instala la respiración consciente y observa cómo entra y sale el aire de tu cuerpo. Procura relajar tensiones mientras vas entrando en contacto profundo y sincero con tu cuerpo.

Ahora, te propongo que fijes tu atención en tu sentir. ¿Se ha removido alguna emoción mientras leías sobre comparaciones, sobre normalidad y anormalidad? Si la respuesta es sí, respira lo que sea que se haya removido. Acepta que haya venido a ti y dale la bienvenida, porque quizá tiene algo que contarte y que debe de ser atendido. Si la sensación que sientes es agradable, llénate de ella. Si es desagradable, respírala profundamente y permite que este momento sea tal y como es, sin intentar rechazar lo que ha venido.

Ahora procura responderte estas preguntas: ¿Te comparas con los demás? ¿Comparas a tu hijo o hija con los de los demás? ¿Por qué necesitas compararte? ¿Te da seguridad? Y si rascamos un poco más profundamente, pregúntate: ¿recuerdas si tu padre y tu madre te comparaban con los demás? ¿Sentiste alguna vez que lo que hacías o cómo eras no era considerado normal en tu casa?

Las respuestas a estas preguntas te pueden ayudar a tomar consciencia y a poder relacionarte de una forma distinta con las comparaciones y con el concepto de normalidad. Y todo ello, sin duda, te ayudará a relacionarte con tu hijo o hija de una forma más sincera, consciente y plena.

RABIETAS: DESDE CUÁNDO Y HASTA CUÁNDO

Depende. Por lo general, alrededor de los dos años muchos niños empiezan a tenerlas, pero hay otros que a partir de los dieciocho meses ya tienen enfados similares, y otros que no tienen ninguna hasta los tres años. Depende, como siempre, de muchas circunstancias, pero lo más habitual es que empiecen a partir de los dos años aproximadamente.

Muchas veces he recibido el mismo mail: «Mi hijo está en plena etapa de rabietas, ¿hasta cuándo durará esto?» Necesitamos saber que eso que le está pasando a nuestro hijo tiene un final. Y es difícil decir hasta cuándo duran porque, de nuevo, dependerá del carácter del niño, de la facilidad o no que desarrolle para gestionar los berrinches, de la capacidad de autocontrol que vaya adquiriendo, de cómo le acompañemos en la gestión de sus emociones y un largo etcétera.

Lo más habitual es que haya un punto álgido de rabietas para, luego, ir disminuyendo y desaparecer por completo, o casi, hacia los cinco o seis años aproximadamente. Ahora estoy visualizando la cara que has puesto al leer esto, ¡sobre todo si tu hijo o hija tiene dos o tres años! Y ahora creo que puedo escuchar tu mente decirme… «¿Perdonaaaa? Míriam, ¿me estás diciendo que este infierno va a durar hasta los seis años?» Ja, ja, ja. Respira, intenta no hiperventilar todavía.

Te contesto: no, en absoluto. Si lo que vives ahora es una racha de varias rabietas por día, ten por seguro que pasará más pronto que tarde. Pero todavía se van a dar rabietas aisladas en aquellas situaciones que a tu hijo o hija le cueste gestionar.

Lo que es seguro es que con el tiempo variará la frecuencia, la duración y los motivos, pero sobre todo lo que también va a cambiar vas a ser tú. Tú gestionando sus rabietas. Tú acompañando sus emociones. Porque te aseguro que en cada rabieta que tenga, tú vas a aprender algo más, de ti, de tu hijo o hija, y de cómo llegar a buen puerto. Sí, habrá alguna en que te parecerá que tu actuación es nefasta y te fustigarás un buen rato, puede ser. Pero cada vez, con su crecimiento y la evolución a la hora de lidiar él mismo con lo que siente, tú también crecerás como madre o padre acompañándolo.

Así que sí, todo irá mejor. Sí, podréis salir de esta. Sí, un día ni te vas a acordar de que estabas tan agobiada/o que incluso te compraste un libro que hablaba íntegramente de rabietas (de las suyas y de las tuyas).

Si tu hijo tiene cinco años y todavía tiene rabietas es probable que tu cara también haya sido un drama cuando has leído lo de las edades. ¿Me equivoco? Puede que hayas pensado: «Mi hijo está a punto de cumplir seis años y está a fondo con enfados, gritos y demás, ¿qué hemos hecho mal y por qué se le está alargando más que a otros niños?»

Aquí vuelve a aparecer la comparación y el concepto de normalidad o anormalidad, ¿ves? Sí, hay niños que tienen rabietas hasta los seis o que incluso a los siete todavía tienen algunos estallidos. También los hay que no tienen rabietas a los dos o tres años y empiezan a tenerlas a los cuatro y medio, y otros que están a tope con las rabietas a los dos y a los cuatro ya han pasado página. ¿Lo ves? Hay de todo. Dependerá de un montón de factores. Yo te he dicho qué es lo más habitual, pero esto no significa que tu hijo tenga un problema.

Tú, que tanto le conoces, podrás saber qué es lo que pasa y por qué a los seis años todavía tiene estos estallidos de rabia. Quizá es porque emocionalmente todavía es muy inmaduro, quizá es porque tiene un carácter muy fuerte, quizá es porque en la familia ha visto que los adultos cuando algo no sale como queréis también tenéis estallidos de rabia. O quizá es porque durante mucho tiempo no supisteis cómo gestionar los límites e, inseguros como estabais, cuando estallaba cedíais y él ha asimilado los estallidos de rabia como necesarios para conseguir lo que quiere, o mil cosas más.

Quizá ahora sientes que no sabes el porqué. Puede ser. No pasa nada. Permítete simplemente estar abierta/o a comprender, a conectar y a explorar. Y poco a poco verás cómo cada vez vas viendo qué es lo que ha fallado (si es que ha fallado algo) quizá en el pasado, y cómo podéis reconducir la situación a partir de ahora. O quizá verás simplemente que tu hijo o tu hija siempre ha llevado su propio ritmo, más lento, más pausado y, por lo tanto, sigue su camino como siempre. Si finalmente y mientras lees este libro te das cuenta de que sí que ha fallado algo en los años anteriores, no te preocupes. Muchas veces me preguntan: «¿Pero se puede reparar?», y yo siempre digo: ¡CLARO! Podréis reconducir, podréis volver a conectar, podréis volver a encontrar el camino y, seguro, mejorará la situación en casa.

Sea como sea, respira hondo. Pensar en calendarios y en «¿hasta cuándo?» es delicado porque implica que tienes la expectativa en una fecha y, si no se cumple, ¡frustración al canto! Es lícito, claro que sí, buscar algo a lo que agarrarse porque lo que vivimos nos está resultando costoso. Pero fíjate que cuando ponemos expectativas a una fecha, de algún modo nos estamos diciendo que lo que estamos viviendo ahora y aquí no es importante, no es valioso. Buscamos esa fecha para ser más felices, estar más tranquilos, vivir más armoniosos, olvidándonos de que la tarea realmente importante es encontrar la paz en lo que ocurre aquí y ahora.

Lo que es de verdad trascendente y transformador es conseguir vivir este momento (sea el que sea que te toque vivir), desde la aceptación profunda de lo que es para poderlo transformar también en un momento de aprendizaje, de crecimiento y de evolución. Por eso, lo importante no es la fecha, no es que a los seis años ya no tenga rabietas, no es que a los cuatro quizá tu hija ya te dé más cancha y haya pasado la fase que consideras difícil. Lo importante es que ahora, que sí las tiene, consigas vivir tu ahora y aquí (vuestro ahora y aquí) desde la presencia plena, intentando aprender todo lo que puedas de este momento presente, de ti, y de él o ella. Lo importante es hacer de este momento, que quizá no te gusta y que te está resultando duro, un momento de crecimiento, de expansión de consciencia y de evolución del que te nutras no solo tú, sino también tu hijo y todos los que te rodeen.

Padres y madres somos proclives a fijarnos en fechas futuras: cuando tenemos un bebé de dos meses queremos que ya se siente en la trona, cuando lo hace queremos que gatee rápido, pero cuando lo hace ya pensamos en cuándo va a caminar, y cuando finalmente lo hace, queremos que hable. Cuando está en la etapa egocéntrica queremos que pase y cuando la pasa, añoramos lo adorables que eran a los dos años. Cuando tienen diez años les preguntamos qué querrán ser de mayores, deseando que crezcan, y cuando tienen diecisiete nos arrepentimos de haber deseado eso.

Puede parecer de cómic, pero es que es bastante así, ¿no crees? Esa insatisfacción eterna de estar habitando un presente que no queremos, muchas veces sin ni siquiera ser conscientes de ello. Esa proyección constante en el futuro, en lo que anhelamos, como si lo que tenemos fuera siempre insuficiente, nunca lo bastante bueno, lo bastante pleno para nosotros.

Cuando padres y madres estamos inmersos en ese sentir, transmitimos a nuestros hijos que tal y como son ahora no son suficiente, que no nos satisfacen. Sienten nuestra insatisfacción del momento presente y les damos la sensación de que el ahora y aquí no está bien, como si hubiera algo que fallara, como si no fuera correcto y, por lo tanto, como si ellos no fueran correctos. ¡Y lo son! ¡Claro que lo son! Pero no nos damos cuenta, enganchados como estamos a nuestras carencias, que nos evocan que no hay suficiente, que no somos suficiente, que lo que tenemos no lo es.

Y proyectamos, anhelamos, futuro, futuro, futuro. O en la otra versión, añoramos siempre el pasado, pasado, pasado. En los dos casos, siempre huimos de lo que sí tenemos ahora y aquí, de lo que sí somos, de lo que sí *es*.

Escribo esto y respiro profundo porque me veo reflejada en esas palabras. Porque yo también, en distintas etapas de la vida, he proyectado en el futuro, no de manera natural para tener objetivos en la vida, sino para huir del dolor presente. Para no sentir un vacío que se hacía grande si lo atendía en el ahora y aquí. Ese vacío me hacía correr hacia un futuro que me iba a quitar todos los males, que (entonces sí) me iba a hacer sentir quién era en verdad, en el cual iba a encontrar la felicidad absoluta.

Años de trabajo personal, mucha exploración, y alguna que otra lágrima, me hicieron comprender que la felicidad no se hallaba en ninguna fecha del calendario, y que ninguna proyección futura me iba a quitar lo que no quería atender de mi presente. Comprendí, finalmente, que la transformación verdadera y la felicidad profunda llegarían cuando me atreviera a mirar adentro y a parar ahora y aquí para tomar consciencia de esas heridas de las que huimos para no sentir.

Luego me di cuenta de que yo ya era completa, que yo ya era feliz, que no había nada que perseguir, nada que proyectar. Me di cuenta de que el momento presente era, en realidad, el portal hacia mi propia felicidad: poder conectar de verdad con el presente, que es todo lo que tengo.

Y luego, desde esa comprensión, trasladarlo a todo, inclusive y por supuesto a la crianza de mis hijas: vivir cada momento como único e irrepetible. Cada rabieta como un portal hacia nuestro propio aprendizaje y conexión. Cada llanto como una oportunidad de crecimiento y evolución para todos. Ahí tiré calendarios, expectativas y necesidad de tener el control de los tiempos y los tempos. Ya no hacía falta porque lo importante no era eso, sino el poder estar presente y disponible a lo que aconteciera, fuera lo que fuera.

Una amiga dice cada día: «*Universe, show me more!*» (¡Universo, enséñame más!) Esa es la actitud. Que el universo, a través de cada momento presente, nos enseñe más de nosotros, más de los demás, más de lo que tenemos que aprender, más de nuestro propio camino, más de lo que somos y más de lo que podemos hacer.

De modo que en cada rabieta conecta con el universo y dile: «*Show me more!*» ;)

¿POR QUÉ RABIAN TANTO?

Esto es lo que nos hemos preguntado casi todas las madres y los padres del mundo en algún momento: «¿Por qué rabia tanto? ¿Por qué se enfada tanto?» A veces incluso con la mano en la frente a lo tragedia griega. Y es que hay días en que parece que nada le está bien, ¿verdad? Otros no, son fáciles y casi no hay ni siquiera enfados. Pero hay días e incluso épocas en que parece que casi todo es motivo de rabieta. Se levantan enfadados y se acuestan igual, como si estuvieran amargados con la vida que les toca vivir.

Bueno, pues los peques se enfadan tanto básicamente porque son pequeños y porque ser pequeño en un mundo de adultos no debe de ser nada fácil. Yo me acuerdo de algunas cosas, aunque de la mayoría no me acuerdo, la verdad, pero puedo imaginarlo.

Tiene que ser difícil no comprender muchas de las cosas que te dicen o te ordenan porque, simplemente, para ti no tienen mucho sentido. O necesitar una presencia y una escucha que no recibes. O tener que hacer cosas o ir a sitios donde, si pudieras elegir, no irías. O tener que ir deprisa todo el día cuando tu ritmo interno es lento, cuando no sabes correr aún. O sentir infinidad de sensaciones a las que no sabes ni puedes dar nombre, ni entender, ni explicar, ni elaborar. Y eso solo por poner algunos ejemplos.

No, ser niño pequeño o mejor dicho, ser niño o niña, así en general, en el mundo adultocéntrico en el que se ha instalado nuestra sociedad no tiene que ser nada fácil. El ritmo adulto no tiene nada que ver con el ritmo infantil. Solo eso ya es un gran motivo para que un niño o niña pueda sentir un cierto malestar interior. La mirada adulta también puede producir mucho malestar: esperar que hagan cosas que son todavía incapaces de hacer, exigirles que digan cosas que no saben decir, esperar un comportamiento de ellos que no llega simplemente por una cuestión de maduración, etc.

Todo eso y muchas cosas más pueden hacer que un niño sienta malestar interno. Ya ves, hay un sinfín de motivos por los que un peque de edades comprendidas entre los dos y los seis años puede enfadarse.

Seguro que te has dado cuenta de que a veces tu hijo o hija parece que está mejor y tiene muchísimas menos rabietas, o ninguna, pero en otros momentos, en otras épocas, parece que es un no parar. Si prestas atención, estoy segura de que en esas «épocas» encuentras un motivo: inicio escolar y por lo tanto más estrés emocional, celos con la llegada de un hermano, tensión en casa por algún problema familiar, cambio brusco de rutinas porque, por ejemplo, empiezan las vacaciones o comienza un viaje, etc.

De todo esto, lo que creo que es más importante es que comprendamos que siempre hay un motivo, siempre hay una razón sólida por la cual nuestro hijo o hija está así. No rabia por gusto, vamos. No, de eso puedes estar segura/o. Si está en fase de rabietas, por mucho que sea habitual por su edad, siempre hay un motivo (más visible o menos) que hace que se desborde emocionalmente.

Comprender eso e intentar encontrar la llave de lo que le sucede y por qué nos ayudará a la hora de acompañarle. Nos ayudará en primer lugar a nosotros porque estaremos más tranquilos al comprender el motivo y nos será más fácil empatizar, pero también nos ayudará a gestionar lo que esté sucediendo con nuestro hijo o hija.

Sea lo que sea lo que le pase, lo que esté sintiendo y lo que esté viviendo, tu actuación (en esencia) siempre deberá ser la misma. Acompañarle desde el respeto más absoluto y ayudarle a salir de ahí.

Esto te lo digo porque por mucho que parezca que pueden suceder mil cosas y quizá se te hace un mundo, saber que en esencia siempre llegamos a los mismos sitios, a los mismos puntos de encuentro para reencontrar la paz, te puede resultar muy esperanzador. No hay que aprender mil maneras de gestionar rabietas dependiendo de si siente celos, si es que ha empezado el cole, o es que su abuelo ha enfermado, no. Tu actuación siempre deberá seguir unos mismos pasos, una misma lógica, una misma línea, con lo cual, de verdad (créeme), es mucho más fácil de lo que parece. Bueno, al menos una vez que tienes la práctica bien integrada. ;)

De la misma forma, lo que te voy a contar en este libro te servirá ahora, pero también cuando tu hijo tenga diez, quince o veinte años, aunque pueda parecer que no. Obviamente no tendrá rabietas, pero lo que te contaré en las siguientes páginas te servirá para acompañarles en sus malestares internos, en sus emociones más removidas y en sus crisis.

QUÉ ESCONDE UNA RABIETA

A finales de un mes de octubre, Alba, una clienta, me consultó muy angustiada porque su hijo Arnau de tres años se había cruzado con el desayuno que le ponía para comer en el cole. Le montaba una rabieta cada día. El conflicto empezó a finales de septiembre y él estallaba por la mañana después de saber qué le había puesto su madre para desayunar. Ella intentaba ponerle cosas que le gustaran, pero ni así. A la que se enteraba de qué había, le montaba un pollo. Luego también empezó a tener una rabieta en el cole cuando abría el táper del desayuno. Y a mediados de octubre, montaba también el pollo cuando ella le recogía al mediodía. Y el motivo, según él, era que no le había gustado el desayuno que ella le había puesto.

Ella lo había intentado todo: consensuar el desayuno, hablar con él, que lo eligiera él, pero nada parecía funcionar. No había manera.

Cuando llegó a mi consulta estaba realmente agobiada. Entonces empezamos a hablar de cómo estaba él independientemente del tema del desayuno, de qué había detrás de la rabieta.

Al cabo de un rato, se dio cuenta: «me echa de menos». Lo que no quería Arnau era ir al cole y el desayuno era la visualización de lo que él detestaba: separarse de su madre e ir a una clase con muchos niños y una maestra que todavía no conocía bien. El desayuno era el síntoma, pero la raíz eran la añoranza, la angustia por la separación y afrontar lo desconocido.

Recomendé a Alba que antes de acostar a Arnau esa misma noche conversaran un poco. Le dije que, solo si él se mostraba receptivo y estaba abierto, le dijera que había comprendido el tema del desayuno. Que no era la comida, sino que lo que pasaba es que él no quería ir al cole, que no quería separarse de ella, que tenía miedo de todo lo que acontecía esos días ahí, en plena adaptación escolar.

Tuvieron esa conversación. Ella le validó y él escuchó atentamente. Jamás volvió a quejarse por el desayuno y, en cambio, empezó a nombrar realmente lo que le sucedía los días que tenía miedo de ir al cole.

Este ejemplo muestra claramente que las rabietas son muchas veces el síntoma de algo. Esa rabia que expresa el niño no es lo que parece, no es la raíz del tema de fondo, sino que es solo lo que podemos ver en la superficie. Como si de un iceberg se tratara, los niños nos dejan ver la punta, pero a menudo (y más cuando son pequeños) no nos dejan ver lo que hay debajo porque ni siquiera lo saben. Así que nos tocará ponernos las gafas de mirar «más allá» para poder ver qué hay detrás de una rabieta.

Puede que haya una necesidad básica no satisfecha, ya sea demasiado cansancio, sueño, hambre, falta de juego libre, movimiento libre o, por ejemplo, poco tiempo con sus adultos de referencia. Pero puede haber otras cosas, emociones más escondidas que no se nos muestran claramente.

Una niña a la que le nace una hermana pequeña puede tener más rabietas que antes del nacimiento de la bebé porque se siente desubicada, celosa y porque ha echado de menos a sus padres mientras han estado en el hospital por el parto. Lo que vemos es la rabia, pero lo que hay debajo es mucho más, y eso es a lo que tenemos que llegar para poder ayudarla. Validando no solo la rabia inicial, sino las emociones que la han provocado.

Muchos padres me dicen: «¿y si no sé qué es lo que le pasa, cuál es la emoción principal?», y esto puede ocurrir. De hecho, a mí me ha ocurrido muchas veces: no acabar de pillar qué era lo que había debajo. Con los años, te das cuenta de que cuando no sabes qué pasa es porque a menudo no estás suficientemente conectada, disponible y abierta. Existe una sabiduría innata que hace que, si estamos conectadas de verdad con el momento presente, podamos saber por dónde van los tiros. Tenemos que confiar en nuestra intuición, que la tenemos, pero a la que a menudo no sabemos escuchar. Practicar la escucha de la intuición, de nuestra voz interna que nos guía, nos ayudará a saber qué es lo que de verdad está pasando.

Sin embargo, si no consigues averiguar qué es lo que esconde esa rabieta, déjalo correr, no te comas la cabeza intentando encontrar la aguja en el pajar y quédate con lo que *es* en ese momento y que sabes seguro: está mal, tiene malestar. Eso sí lo sabes porque se está manifestando delante de tus ojos. Así que bueno, puedes validar ese malestar, puedes comprender y abrazar su malestar. Y si no ves evidente su origen, no importa. Lo que de verdad importa es cómo lo acompañas en ese preciso instante presente. Qué haces con lo que hay. Cómo ayudas a tu hijo a transitar ese malestar que está sintiendo ahora y aquí.

Me gusta mucho una frase de la doctora Shefali Tsabary, con quien me formé en su Conscious Parenting Method en la primera promoción de su Conscious Coaching Institute. Cada vez que alguna alumna le decía «me siento así, ¿qué hago?», ella respondía «*Sit with it*» (Siéntate con ello). Pues eso, tendremos que sentarnos con esa incomodidad de estar pisando terreno desconocido. Aceptar que no lo sabemos ni lo sabremos siempre todo, en absoluto. Aceptar que nos frustra no comprender, no llegar a saber. Aceptar que, a veces, simplemente, se nos escapa lo que sucede.

Sentarnos con lo que sentir todo eso nos evoque en el cuerpo. Y vivirlo y respirarlo, profundamente, sabiendo que no podemos controlarlo. Soltarlo. Y aun así, estar en presencia plena con nuestros hijos, aceptar su malestar, aceptar el nuestro y conectar. No estamos tan lejos. No somos tan distintos a nivel esencial. A veces incluso podremos decirnos a nosotros mismos o (dependiendo de la edad) decirles a ellos algo como «lo siento, no sé lo que te pasa, y entiendo lo confuso que debe de ser este momento para ti; para mí también lo es, pero estoy aquí, contigo, disponible y te quiero también así».

Quiérete en la confusión de tu momento. Quiérele en la confusión de su momento. Sois uno.

Yo también he tenido días en los que no he comprendido nada, en los que he tenido la sensación de que algo se me escapaba. Y un día de esos, escribí lo que sigue:

Se me escapa

Hay veces que se me escapa lo que te pasa. Hay veces que me debes de ver desconcertada porque, ante alguna acción tuya, me cuesta reaccionar, saber qué necesitas, encontrar el movimiento justo y la palabra adecuada. Hoy nos ha pasado.

Hoy no he sabido qué te pasaba; estabas de mal humor, te has levantado con el pie izquierdo, como dirían algunos. Pero yo no sé si era mal humor o si te pasaba algo más. He notado que buscabas enfadarte pero que, como no encontrabas ningún motivo evidente para hacerlo, gemías sin saber hacia dónde tirar. Finalmente te he mirado y te he dicho: «¿qué te pasa?, ¿estás enfadada?, ¿tienes ganas de llorar?» Y me has dicho que no, pero has empezado a hacerlo cada vez más fuerte. Primero llorabas con tono de tristeza y luego con mucha rabia, enfadada por algo que yo no he conseguido descubrir.

Habíamos pasado muy buena noche, todo está bien, no hay nada que desencaje y así te lo he querido transmitir: «está bien», pero nada te ayudaba. Has querido que me apartase y lo he hecho, pero cuando me alejaba, llorabas más fuerte porque no querías que me fuera. Tampoco querías ningún abrazo.

Tenía la sensación de que te molestaba si te decía algo y también si callaba. Te molestaba que hiciera y también que no hiciera nada. Y entonces me he dado cuenta de que hay muchas cosas que a los padres se nos escapan. Lo siento, hay veces que se me escapa lo que te pasa y lo único que puedo hacer es acompañarte.

En el fondo, por más libros que leamos, por más información que tengamos, nunca ni madres/padres ni ningún experto sabrá profundamente lo que os pasa en cada instante. Porque sois mucho más sensibles que nosotros, porque a veces pienso que también sois mucho más sabios y os dais cuenta de cosas que nosotros no conseguimos descifrar. O recordáis cosas que para nosotros ya están olvidadas. O teméis otras que a nosotros ni se nos han ocurrido.

Te lo digo, hija mía, porque un día, cuando tengas tus hijos, no te agobies si algún día sientes que lo que les pasa se te escapa. Sentirás, quizá, que no estás a la altura, que no lo haces lo bastante bien, que no sabes lo suficiente o que no eres lo bastante buena madre. Pero nada de eso será cierto. Es solo que necesitamos entender profundamente y humildemente que nunca lo sabremos todo de nuestros hijos, y que no pasa nada.

Cuando he conseguido abrazarte, te has dejado y te has fundido en mi cuerpo, como si quisieras que, por un momento, fuera también el tuyo. Te he preguntado si te molestaba que me alejara y me has dicho que sí. Te he dicho si preferías que, la próxima vez, me quede más cerca mirándote y callada y me has dicho que sí. Pero entonces te he preguntado si el hecho de que te mire y no diga nada te hará enfadar aún más y me has dicho otra vez que sí. «¿Qué necesitas, entonces, cuando estás tan enfadada?» Y me has dicho: «no lo sé». Has vuelto a llorar, triste por no saber lo que te pasa o tal vez porque tu madre no lo sepa y no te lo pueda explicar. Y al final hemos aceptado, las dos, que a veces las cosas van así y que tampoco podemos hacer mucho más.

Esta vez, como todas, he lamentado verte pasarlo mal, pero no he sentido impotencia. He dejado que pasara el momento, estando cerca y disponible, dándome cuenta de que no te lo podré resolver todo y que hay cosas que las tienes que transitar tú sola. Me has ayudado, de nuevo, a volver a hacer ese ejercicio de humildad de darme cuenta de que no lo sé todo, ni sé siempre qué hacer. Que no te lo puedo ahorrar todo y que muchas veces no puedo ni siquiera ayudarte. Solo acompañarte. Solo estar ahí, contigo, con el corazón abierto y el abrazo disponible. Me has recordado que solo soy tu madre y que a veces a las madres nos toca esto, aceptar que hay cosas que se nos escapan.

EXPLORA...

Hagamos un alto en el camino y tomemos consciencia desde el cuerpo. Después de leer estas páginas te propongo que entres en contacto pleno con tu respiración. Nota cómo el aire entra y sale de tu cuerpo y procura que sea una respiración lo más lenta posible y, a la vez, cómoda. Centra tu atención en tu interior, vamos a escuchar.

Ahora te invito a que observes si se ha despertado alguna emoción mientras leías, o algún recuerdo. ¿Has sentido alguna vez esa sensación de no comprender a tu hijo o hija y de estar totalmente perdida/o? En caso afirmativo, ¿qué has hecho? ¿Cómo te has sentido al no poder hacer nada más que estar ahí? ¿Qué sensaciones ha despertado esa imposibilidad de «arreglar las cosas», de «ayudar más», de «hacer algo» que funcione? ¿Has podido abandonarte a lo que era? ¿Has podido dejar de oponer resistencia a lo que estaba ocurriendo y aceptar, rindiéndote, que no lo podemos solucionar todo?

Tómate un momento para sentir, para explorar, para afinar la intuición que te guiará en este camino hacia dentro. Abandonarnos a lo que es es algo que cuesta a muchas madres y padres, especialmente a los que tienen necesidad de sentir que lo tienen todo bajo control. A menudo se sienten muy impotentes y frustrados, cuando nada de lo que hacen parece ayudar a su hijo o hija. Rendirse al momento presente y a nuestra imposibilidad de hacer nada más que estar es un importante aprendizaje.

Te propongo que pares un momento y reflexiones si hay algo, en esta etapa que estás viviendo, a lo que te estés resistiendo. Algo que te haga estar en tensión y que, además, no esté en tus manos, que no puedas controlar. Observa qué produce en tu cuerpo, ahora mismo, esa sensación de resistirte y, a la vez, no tener el control. Respira lo que despierte en ti y permítete ver y sentir esta contradicción que te impide gozar del momento presente plenamente. Respira hondo, abre pulmones, pecho, diafragma y corazón, e intenta abandonarte a la realidad de esta situación a la que te resistes. Suelta. Deja de resistirte y confía. Esto sí que puedes hacerlo y, muy probablemente, marcará la diferencia.

EL MIEDO, ORIGEN DE CASI TODO

Muchas veces, lo que hay detrás de una rabieta es miedo. De una rabieta o de un enfado cualquiera, por ejemplo, nuestro, de los adultos. El miedo es una emoción muy potente, muy desagradable de sentir y que nos hace reaccionar a menudo inconscientemente. Desde una respuesta reactiva e inconsciente, normalmente solemos tener un comportamiento totalmente irracional y desproporcionado. Esto les pasa a ellos y, lamentablemente, nos pasa también a los adultos. Cada vez que los adultos actuamos reaccionando desde el ego con nuestros hijos e hijas es porque hemos tenido miedo. Un miedo que a veces ni sabemos que sentimos, pero que se ha despertado en nosotros. A menudo por un pensamiento que ha pasado, fugaz, por nuestra cabeza, y que lo ha desencadenado todo.

El miedo desata rabia porque, ante el miedo, tenemos la costumbre de defendernos y atacar. Por eso, un niño pequeño que estalla en rabieta puede hacerlo porque ha tenido miedo de no ser querido cuando, por ejemplo, le hemos dicho que ahora tenemos que atender a su hermano bebé primero y que tiene que esperar. Esa espera, que no puede soportar porque si algo tienen los niños pequeños es que lo quieren todo para ayer, hace que su seguridad de ser querido se tambalee. Se siente no mirado, se siente no tenido en cuenta, probablemente echa de menos a mamá. Y ya tienes el cóctel molotov perfecto para que estalle en una rabieta. Conflicto servido.

Los padres hacemos muchas veces lo mismo. El niño se enfada y estalla de una forma explosiva. Grita, quiere pegarnos y pierde el control. Entonces llega esa emoción, el miedo, con pensamientos del estilo «¿pero cómo es posible que quiera pegarme? ¿Si hace esto con cuatro años qué no hará con quince? ¿A ver si los demás van a pensar que en casa le pegamos? ¿Será que estamos haciendo algo mal? ¿Tendrá algún problema nuestro hijo si todavía no puede controlarse?»

Todos estos pensamientos los genera el miedo. El miedo que nos hace sentir impotentes, vulnerables e inseguros. Desde ahí, intentamos aplacar esa emoción tan desagradable que sentimos intentando recuperar el control de la situación. «¡Ya está bien, hombre!», nos decimos a nosotros mismos mientras nuestro ego se siente ofendido, menospreciado y se apodera del adulto que somos. En un abrir y cerrar de ojos, estamos también en plena rabieta, enfadándonos con nuestro hijo o hija, diciéndole cosas de las que más tarde nos vamos a arrepentir si es que no lo hacemos ya mientras las soltamos, y nos costará un montón tener, de verdad, el control de la situación.

Estamos reaccionando inconscientemente desde el miedo y desde nuestro ego, como si fuéramos también nosotros un niño de cuatro años asustado que necesita que le digan «tranquilo, todo va a ir bien». Y desde ahí, desde el miedo incontrolable, se nos destapa la rabia y reaccionamos atacando, reprimiendo, bloqueando y, en definitiva, infringiendo más dolor del que ya había.

En realidad, ¿sabes a cuándo se remonta ese miedo? A nuestra infancia, cuando teníamos miedo de no ser vistos, de no ser tenidos en cuenta, de no ser escuchados. *Ese* miedo es el que aflora ahora en forma de rabia, pero con nuestros hijos en vez de con nuestros padres. Proyectamos y revivimos una situación que ya hemos vivido anteriormente pero a la inversa, con los papeles cambiados. Ese dolor que no fue acompañado, ni transformado, vuelve a nosotros, pero de manera inconsciente y nos empuja a actuar, a menudo, como no queremos. No comprendemos nada: sabemos la teoría pero, en determinados momentos, nos poseemos y no nos reconocemos. Y luego la culpa, el látigo, pedir perdón y sentirnos absolutamente nefastos como madres y padres.

Solo poniendo consciencia a lo que se nos remueve dentro y por qué, y atendiéndolo desde la comprensión y la compasión más absolutas, podremos cambiar el viejo patrón y empezar a actuar desde el adulto que somos, y no desde el niño pequeño necesitado y herido que todavía llevamos dentro.

Observa las rabietas de tu hijo o hija y pregúntate qué es el síntoma y qué es la raíz. Qué es lo expresado y qué es lo que no. ¿Pega? Vale, eso es el síntoma. Te está intentando contar algo, así que toca averiguar el qué. ¿Grita? Vale, otro síntoma, ahora ve a la raíz de lo que le ocurre de verdad.

Observa también qué es lo que sientes tú. Qué es lo que sí expresas y qué hay debajo, algo que quizá ni te atreves a explorar o incluso nombrar. ¿Pierdes el control? Vale, eso es el síntoma, pero ¿cuál es la raíz de esa pérdida de papeles? ¿Qué hay debajo de tu iceberg? Cuando lo sepas, abrázate fuerte, acepta toda esa mochila no vista, no nombrada, no validada, no legitimada y hazlo tú ahora y aquí: nómbrala, legitímala, compréndela y atiéndela como merece, desde el respeto, la compasión y el amor incondicional. Nómbralo en voz alta, escríbelo en un papel, grítalo en medio del bosque o llóralo cuanto necesites. El fondo del iceberg un día u otro necesita ver la luz. Tu luz. Bendito sea ese día.

EXPLORA...

Te propongo ahora que conectes un momento con tu respiración. Pon tu atención plena en el ahora y aquí de esta lectura mientras conectas con tu cuerpo. Observa cómo inspiras y exhalas, cómo entra el aire y sale. Pon atención en su recorrido e intenta que, cuando exhales, todo tu cuerpo se relaje profundamente, intentando que no haya puntos de tensión.

Ahora te invito a que, en este estado de relajación, observes cómo te sientes. ¿Hay alguna emoción que se ha despertado leyendo los últimos párrafos? Porque mientras te hablaba de síntoma y de raíz quizá has podido atar algunos cabos, o quizá has pensado en cuáles eran tus síntomas y las causas del porqué explotas. ¿Cómo te sientes conectando con eso? ¿Sientes que tienes falta de autocontrol? Observa qué emociones se van despertando, cómo tu cuerpo siente comodidad o incomodidad y, aparezca lo que aparezca, respíralo. Viene a contarte algo, ¿qué es? Acepta este momento, ahora y aquí, sintiendo lo que sientes, tal y como es. Acepta y respira mientras escuchas qué hay que atender. Nunca es tarde para sintonizar con nosotros mismos y hacernos caso, dándonos la atención que necesitamos.

EL BERRINCHE COMO OPORTUNIDAD

Lo que quiero que quede claro es que, en mi opinión, las rabietas son una oportunidad. Acompañar a nuestros peques en su crecimiento cuando están en plena etapa de «me enfado por y con todo y ni sé por qué» requiere de una paciencia y una presencia en el aquí y ahora que supone un regalo que pocas personas o cosas en este mundo te van a hacer.

Sí, puede parecer una contradicción, pero no lo es. Trascender nuestra propia agresividad, mantenernos en el presente sin dejarnos llevar por los pensamientos que inundan nuestra mente mientras nuestro hijo o hija chilla poseído o quiere pegarnos, es todo un aprendizaje que nos puede llevar a un verdadero crecimiento personal. Trascender el ego y entregarnos al ahora y aquí aceptándolo como es, aprendiendo a acompañar al otro desde el amor, la compasión y el respeto es un regalo.

Quizá llevas años leyendo libros de autoayuda o haciendo cursos de crecimiento personal: pues te aseguro que tener un hijo es el curso más completo que harás nunca. Y no es fácil. Cuando está de lleno en la etapa del «no» continuo, cuando no atiende ni entiende nada de lo que le dices cuando limitas sus deseos es realmente costoso mantenerse centrado y empático, lo sé. Por eso tienes este libro en tus manos, porque me propongo ayudarte en este camino y que cada vez te resulte más fácil.

Si estamos abiertos, todo en el acompañamiento de un hijo o hija es motivo para crecer juntos. ¡Nos enseñan tantas cosas! Pero las rabietas, en concreto, son (si nos atrevimos a entrar de verdad en ellas y sumergirnos en todo lo que pueden enseñarnos) un gran aprendizaje personal a todos los niveles. Porque las rabietas tienen una energía muy potente que les remueve y sacude por dentro y que nos remueve y sacude también a nosotros. Es como un huracán que entra en nuestro interior y nos pone nuestro maltrecho equilibrio patas arriba. La energía de la rabia puede ser muy positiva porque nos puede salvar de situaciones de injusticia o peligro, pero también puede ser devastadora porque a veces lo arrasa todo. Usar esa energía para el crecimiento juntos y conseguir transformarla en comprensión y amor es de las cosas más poderosas que podemos vivir con nuestros peques.

¡Nuestro hijo o hija es tan distinto a nosotros! Piensa y actúa de una forma tan diferente que requiere un gran esfuerzo por nuestra parte de comprensión, empatía, reconocimiento, acompañamiento y amor, mucho amor. Y eso no solo es bueno para ellos, en absoluto. Eso nos nutre también a nosotros y nos agranda el corazón. Solo tenemos que estar abiertos, dispuestos y disponibles para ese tremendo viaje.

Pero para poder comprender profundamente las rabietas de nuestros hijos e hijas y por qué suceden llegada cierta edad, tenemos que entender y comprender profundamente cómo son ellos. Siempre me ha sorprendido la cantidad de información y comparativas que hacen algunas personas antes de comprar cualquier cosa, un coche por ejemplo, o una lavadora. Pero luego, para tener hijos y criarlos vamos casi con los ojos vendados y sabemos muy poco de cómo son realmente los peques, sobre por qué hacen lo que hacen.

«Si todo el mundo los tiene, no debe de ser tan complicado», dicen. ¡Ja! ;)

CAPÍTULO 3

¿CÓMO SON LOS NIÑOS Y NIÑAS?

De entrada diré que todos los niños y las niñas del mundo son completos. Completos, únicos, especiales y distintos. Con muchas cosas que aprender, claro que sí. Pero es importante que comprendamos e integremos de verdad que los niños y las niñas (al igual que nosotros mismos) son completos tal y como son a cada momento. No les falta nada ni les sobra nada, no tienen piezas que encajar para llegar a ser algo dentro de no sé cuánto. No. Son completos tal y como son. Tú también. Lo digo al inicio y tan claramente porque me parece imprescindible para ir cambiando la mirada e ir pudiendo abordar las rabietas de nuestros peques desde otro lugar más consciente, más elevado y más profundo.

Tu hijo es único y maravilloso, y hay mil cosas que le distinguen de los demás. Tu hijo es bueno. Tu hijo *es* un ser perfecto tal y como es ahora. Pero es muy probable que esto que acabas de leer no lo hayas leído a menudo, y mucho menos, escuchado. Lo que nos ha llegado por cultura, sociedad, y muchas veces también por la familia, es que los niños son unos caprichosos, que les das la mano y te cogen todo el brazo, que son unos manipuladores, que hay que andar con cuidado con ellos, que te toman el pelo y, si te despistas, también la cartera. Vamos, a juzgar por todo eso, ¡los niños son unos perlas!

Un día, escuchando un programa de máxima audiencia por la radio, el conductor del programa dijo que «ya se sabe, los niños son crueles y te toman el pelo a la mínima». Esto es la creencia más generalizada respecto a los niños, una creencia injusta, falsa, simplista, adultocéntrica, irrespetuosa y carente de base. Me cayó la mandíbula al suelo cuando escuché tal frase. ¡Cómo demonios vamos a cambiar la mirada respecto a la infancia si los medios de comunicación de masas dicen tales barbaridades y se quedan tan anchos!

Imaginaos que esa misma frase la hubiera dicho, por ejemplo, de los ancianos. «Los ancianos, ya se sabe, son crueles y te toman el pelo.» Vamos, se les habría colapsado la centralita con las llamadas de protesta y hubieran tenido que rectificar y pedir disculpas. Pero de los niños, ni colapso de llamadas ni disculpa alguna. Porque de alguna forma, esta es la creencia de base respecto de la infancia: que los niños y niñas te toman el pelo.

A madres acabadas de parir se les ha dicho que no cogieran a sus bebés en brazos porque les tomarían el pelo. Hasta este punto absurdo y absolutamente irracional llega esta creencia más que extendida de que los peques son crueles y te toman el pelo. Y no.

Los niños son bondadosos, dependientes, sí, vulnerables e inmaduros, también, y pequeños, con un sinfín de cosas que aprender. Pero no vienen aquí ni a amargarnos la vida, ni a ser crueles, ni a tomarnos el pelo. Es más, quizá, si hubieran podido elegir, ni siquiera hubieran venido a este mundo. Pero los quisimos, los concebimos y los tuvimos. ¿Por qué entonces propagamos esta forma de malpensar y malhablar de los niños y niñas, con esa gratuidad y ese desprecio? ¿Acaso no recordamos que nosotros también lo fuimos? Y que no éramos malos, ni queríamos tomar el pelo a nadie. Que queríamos ser amados, vistos, respetados, tenidos en cuenta, sentir que pertenecíamos a nuestra familia, a nuestro grupo amado. Que queríamos ser escuchados y vistos y que, muy probablemente, sufríamos.

Te propongo que revises tu forma de pensar respecto de la infancia. Que revises tus creencias, porque esas creencias te asaltarán cuando menos te lo esperes y, dependiendo de en qué se basen, te infundirán miedo y ese miedo te hará reaccionar de forma inconsciente. Así que antes de que eso ocurra, tómate un instante, unos días o unas semanas, para analizar qué piensas realmente de los niños y niñas.

EXPLORA...

Después de leer este párrafo, te animo a que cierres los ojos y escuches tu corazón. Antes, conecta con tu respiración y observa cómo entra y sale el aire de tu cuerpo. Procura soltar cualquier tensión que albergue y en los lugares donde la haya, envía el aire a destensar esa zona.

Ahora te propongo que conectes con tu corazón e intentes responder estas preguntas. ¿Qué te dice tu corazón sobre la infancia? Observa qué información te llega. Te propongo también que escuches a tu mente: ¿qué te dice sobre los niños y niñas? ¿Coincide con lo que te cuenta tu corazón o hay contradicción? Intenta recordar qué te decían en casa sobre los niños y niñas o qué decían sobre ti. Haz memoria y busca esas frases en la familia, en tu infancia o adolescencia que fueran creencias sobre lo que eras o dejabas de ser. ¿Cómo te hacían sentir? Y por último, ¿puedes conectar con la bondad de la infancia? ¿Puedes conectar con la esencia inocente, bondadosa, abierta y presente de los niños?

Quédate en el silencio intentando conectar con el corazón de la infancia y observa si el tuyo puede palpitar al unísono.

SON PEQUEÑOS

Una obviedad, lo sé, pero cuando están en plena rabieta a veces lo olvidamos y creemos que tienen que entender todo lo que les decimos y de la forma en que se lo decimos. Olvidamos que son pequeños, que su cerebro se está formando, y eso es importantísimo no olvidarlo. Porque si les presuponemos la misma comprensión que un adulto, nos ofenderemos y nos distanciaremos de nuestro hijo, que lo que precisamente necesita es que le ayudemos. Es pequeño y no nos entiende, o al menos, no entiende los motivos por los cuales le decimos que eso que quiere no puede ser o que eso que está haciendo tiene que dejar de hacerlo.

Un niño pequeño y un adulto no tienen nada que ver. Es como si nos pusieran delante de un extraterrestre, con el que no tendríamos ningún parecido. Pues más o menos igual pasa entre niños y adultos: vemos el mundo desde dos lógicas distintas y tan antagónicas entre sí que es evidente pensar que en esa etapa aparecerán bastantes conflictos entre niños y adultos. Obvio: no entienden casi nada de lo que les pedimos, exigimos o contamos. Y tampoco nosotros, a menudo, comprendemos su forma de ver o de actuar en el mundo.

Justamente porque son pequeños, su cerebro también lo es y no está, ni por asomo, desarrollado como el de un adulto. Y no solo eso, está «en construcción». Así, nuestro pensamiento lógico y racional puede no ser entendido en absoluto por un niño de, pongamos, dos años.

Ejemplo:

Vamos por la calle y tenemos que cruzar. Hemos ido todo el rato sin darnos la mano porque era una calle peatonal. Llegamos al paso de peatones y le decimos «dame la mano». Nuestro hijo, que está explorando el «apasionante mundo del *no*», nos contesta con la palabra estrella «no». Claro. Si hasta ahora no nos la ha dado, no entiende por qué en este momento debe hacerlo.

Y empezamos con nuestra lógica de adulto: «tienes que darme la mano porque por aquí pasan coches y te podrían atropellar».

Nuestras frases a nuestro hijo no le dicen nada. ¿Qué es «atropellar»? Y contesta «no». «Que si te atropella un coche tendremos que ir al hospital.» ¿Qué es «hospital»? Y así. No entienden nuestros razonamientos porque la lógica adulta está a años luz de la lógica del niño.

Luego os contaré, con el mismo ejemplo, cómo podríamos conseguir que nuestro hijo, voluntariamente, nos dé la mano para cruzar.

SON INMADUROS

En el vientre materno son uno con mamá. Luego nacen y sienten un montón de sensaciones extrañas que tienen que ir aceptando e incorporando. Todavía no tienen consciencia de quiénes son realmente y su propiocepción, aunque va aumentando, todavía es incipiente. Luego, y a medida que pasan los meses, van comprendiendo que mamá y él son dos seres físicamente distintos que pueden separarse. Entran, a menudo, en esa etapa llamada angustia por separación que hace que cuando mamá sale un momento de la habitación para ir a buscar una toalla, por ejemplo, el bebé llora como si lo matasen. Ha perdido a mamá de vista y siente que la pierde para siempre. Ya empieza a comprender que son dos cuerpos distintos y, por lo tanto, que se pueden separar, y es justo eso lo que le angustia.

Pero sigue creciendo y un día no solamente entiende que son dos cuerpos diferentes, sino que de repente se da cuenta de que piensan y sienten de manera distinta. Eso, que es un gran paso en su evolución, provoca también un cóctel de emociones que a veces son difíciles de gestionar para un niño tan inmaduro.

Porque siguen siendo inmaduros y pequeños. No comprenden muchas cosas que les pasan, muchas cosas que les pedimos, muchas cosas que sienten o que piensan. No pueden contextualizarlo ni comprenderlo en la dimensión que lo comprendería un niño mayor y, a veces, todo eso es un buen motivo para estallar en rabieta. Recuerda siempre que tu hijo es pequeño e inmaduro. Sí, aunque tenga cinco años y le veas grandote y capaz de comprenderte. Tener claro que es pequeño y que todavía está madurando, te ayudará a la hora de gestionar sus rabietas.

En este punto te ayudará mucho hacer el paralelismo con la naturaleza y sus frutos: como sabes, no todos los cerezos florecen al mismo instante, ni todas las cerezas estarán maduras el mismo día. Así pasa también con los niños y niñas: cada uno va a su ritmo, y es importante que no intentes hacerle madurar más rápido de lo que puede, ni que le compares con otros que quizá ya hacen tal o cual cosa, porque recuerda: son cerezas distintas y no tienen por qué caer del árbol en el mismo instante. Respira, relájate y goza de verle madurar día a día.

SON EGOCÉNTRICOS

Esta fase a mí me apasiona porque la encuentro de una profundidad e importancia cruciales. Te lo presento así porque la realidad es que también es una etapa muy cansada, pero empiezo por lo bueno, que no es poco. ;)

Digamos que tu hijo o hija se siente el centro del universo y está bien que se sienta así. Es más, debe sentirse, en esta etapa, como si el sol saliera porque él ha abierto los ojos. Vamos, el centro del mundo. El problema no es que un niño pequeño esté inmerso en la etapa egocéntrica, el problema son los adultos de treinta, cuarenta o cincuenta años que no la han abandonado y creen que el mundo gira a su alrededor. No, eso ya no toca.

Pero en esta fase es importante que lo veas como algo positivo y normal. Sí, a veces toca las narices y no poco, pero es muy importante que permitas que tu hijo viva esta etapa sin juzgarlo ni machacarlo. A veces, el hecho de que se crean el centro del universo nos provoca, de repente, un miedo tremendo: «¿Va a convertirse en un déspota de mayor? ¿Estoy creando un monstruo?» Y la respuesta es: puede parecerlo, pero no.

El niño está pasando de sentirse uno con mamá a empezar a individualizarse, a sentir su *yo*, que se muestra de una forma que puede parecer desmesurada: todo es «yo» o su nombre, todo es «mío» y todo es «ahora». Vamos, un estrés si no lo ves como lo que es: una etapa normal e importantísima en la que debemos permitir que sientan esa individualidad y empiecen a expresarla, aunque en ese proceso de expresión nos sintamos incómodos.

Porque luego pasan esas cosas de, por ejemplo, «quiero teta» mientras estás yendo al baño y le dices que no, que en un momento se la das. Y se pone como las cabras que quiere teta ahora, no después. Vamos, que su necesidad de teta ahora es tres trillones superior (para él) a tu necesidad de ir al baño. Comprensible, porque está en la fase egocéntrica y en ese momento no puede empatizar contigo y pensar: «pobre mamá, lleva mucho rato sin ir al baño, debe de tener la vejiga sin ninguna arruga. Mejor que vaya al baño y que vaya sola, así tiene un momentito para sí misma, que desde que me ha tenido le estoy dejando muy poco espacio». Molaría, ¿eh? Pues va a ser que no.

¿Qué va a hacer? Enfadarse y reclamar aquello que quiere ahora y con todas sus fuerzas. Y tú, ¿tienes que no ir al baño? Yo creo que no, que sí tienes que ir, claro que sí. Pero también debes comprender que está en su derecho de enfadarse porque, inmerso en la etapa egocéntrica como está, es normal que pida las cosas como las acaba de pedir. Ya le iremos puliendo esos pedidos, explicándole que pida las cosas mejor, que ahora lo que quiere no puede ser. Pero debemos entender por qué lo hace y, sobre todo, aceptarlo.

Si acepto que esté en esa etapa, incluso puedo gozarla. Mirarla con respeto. Ver cómo se va transformando de niño fusionado conmigo a niño individualizado, que piensa, discute, opina y decide. Es fascinante, de verdad, si puedes verlo con esos ojos. Yo lo encuentro maravilloso, aunque a veces se crean situaciones agobiantes, por qué no decirlo. Pero así es la vida, ¿no? Maravillosa con momentos agobiantes. ;)

Un día en que mi hija pequeña estaba muy exigente, inmersa totalmente en la etapa egocéntrica, yo empezaba a estar hasta el gorro de tanto «yo, yo, yo, mamá, mamá, mamá» constante. Le dije desesperada: «Cariño, no eres el centro del universo» y me respondió: «¿Ah, no? Y entonces, ¿quién es?» ¡Boom! Su madre, o sea yo, estaba demasiado agobiada y había entrado totalmente en mi ego porque mis necesidades de darme una pausa, un respiro, de respetar lo que estaba haciendo con su otra hermana, etc., no eran satisfechas, y le salté con esa frase borde del centro del universo. Ella me devolvió al lugar de donde yo no debería haberme ido y me ayudó a centrarme de nuevo. ¡Pues claro que ella creía ser el centro del universo! ¡Es lo que le tocaba en ese momento! Pero yo no supe estar lo suficientemente presente en el aquí y el ahora para atender su demanda desde un lugar más consciente y no carente.

Sea como sea, los niños son geniales, y de vez en cuando nos sueltan esos «zascas» que nos resitúan en el aquí y el ahora inmediatamente. Te animo a que no los veas como impertinencias, sino como regalos sabios que nos entregan y que nos ayudan a dejar el ego y volver al adulto que somos.

Como puedes deducir, en esta etapa es muy importante que nuestro hijo o hija tenga la mirada que necesita. Que se sepa escuchado, acompañado, entendido, atendido. Ahora debe sentirse el centro del mundo para enraizarse, para poder forjar sin miedo ni carencia su personalidad, enraizarse en su verdadero «yo» y, poco a poco, a medida que vaya creciendo y madurando, ya irá viendo y comprendiendo que a veces hay otras necesidades que pasan por delante de la suya (si tiene un hermano bebé, por ejemplo), o que nuestros deseos también hay que tenerlos en cuenta, y nuestras necesidades, y empezará a conectar con la empatía de una forma más elaborada y profunda.

Todo llegará a su debido tiempo. Ahora, si tienes un niño pequeño, te toca eso: «yo, ahora, mío» y enfados cuando lo que quiere no puede tenerlo o no es como se había imaginado. Lo importante es que pueda experimentar profundamente esa etapa sin sentir que está haciendo algo mal. Sentirse mirado, sentirse único, le llenarán la mochila emocional para luego poder ir aceptando que en realidad no son el centro del universo y que hay más vida más allá de ellos mismos.

Pero si la mochila está llena, si han podido experimentar primero esa fusión que llena tanto y después esa mirada atenta y sincera, podrán seguir después su camino sin tirarse el resto de su vida buscando esa mirada que jamás tuvieron. Llamando la atención cada dos por tres a pesar de tener ya veinte, treinta o cuarenta años. Buscando esos ojos de mamá y papá que me miraron poco, que me tuvieron poco en cuenta, que jamás me hicieron sentir como que era importante.

Con esto no quiero decir que vuestra vida tenga que girar constantemente a su alrededor, es imposible y no es necesario. Porque tendréis trabajos, otras cosas que atender, etc. Tendréis que ir a comprar, hacer recados con él/ella, hablar con otras personas. Pero los miraréis, los tendréis en cuenta (sus necesidades, sus momentos, sus logros, sus dificultades) y estaréis ahí para acompañarlos. Estar presente en cuerpo y alma en los momentos en que estamos con ellos jugando, cambiándoles el pañal, bañándolos, acostándolos, dándoles de comer, etc. *Esa* mirada. Esa.

Imagínate a tu hijo pidiéndote: «mamá, papá, ¿me miras?, ¿me escuchas?, ¿me quieres?» ¿Cuál es tu respuesta?

EXPLORA...

Después de leer este párrafo te animo a que pares un segundo, cierres el libro y tus ojos y conectes con tu respiración. Te invito a que la hagas, si es posible, más lenta de lo que es ahora mismo y observes cómo el aire entra y sale de tu cuerpo.

Te propongo ahora que respondas estas preguntas sinceramente. ¿Qué tal llevas la fase egocéntrica de tu hijo? ¿Con qué emoción te conecta cuando está exigente, sin paciencia, y con el yo, yo, yo? Y ahora te propongo que vayamos un poco más allá. ¿Sientes que en tu infancia pudiste transitar profundamente la etapa egocéntrica sintiendo la mirada atenta y respetuosa de tus padres? ¿Comprendieron que lo que hacías formaba parte de tu desarrollo? ¿Te sentiste mirada, escuchada, atendida en tus necesidades emocionales? Respira profunda y lentamente y observa qué te cuenta tu cuerpo.

Qué emociones se mueven dentro, qué te viene, qué recuerdos, qué sensaciones corporales llegan a ti. No es necesario que hagas nada más que observar, permitir, abrazar lo que es en este momento. Lo que aflore, atiéndelo, compréndelo, permite que sea. Y desde la adulta o el adulto que eres, hazlo con compasión, con amor incondicional hacia ti misma/o y hacia tu proceso de crecimiento.

YO NO PIENSO LO QUE TÚ PIENSAS

Poco a poco, el niño va creciendo y va llegando a otro estadio que ahora te mostraré a través de un ejemplo:

Un día me di cuenta de que mi hija mayor había cambiado y que se encontraba de lleno en lo que en psicología y filosofía se denomina la teoría de la mente. No me acuerdo de cuántos años tenía exactamente, pero eran pocos. Se enfadó conmigo porque no estaba de acuerdo con algo que yo le decía que tenía que hacer. Y de repente me soltó: «Es que yo no pienso lo que tú piensas, mamá». Una frase tan simple y tan certera a la vez. ¡Otro zasca! Sí, para mí fue un zasca en toda la cara.

Me estaba diciendo: «sé lo que tú quieres y piensas, pero en mi cabeza tengo otra idea que para mí también es muy válida y tú no la estás teniendo en cuenta». Fue genial darme cuenta de una manera tan aplastante que tenía enfrente a una niña que ya pensaba por sí misma, que ya tenía sus propias ideas y que, por lo tanto, debería tener eso siempre en cuenta y respetarlo.

La teoría de la mente alude a la capacidad de tener consciencia de las diferencias que existen entre el punto de vista de uno mismo y el de los demás. Y a tu hijo o hija le llegará ese momento en el que se dará cuenta de que piensa, que piensa distinto a ti y que sus ideas son válidas también. Y sí, querrá que las escuches y que las apruebes. A veces será posible y otras no, pero darse cuenta de esa evolución, de ese desarrollo, y poder acompañarlo con ojos de asombro es un privilegio que no deberíamos desaprovechar madres y padres.

Dicho esto, quiero hacer una reflexión que creo que es importante para poder acompañar las rabietas de nuestros hijos e hijas: debemos comprender que ellos muchas veces, por no decir casi siempre, piensan distinto a nosotros. Porque ven el mundo desde otro lugar, desde otra edad, otra experiencia y otro prisma.

Que nosotros pensemos que ellos deberían de creer, sentir o hacer lo mismo que haríamos nosotros es egocéntrico y absurdo. Y a menudo nos pasa, como cuando creemos que decirle que suba a la sillita del coche porque tenemos que hacer treinta quilómetros es algo tan obvio, sencillo y normal que tendría que obedecer sí o sí. Vamos, que debería de ver las cosas así de obvias como las vemos nosotros; y no es así. Eso que esperamos es imposible. No con nuestros hijos e hijas, sino con todo el mundo.

Creo que los adultos maduramos de verdad cuando nos damos cuenta profundamente de que cada cual tiene su forma de ver el mundo y vive su propia realidad. Que lo que vemos nosotros, creemos o sentimos en determinada situación no tienen por qué verlo los demás, creerlo o sentirlo en la misma situación y de la misma forma. Porque somos distintos y partimos de diferentes historias, vivencias, experiencias, realidades, padres, familias, culturas o sociedades.

Comprender esto en su totalidad y profundidad te ayudará a vivir más libre, más serena y, además, te ayudará a ver a tu hijo o hija no como a un rival que te lleva la contraria, sino como una persona de pleno derecho como cualquier otra, que está desarrollando su pensamiento crítico. Te ayudará con tu hijo, pero también con la relación de pareja, con la relación con tus padres, hermanos, amigos y compañeros de trabajo. Comprender que tu visión quizá es solo tuya y que es normal porque todos somos distintos te ayudará, sin duda, a vivir mejor.

VIVEN EL PRESENTE

Su forma de vivir en el mundo y la nuestra no tienen nada que ver. Un adulto piensa en lo que va a venir después, se anticipa o se preocupa con antelación, y además también puede pensar, angustiarse o agobiarse por cosas que ya forman parte del pasado; ya sean situaciones de hace unos minutos o de hace años que siguen provocando emociones en el presente y que nuestra mente visita y rescata.

Podemos estar jugando con nuestros hijos, pero estar muy poco presentes. Pensamos en las cosas que haremos después o en las que nos han quedado por hacer. Pensamos en dónde iremos el fin de semana o que ayer olvidamos llamar a esa persona a la que queríamos llamar. Es difícil estar presente en el siglo XXI porque todo va muy rápido y el ritmo estresante del día a día no acompaña. Pero es importantísimo estarlo, y otro gallo cantaría si los adultos estuviéramos más presentes, la verdad.

Ellos no funcionan como nosotros, ellos solo viven el presente. Están en el aquí y el ahora permanentemente. En cuerpo y alma. No están pensando en lo que va a venir después ni en lo que pasó ayer. Un niño pequeño solo vive el momento presente, cosa que es muy sabia porque el presente es lo único que tenemos. Pero nos choca.

Y cometemos errores de principiante anunciando a nuestro hijo que el fin de semana iremos al parque de atracciones sin pensar que en tres, dos, uno irá a buscar la chaqueta para ir *ahora* mismo al parque de atracciones.

Yo creo que seguramente el error de la anticipación es el que más veces he cometido en mi vida maternal. ¡Me pierde la boca! Y muchas veces no pienso que hay un ser pequeñito al lado que no entiende las palabras «mañana» o «fin de semana» o «martes» porque solo vive en el ahora.

Este es un ejemplo de algo que he vivido un montón de veces: cerrábamos un plan con amigos para el fin de semana; colgaba el teléfono y soltaba: «el sábado estaremos con Jan y Berta e iremos a ver caballos». En décimas de segundo una niña empezaba a decir: «ahora,

ahora, Jan y Berta, ahora, caballos, ahora». Y claro, ¡arréglalo entonces! ¿Cómo contarle qué significa el fin de semana a una niña que solo
vive aquí y ahora? ¡Tremendo! En esos momentos siempre juraba no
olvidar jamás la prohibición de no anticiparme, pero confieso que, a
veces, se me escapa.

Entraré más adelante en lo importante que es tener todo esto en
cuenta para evitar rabietas innecesarias, pero de momento, quédate
con eso: vive el presente, solo el presente. Obsérvale e intenta imitarle
y estar en el presente en cuerpo y alma como él hace, así, poco a poco,
podrás ir comprendiéndole mejor. Además, estar presente no solo re-
vertirá en tus momentos con tu hijo, sino en la calidad de todos los
momentos de tu día.

EXPLORA...

Después de hablar del presente creo importante parar un momento y hacer espacio a esta palabra tan potente y tan vital:
presente. Te propongo que centres la atención ahora en tu respiración y observes cómo el aire entra y sale de tu cuerpo. Nota la
inspiración y la exhalación. Manda el mensaje a tu cuerpo de
que puede relajarse, de que puede soltar cualquier tensión que
haya en él porque ahora estás presente, cuidándolo y mandán-
dole aire para que pueda parar y escucharse.

Tener un hijo o una hija que está presente y entender que ese
es su modus vivendi es una oportunidad magnífica para imitarle
y aprender de él. Tienes al gurú en casa, enhorabuena, no hará
falta que pagues retiros carísimos para aprender a estar y fluir en
el presente: te invito a que observes a tu hijo e intentes hacer lo
mismo que él. Vivir solamente el ahora y aquí. Ahora conecta
profundamente contigo y procura responder estas preguntas:

¿Sientes que en tu día a día estás presente o más bien en el
futuro o pensando siempre en algo que ya ha pasado? ¿Qué

nivel de presencia en el ahora y aquí dirías que tienes? ¿Eres de multitasking o más bien, cuando haces algo, le dedicas atención plena? ¿Y a tu hijo o hija? ¿Cuando estás con él o ella, estás de verdad presente o estás lejos pensando en mil cosas que asaltan tu cabeza?

Después de leer este párrafo te invito a cerrar el libro y tus ojos e intentar estar presente en este momento. Primero te centrarás en la respiración, sintiendo cómo el aire entra y sale de tu cuerpo profunda y lentamente, pero a la vez siendo una respiración cómoda y nada forzada. Pon atención a la temperatura del lugar donde estás, siente tu piel, el contacto de la ropa en tu cuerpo, el posible ruido que haya. Estate plenamente presente sin hacer nada más que estar con los ojos cerrados y respirando conscientemente. ¿Cuánto puedes aguantar así? ¿Sientes que el asiento tiene pinchos y estás deseando salir corriendo, o más bien estás a gusto y sientes que puedes relajarte? ¿Qué nivel de actividad mental hay en tu cabeza cuando intentas parar? Quédate un rato simplemente respirando y conectando con tu ahora y aquí, ahora y aquí, ahora y aquí...

Todas las respuestas que vengan a ti te ayudarán a tomar consciencia de tu nivel de presencia y atención plena al ahora y aquí. Si los resultados de este ejercicio no han sido satisfactorios para ti, sigue observando a tu hijo e imitándole y sigue haciendo este mismo ejercicio por lo menos cada día y durante cinco minutos. Prohibido decir «no tengo cinco minutos», que te veo venir. ;)

SON TODO EMOCIÓN

Los niños lo viven todo intensamente porque son todo emoción. Las emociones les atrapan y se apoderan de ellos, tanto cuando sienten felicidad máxima o alegría, como cuando sienten rabia o celos. No hay filtros. Un niño pequeño no puede controlar sus emociones ni tampoco gestionarlas. Simplemente afloran y lo hacen sin ningún tipo de contención.

Cuando un niño está alegre, contagia a toda la familia. Su emoción lo llena todo: todo su cuerpo para empezar, pero también toda la sala. La gente vibra cuando ve esa alegría desbordada; es un soplo de aire fresco. Pero cuando la emoción que se apodera de ellos es la rabia, la cosa quizá no gusta tanto, pues también, como en el caso de la alegría, lo ocupa todo.

Los adultos somos capaces de matizar nuestras emociones y contenerlas, por ejemplo, si el lugar en el que estamos no nos parece adecuado para exteriorizar lo que sentimos, o si creemos que no hay la suficiente confianza y no vamos a ser comprendidos. A pesar de tener un disgusto en el trabajo, quizá no daremos rienda suelta a nuestras emociones hasta llegar a casa, donde nos sentiremos más cómodos. Durante el rato anterior incluso algunos podrán disimular su malestar y nadie notará que algo les ha disgustado. Además, los adultos también sabemos (algunos más, otros menos) canalizar nuestras emociones.

Los niños esto no saben hacerlo. Las emociones se apoderan de ellos y, muchas veces, les desbordan. Da igual si están en casa o en el supermercado con un montón de gente mirando. Si sienten alegría, la expresan, y si sienten rabia, también. No hay filtros, ni medias tintas, ni matices. En este sentido, son absolutamente transparentes, lo que ves es lo que hay.

A medida que van creciendo, irán aprendiendo a gestionar mejor todo lo que sienten. No solo eso: irán poniendo más capas, más filtros, y tendrán cierto autocontrol para no mostrar, con la fuerza que la sienten, la emoción que estén experimentando. Incluso, de forma inconsciente, se reservarán para sacar en casa ese cúmulo de emociones que no han sabido gestionar. En casa, con sus adultos de referencia, en un entorno de confianza y de saberse comprendidos y seguros, expresarán aquellas cosas que hayan quedado atrapadas dentro esperando salir.

Pero es que además los niños y niñas son muy sensibles. Unos más y otros menos, obviamente, pero son muy sensibles. (Más adelante en este libro te hablo de la alta sensibilidad, que también existe.) Esta sensibilidad junto con la intensidad de lo que sienten, más su inmadurez para procesar y canalizar tantas emociones, crea un cóctel molotov perfecto para estallar en rabieta. Esto a veces se nos pasa por alto: pensar que son muy sensibles y que en el mundo en el que vivimos la sensibilidad no es tenida en cuenta ni cotiza al alza. Tenlo presente. Entra en contacto con su sensibilidad, también es un regalo que te ayudará a comprenderle y, por qué no, a conectar con tu sensibilidad.

SON JUEGO Y MAGIA

Cuando las familias me cuentan que sus hijos de dos o tres años no obedecen las órdenes que les dan les pregunto: «¿y cómo se lo habías dicho?», y me contestan: «ahora tienes que lavarte los dientes». *Fail.* ¿Por qué? Pues porque los niños entienden el juego, el juego para todo, no las órdenes. Las órdenes son aburridas y no entran dentro de su lógica infantil. El juego, sí.

De modo que si quieres que tu hijo se lave los dientes, se ponga el pijama o suba al coche lo mejor es que juguéis mientras hacéis esas cosas. Será más fácil, podrá comprenderlo. Esto no significa que si lo haces así te librarás de un enfado o te dirá «amén» a todo. Ya sabes que es otra persona y tiene sus propias ideas. Pero si juegas, tienes más probabilidades de que acabe lavándose los dientes que si no lo haces.

Tomemos el ejemplo antes mencionado: tenemos que cruzar la calle y, al llegar al paso de peatones, le decimos que nos dé la mano. Respuesta: *no.* Claro que dice que no, si ha ido todo el camino sin dárnosla, sintiendo lo chulo que es caminar solo, sintiéndose muy mayor, ¿por qué tendría que dárnosla ahora? Y le decimos: «para cruzar la calle».

Su lógica infantil podría responder que puede cruzarla perfectamente solo, y nosotros saltar con que es peligroso, que le pueden atropellar, etc. ¿Qué es atropellar para un niño de dos años? No, si tu hijo es muy pequeño acabarás antes si juegas.

¿Cómo? Supongamos que está alucinado con los animales. Podemos decirle que las rayas blancas son pasarelas que nos ayudan a cruzar un río que está lleno de cocodrilos y que para saltar más fuerte, tenemos que darnos la mano. Pruébalo.

Los niños tienen mucha imaginación, muchísima más que nosotros. Y desde esa premisa te va a ser muy fácil comunicarte con él, llegar a él, *conectar* con él. Desde el juego y desde la magia. Porque en su mente todo es posible. Justamente por eso creen en Santa Claus, los Reyes Magos, el hada de los dientes o el Ratoncito Pérez. Si no estuvieran inmersos en el mundo de la magia, no se creerían nada de todo eso, y su lógica empezaría a cuestionarlo todo. Pero no.

Y eso demuestra que podemos utilizar la magia, la imaginación y el juego para comunicarnos con nuestros hijos. Sí, esto requerirá mucho de nosotros, porque tendremos que dedicar un poquito más de tiempo a pensar qué podemos inventarnos para conseguir que el hecho de subir al coche sea algo divertido, pero ¿qué preferimos? ¿Jugar o que se enfade y acabemos todos mal? Sin duda es muchísimo mejor jugar.

El juego es una necesidad básica de los niños y, a menudo, jugamos poco con ellos. Sí, lo sé, a veces la falta de tiempo nos agobia y también, por qué no decirlo, a veces no nos apetece, o estamos cansados. Y es lícito, claro que sí. Pero tenemos que saber que ellos necesitan jugar, y que para jugar es muy probable que nos necesiten a su lado compartiendo el juego con ellos.

El juego es más importante de lo que creemos y, sobre todo, que sea juego libre. Que sea el propio niño el que vaya dibujando los caminos de ese juego. Me acuerdo de la cantidad de veces que mi hija pequeña me ha pedido que jugara con ella con sus muñequitos: tenemos una bolsa llena de muñecos de todo tipo, unos pequeñitos que caben cuatro en mi bolso y son muy prácticos porque puedes llevártelos a todas partes y te resuelven momentos de espera.

A menudo, cuando empezábamos a jugar, en cuanto yo decía algo me interrumpía y me aclaraba: «no, tu muñeco no era una mamá, era una maestra y vivía en otro sitio». «Vale, pues yo soy la maestra.» «Ahora coges el lobo y haces que venía al cole». «Vale. Hola, soy el lobo y vengo a esta clase.» «Nooooo, mamá, así, nooooo, el lobo no puede decir eso, estaba escondido.» «Ah, vale.» Así hasta el infinito. Nada de lo que yo decía o hacía correspondía, claro, a lo que ella tenía en su mente, y ella *necesitaba* dirigir el juego, guiarlo según lo que quería y pensaba. Está bien así.

Muchas veces hay quien se incomoda y puede pensar que el niño es un «mandón», que siempre quiere tener la razón, que así no se puede jugar porque nosotros también queremos decidir. Yo les diría: «¿no decidís ya muchas cosas en la vida de vuestro hijo? ¿Por qué no dejarle que ahora, para variar, guíe él el asunto en estos veinte minutos que estaréis jugando? ¿De qué tenemos miedo con el tema del juego y los peques?» A veces es que les dirigimos cada paso que dan, incluso cuando están ellos solos jugando. Interrumpimos, preguntamos qué hacen y por qué, intervenimos, etc. Nos incomoda el silencio, o estar con ellos y no participar de su momento.

Dejémosles que experimenten libertad de verdad en el juego. Dejemos que se pierdan en su imaginación, que tengan amigos imaginarios, que disfruten creando escenarios, historias y mundos fantásticos. Cuando veas a tu hijo jugar atendiendo plenamente a su momento presente, por favor, no interrumpas y embriágate de ese momento, porque es oro puro. Deberíamos caminar de puntillas porque, en ese preciso momento, nuestro hijo está conectando con su espíritu, está creando, imaginando, nutriéndose de su esencia y, muy probablemente, está siendo muy feliz. Permitiendo estos momentos de *flow* en el juego le estamos permitiendo *ser*. Fíjate si es importante.

Dejemos que imaginen y jueguen en libertad, y si eso nos remueve y nos asusta atendamos nuestros miedos, mirémoslos a la cara para ver de dónde vienen y no los carguemos a nuestros hijos. Responsabilizándonos de ellos, viendo por qué nos molesta que nos manden en el juego, o que no juegue como nos gustaría o a lo que nos gustaría, les libramos de carga y les permitimos ser más felices, a la vez que nos damos a nosotros la oportunidad de ser más conscientes.

LES FALTA LENGUAJE

Sí, incluso a los niños de dos años y medio que parecen cotorras porque hablan mucho les falta un montón de lenguaje y no pueden, todavía, expresarse como lo harán dentro de unos años. Algunos niños simplemente casi ni hablan. Dicen palabras sueltas, se hacen entender, pero hablar, lo que se entiende por hablar, no hablan.

«Es que mi hijo sí que habla», sí, es cierto, los hay que han empezado más o menos temprano y parece que no callen nunca. Pero cuando se enfada, ¿es capaz de decirte qué le pasa en plan: «mamá, es que te he echado mucho de menos y me he sentido muy solo cuando, estando en clase de música, ha venido otro niño y me ha pegado porque quería lo que tenía yo». No, ¿verdad?

Su lenguaje es incipiente, tiene palabras, puede construir algunas frases, pero le cuesta hablar a un nivel más profundo y expresar lo que siente y lo que le pasa. Porque en ese momento, inmaduro como es, quizá ni siquiera sabe lo que siente. Eso va a requerir tiempo. Tiempo para poder aprender no solo del lenguaje, sino de él mismo, de las sensaciones que irá experimentando a medida que sea consciente de que siente miedo, por ejemplo, o rabia, o alegría.

Pero nosotros, como ya salta y corre y habla, creemos que, en plena rabieta, va a contarnos qué le pasa, y ni cortos ni perezosos le preguntamos: «¿Pero se puede saber qué te pasa?» A veces me los imagino allí, en el suelo, con dos años y medio escuchando esta pregunta y pensando: «Pues si no lo sabes tú que eres mi madre/padre y tienes treinta y cinco años, estamos apañados».

Porque es así, muchas de las pataletas que van a tener les van a pillar por sorpresa y en ese preciso momento, en colapso total, no van a ser capaces de decirnos qué les pasa *de verdad*. Pueden creer que es por el caramelo que no le hemos comprado, pero es probable que el motivo real sea otro.

A veces pasa otra cosa, y es que ellos creen que hablan estupendamente y, en realidad, nadie entiende ni una palabra. Ya sabes, te miran con cara de «¿pero será posible que todavía no me hayas entendido?» mientras tú les pides, por enésima vez, que te repita lo que ha dicho. El niño balbucea o vocaliza palabras imposibles de comprender, pero en su cabeza las pronuncia a la perfección. La frustración que sienten al ver que eso que dicen nadie lo entiende es épica. Y se cabrean, claro. Muchísimo. Mientras tú sigues preguntándote qué demonios era lo que te intentaba decir. No, no es nada sencillo, especialmente cuando tu visión y la suya al respecto del dominio del lenguaje difieren tanto. En estos casos, carros de paciencia, ponerle humor cuando ya se haya acostado y comentéis la jugada con tu pareja o una amiga, y a seguir, confiando que cada día sabrá contarte mejor lo que quiere o le pasa.

Sea como sea y en general, damos mucha importancia al lenguaje, a lo que se dice, y nos olvidamos de que hay otros tipos de comunicación no verbal que son igual de importantes, incluso más en estas edades. Pero estamos acostumbrados al lenguaje verbal y le damos mucho valor. Justamente por eso nos sentimos tan impotentes cuando no sabemos qué decir a nuestros hijos cuando se enfadan, o cuando ellos no saben contárnoslo a nosotros. Creemos que deberían decirnos qué les pasa: «no es tan difícil», dicen algunos. Pero para ellos sí lo es porque el lenguaje todavía se está desarrollando.

EXPLORA

Llegados a este punto, te invito a parar un momento a explorar y escucharte. Instala la respiración consciente, observando cómo el aire entra y sale de tu cuerpo. Una respiración profunda, pero no forzada, que te ayude a conectar con tu interior.

La etapa de la que te acabo de hablar es una etapa en la que puedes aprovechar para explorar la importancia de otras formas de comunicación no verbales. Una etapa en la que puedes explorar la importancia del silencio y del gesto, del movimiento y de lo no dicho. Ver cómo se manifiesta, en qué formas. Es una oportunidad de oro para hacer espacio a lo no verbal: callar más y observar más, callar más y escuchar más, con el corazón abierto de par en par.

Y ahora, mientras escuchas tu respiración y la notas en tu cuerpo, procura responderte estas preguntas de la manera más sincera y espontánea posible: ¿Cómo vives tú la comunicación verbal? ¿Te cuesta hablar o más bien no callas nunca? ¿Cómo llevas que tu hijo o hija a menudo no sepa contarte como le gustaría lo que le sucede o lo que le ha ocurrido? ¿Cómo te sientes cuando no sabes cómo explicarle algunas cosas, o cuando se las cuentas y ves que no te acaba de comprender? ¿Qué te hace sentir las dificultades de la comunicación a través del lenguaje?

Y ahora, crea espacio a otro tipo de comunicación. ¿Sientes que puedes hacerlo? Míralo como un viaje apasionante a un país nuevo y desconocido. Explóralo porque es muy probable que sea todo un regalo para ti y para él o ella. Explorar el silencio, el gesto sin palabras, la comunicación a través de la mirada, del tacto, del corazón... y sin palabras, conectando con otra parte menos evidente, pero también presente: la sensibilidad, la intuición, lo sutil. Lo que no se escucha pero está también. Feliz descubrimiento y buen viaje.

TIENEN NECESIDADES QUE PIDEN SER SATISFECHAS

Los niños tienen unas necesidades y podríamos decir que algunas están clarísimas: son las necesidades básicas y son las que van ligadas a la supervivencia del niño, y le ayudan a crecer y a desarrollarse. Dentro de estas necesidades más básicas, encontramos la necesidad de alimentarse, de dormir, de moverse libremente, de tener contacto físico, de apego seguro con las personas de referencia, de juego libre, de presencia de sus padres, de sentirse protegido y querido, etc.

Estas necesidades se mantienen a medida que el niño va creciendo, pero aparecen otro tipo de necesidades: son las que llamamos necesidades secundarias. Estas no están ligadas a la supervivencia del niño, sino que revierten en un aumento de su bienestar o su placer; son, por ejemplo, ver dibujos en la tele o jugar con la tablet. No lo necesita para vivir, pero sí lo quiere para (si le gusta) sentirse mejor.

Es importante que tengamos claras estas necesidades porque si no, a veces, nos hacemos un lío y creemos que necesidades primarias, básicas, son secundarias, como por ejemplo su necesidad de apego. Y pasamos por alto que nos necesitan mucho y hay incluso quien lo cree un mero capricho. No lo es. Nos necesitan un montón, no lo dudes.

Pongamos un ejemplo muy claro: la tan criticada «mamitis». «Este niño está enmadrado», dicen muchos, como si fuera algo malo o una enfermedad. Que un niño o una niña quiera estar con su madre no es malo, y en la gran mayoría de los casos y a la edad en la que se habla de «mamitis» se trata de una pura necesidad. Si confundimos necesidad con capricho podemos estar incitando al niño a alejarse de mamá creyendo que es lo que necesita, cuando lo que realmente le pide el cuerpo es sentirse seguro cerca de ella.

Pero ¿por qué te cuento todo esto? Pues porque cuando las necesidades básicas fallan, cuando no son satisfechas, aparece malestar. Esto le pasa a todo el mundo, pequeños, mayores, a todos. ¿Cuántos adultos se ponen de mal humor cuando tienen hambre? ¿O cuánta gente tiene mal despertar si han dormido mal? ¿O cuántas personas son más bien desagradables cuando están cansadas o estresadas?

Tener las necesidades básicas no cubiertas produce malestar físico y también emocional, de modo que es probable que el niño pequeño, que seguramente no es capaz de identificar ni siquiera que tiene hambre, se enfade por cualquier necesidad secundaria o por cualquier cosa que, a ojos de los adultos, pueden ser «tonterías».

¿Adivina cuál es la peor rabieta que puedes encontrarte? Sí, cuando tu hijo tiene hambre y sueño. Esas son *hardcore*, de las peores, porque los niños «cortocircuitan» :) y, entonces, en vez de ver a tu hijo o hija ves a una especie de *monstruo*. Recuerda muy bien lo que te acabo de decir y asegúrate de llevar siempre en el bolso algo para comer. (Volveré al bolso más tarde.)

Y ahora toma nota de este consejo que es oro puro: siempre que tu peque estalle en rabieta, dedica unos segundos a averiguar si hay alguna necesidad básica que no ha sido cubierta. Muy probablemente la encontrarás y, entonces, tendrás la mitad del camino hecho.

Puede ser que te haya echado de menos porque ha estado seis horas sin ti. Puede ser que sea la una y media y esté acostumbrado a comer a las doce y media. Puede ser que no se haya podido mover en libertad porque habéis estado media hora en la consulta del pediatra. Puede ser que no haya podido jugar en toda la mañana porque habéis estado haciendo recados.

Ahora aparece esa vocecita que dice: «Ah, ¿y entonces, qué?, ¿como tiene una necesidad básica y estamos en el pediatra, que lo toque todo y se mueva como un loco por allí?» No, obviamente no, pero saber qué le está pasando a nuestro hijo o hija y por qué nos ayudará a poder empatizar y, por lo tanto, no nos pondremos tan nerviosos. Comprenderemos qué está pasando e intentaremos encontrar la fórmula para poder ayudarle y, a la vez, respetar a los demás que están compartiendo sala de espera con nosotros.

Vamos con los ejemplos:

Estamos comiendo en un restaurante: hay ruido, gente, poco espacio y tardan en servirnos. En este contexto nuestro hijo está en la trona pero, claro, aguanta un rato, y al final quiere salir. ¿Necesidades básicas no satisfechas en ese rato?: movimiento, juego, alimento... Solo con esto puede estar aumentándole su malestar y, por consiguiente, su malhumor. ¿Pero esto quiere decir que puede correr por todo el restaurante molestando quizá a los demás comensales y a los camareros? No, claro que no.

Por lo tanto, lo más probable es que si no queremos terminar con una gran rabieta dentro de un espacio donde lo pasaremos mal todos, lo mejor es que algún adulto se lleve el niño a un sitio donde pueda moverse como necesita, por ejemplo a la calle, y cuando venga la comida ya le volveremos a sentar en la trona. Pretender que un niño se tire una hora y media allí sentadito sin moverse y sin rechistar en una mesa llena de adultos es misión imposible, a no ser que le pongamos una tablet delante durante toda la comida, y no sería lo más recomendable.

Tener muy claras las necesidades primarias y secundarias puede ayudarnos a anticiparnos. Y esto nos puede ir muy bien para sentir más empatía desde el inicio.

Otro ejemplo basado en hechos reales:

Cena ineludible con las niñas. Ya quedamos temprano para cenar, pero ya sabéis cómo van esas cosas, antes de las once no terminas. Total, yo ya sabía, antes de ir a la cena, que esa noche irían a dormir más tarde de lo habitual y que seguramente se despertarían a la misma hora de siempre. Con lo cual, ¡adivinad! Sí, estarían cansadas al día siguiente. (No sé qué pasa con muchos niños que cuando quieres que duerman por la mañana no hay manera, ¿verdad? ¡Cuando quieres que alarguen no lo hacen y cuando tienen que despertarse para ir al cole no hay quien los levante! *C'est la vie.*)

¿En qué me ayudaba a mí saber esto? Pues en mucho, porque antes de la cena ya me dije a mí misma: «Mentalízate porque mañana pillas». :) Sí, sabía que a la mañana siguiente estarían cansadas y eso implicaría más peleas entre ellas, más quejidos, más caídas torpes que solucionar y más enfados.

Me ayudaba preverlo para estar preparada mentalmente y aguantar su cansancio e intentar comprenderlas y atenderlas mejor. Me ayudaba para que cuando se enfadaran o rabiaran por algo pudiera no darle demasiada importancia y repetirme mentalmente «solo es que están cansadas» y no construirme un mundo con su enfado. Me ayudaba para poder manejarlo mejor y no engancharme a su estado emocional producto de haber dormido demasiado poco y no tener satisfecha la necesidad básica de descanso.

Les pasa como a nosotros, cuando estamos cansados no estamos para gestionar grandes cosas, ¿verdad? Pues eso, ellas no podían pero yo, sabiendo que les faltaban horas de sueño, podía ser más paciente. Las necesidades básicas es importantísimo que las tengas presentes porque, si las mantienes cubiertas, tu hijo estará mejor y habrá menos malestar que si no están satisfechas. Y si por lo que sea no pueden ser satisfechas, tenerlas en cuenta te ayudará a empatizar, a conectar, a comprender y a abordarlo todo de una forma más consciente y asertiva.

Vuelvo al bolso. Mientras tus hijos no hayan llegado a los siete años de edad, te voy a contar cuál es el kit de supervivencia que te salvará de posibles momentos críticos. No tiene mucho secreto, es simplemente un kit de satisfacción de necesidades básicas. En él te recomiendo que lleves agua y algo de comida ligera (alguna pieza de fruta, por ejemplo). Esto ayudará en caso de que os retraséis por algo y él o ella tengan hambre antes de llegar a casa.

Lleva juguetes pequeñitos como animales, figuritas, clicks, etc. Con un par o tres ya podréis montar una historia y podrá jugar un rato y distraerse y pasárselo bien. Te salvará en salas de espera, tiendas con cola, viajes en coche, etc. En el bolso te recomiendo que lleves también una libreta pequeña y un boli o un par de colores para poder jugar y entreteneros haciendo volar la imaginación con un poco de dibujo y arte. Yo llevo siempre libretas y bolis conmigo porque les va genial en momentos aburridos de espera. Acabarás con el bolso lleno de muchas cosas más pero, para mí, lo que te he dicho son los imprescindibles que ayudan a mantener cubiertas las necesidades básicas: comida, agua, juguetes, libreta, colores. Eso sí, lleva un bolso grande, que si no no cabe todo. :)

«BIG CHICKENS»

En casa, mi marido y yo empezamos a hablar de *big chickens* (grandes pollos) para referirnos a esos estallidos de rabia o enfados que, sin querer, acabábamos provocando nosotros. Padres y madres somos expertos en eso, aunque a veces ni siquiera nos demos cuenta. Pero sí, a menudo y aunque parezca raro, es nuestra actuación la que acaba provocando que nuestro hijo o hija pille una rabieta monumental.

Ejemplos: comentarle un jueves por la noche que al día siguiente iréis a casa de su amigo del alma. Vive el presente, así que llorará porque querrá ir ahora, no tiene espera, recuerda. O decir «¿quién quiere una galleta?» cuando está jugando con un amigo sin comprobar que quedará más de una. Y claro, solo hay una. Murphy siempre tan atento.

Un día escribí un post en redes con el #bigchicken y fue muy divertido ver todo lo que contó la gente. La de metidas de pata que hacemos los padres y madres con nuestros hijos en plena etapa egocéntrica. La de rabietas que provocamos sin querer. Ese día publiqué este texto a manera de desahogo:

BIG CHICKEN: *Familia, las niñas se han despertado como si fuera lunes, así que yo, ahora, lo que necesito es reír. Ayer me reí muy fuerte dándome cuenta de cómo YO MISMA me había lanzado al abismo y como YO MISMA estaba «provocando» tener un súper #bigchicken porque dije «vale» a ir al parque a las seis y media de la tarde de un viernes. He tenido muuuuuchos momentos así a lo largo de mi maternidad: he cortado plátanos por la mitad sabiendo que eso es un fail como una catedral, he mencionado un martes una excursión a la playa el sábado (a la que querían ir AHORA, obvio), he ido a comprar a una gran superficie a las siete de la tarde con una niña de dos años y medio, he invitado a niños a casa un viernes por la tarde. Cosas que luego he pensado: «Tirado, que no aprendes, ¿por qué te metes?»*

Pues porque a veces no pienso que vivimos en mundos distintos, que vemos el mundo distinto, que el nivel de cansancio es distinto. Porque a veces me pierde la ilusión, pero, sobre todo, porque me olvido de los BIG CHICKENS hasta que me explotan en los morros. Y los he provocado yo.

Esto pasa a menudo y nos pasa, supongo, a todos. Ayer me reí un montón con los mensajes que me mandasteis, y pensé que esto había que compartirlo. Que las redes sociales sirvan para reírnos de nosotros mismos y para que veamos que hay cosas que de los cero a los seis años, mejor no, Paco.

Así que, vamos, cuéntanos tu big chicken, tu cagada máxima. Cuéntanoslo, que sepamos que no estamos solos en esto, que todos cometemos errores y tenemos despistes, y que todos tenemos que aguantar el chaparrón después. Qué difícil es ser niño y tener padres inconscientes que te meten en «fregaos» Por cierto, un #bigchicken es un pollo máximo, una rabieta de ahí te espero y que, en ese caso en concreto, era evitable totalmente.

Tras la publicación del post, salió de todo: ir a comprar un regalo para otro niño con tu hijo de dos años y medio; decirle en junio que en septiembre va a ir al cole de los mayores, que será muy chulo y, obvio, cada mañana pollo porque quiere ir *ya* al cole de mayores. O decir que vais a ir a caminar al monte, pero obvias que para llegar allí hay que ir en coche un rato. Resultado: *big chicken* porque te has dejado esa parte y no quiere ir en coche. O hacer cambio de armario cuando todavía no hace calor y ponerle toda la ropa de verano ya en el cajón. Resultado: querrá salir con ese vestido de agosto en marzo y vas a tener un *big chicken* de los gordos cuando le digas que no. En fin, que podríamos seguir hasta el infinito.

No te agobies, seguro que vas a provocar muchos, todos hemos pasado por ahí. Lo importante es que aprendas a reírte de ti misma/o, que le pongáis humor con tu pareja, amigos o familia, y que aceptes que no somos perfectos. Somos perfectamente imperfectos.

CAPÍTULO 4

EL LLANTO

Ese es su lenguaje desde que llegan al mundo. Es a través del llanto que nos comunican sus incomodidades, sus dolores, sus malestares. Es su modo de asegurarse su supervivencia. El llanto les sirve de lenguaje durante muchísimo tiempo para comunicar a sus cuidadores qué necesitan, qué les pasa. El llanto sirve para sacar hacia fuera y descargar, pero también, y muchísimo, para comunicarse con el otro.

Para ello los padres, y sobre todo las madres, estamos fisiológicamente diseñados para atenderlo. ¿De qué modo, si no, podríamos identificar el llanto de nuestro hijo en una clase de veinticuatro niños? Sabemos perfectamente si el que llora es el nuestro o no. Y eso nos pasa también poco después de haber nacido nuestro hijo.

Mi segunda hija estuvo ingresada en la unidad de neonatos una semana después de nacer. Algo que me hacía sufrir muchísimo era que todavía no conocía su llanto como para poder distinguirlo del de los demás: lloraba muy poco y yo, a pesar de estar casi las veinticuatro horas con ella, tenía miedo de no poder reconocer su llanto si lloraba. Eso es algo que en pocas horas, en pocos días, sucede: ya sabemos cómo es el llanto de nuestro hijo y lo sabemos identificar sin ningún problema de entre varios llantos de niños.

Su llanto tiene «algo» que nos activa. Nos pone nerviosos, nos incomoda, nos anima a actuar para terminar con ese dolor, malestar o incomodidad que siente. Su malestar de alguna forma lo acabamos sintiendo también nosotros, se nos *contagia* y con un objetivo muy claro: si nos activa, si podemos sentir de alguna forma lo que sienten y nos incomoda, haremos lo que esté en nuestra mano para calmarlo y atenderlo.

El llanto de un bebé puede llegar a crispar mucho, seguramente porque estamos diseñados para que nos crispe. Si no fuera así, quizá nadie se sentiría empujado a atenderle o a hacer lo que sea para calmar su dolor, o para alimentarle.

La naturaleza nos ha preparado para ello, así de importante es el llanto de un niño. La naturaleza nos ha diseñado para que la especie tenga ese instinto de supervivencia que nos conecta a padres y madres con los hijos de esta forma tan animal, tan bestia e instintiva.

Ante el llanto de un niño o de un adulto, ¿cuántas veces no has escuchado o has dicho tú misma eso de «no llores»? La negación del llanto está casi ya en nuestro ADN tras generaciones y generaciones de represión y no acompañamiento ni comprensión de la importancia del llanto.

Y claro, con ese bagaje a cuestas, ese llanto que podíamos tolerar más o menos, y que comprendíamos porque sentíamos que nuestro bebé era dependiente, vulnerable y no tenía otro modo de comunicarse, nos cuesta más acompañarlo a medida que vemos que nuestro hijo va siendo más mayor. Y eso es porque creemos que debería expresarse de otra forma. Porque juzgamos su llanto considerándolo a veces exagerado, fuera de lugar o incluso impertinente.

Como no nos gusta que llore porque seguimos notando su malestar y no nos gusta ver que lo pasa mal, a menudo lo que intentamos es actuar sobre ese llanto. Cuando el niño es un bebé se entiende porque el bebé necesita que no tardemos en atender ese llanto y eliminemos el malestar que pueda estar sintiendo.

Pero llega un momento que quizá lo que necesita no es que paremos ese llanto, que hagamos lo imposible para que deje de llorar, sino que atendamos su malestar de una forma serena y tranquila. Permitiendo que sea. Aceptándolo. Escuchándolo de una forma activa, comprensiva. Dejar que salga.

Una amiga mía, la ilustradora Cristina Quiles, dice que las lágrimas limpian las tuberías del alma. Lo creo firmemente: llorar cura. Llorar hace sacar hacia fuera esa emoción que ha quedado atrapada en algún lugar, liberándola. Y siempre es mejor que salga a que quede atrapada dentro con esas lágrimas que no se han sentido libres de salir y sanar.

Pero claro, el cuento todavía no ha cambiado, y a nosotros el llanto de nuestro hijo sigue activándonos. Y ahí viene lo difícil: ¡ajá! Ahí está el quid de la cuestión. Comprender que el llanto *también* es lenguaje, y atenderlo sin reprimirlo. De la misma forma que lo era cuando teníamos un bebé y sentíamos ese llanto como válido, igual de válido es ahora que nuestra hija tiene cuatro años y medio. El llanto no pierde validez, es nuestro juicio de valor lo que le quita o le da importancia y, según eso, actuamos y nos manifestamos.

Comprender el llanto y atenderlo parece sencillo escrito así, ¿verdad? A mí también me lo parece a pesar de que sé empíricamente que no tiene nada de fácil. Porque nuestro cuerpo, físicamente, nos empuja a parar esas lágrimas, a terminar con ese momento de malestar y hacer lo imposible para recuperar la armonía.

Pero, para poder comprenderlo bien, pensemos en qué nos pasa a los adultos: no generalizaré y hablaré de mí, que lo mío me lo sé. Cuando tengo ganas de llorar y lo hago, no quiero que quien me acompañe me haga parar. Es más, como quien esté conmigo me diga: «bueno, venga, cálmate, ya está», lo más probable es que se lleve un zasca. Porque solo yo sé cuándo ya han salido todas las lágrimas que necesitaba verter.

Sí, lo de acompañar el llanto es todo un arte, pero no os preocupéis: vuestros hijos llorarán en muchas ocasiones, así que tendréis muchas oportunidades de hacer «prácticas de atención asertiva al llanto», ¿qué te ha parecido este título? ;)

EL LLANTO REMUEVE

Deja que me extienda un poco más en el tema del llanto porque, en muchas ocasiones, es el quid de la cuestión, como te he dicho antes. La comprensión del llanto puede permitir acompañar bien y respetuosamente a nuestro hijo o hacerle sentir distanciado, solo y que no debería estar llorando.

Mis dos partos han sido complicados. No tuve partos vaginales ni, mucho menos, los partos que yo había imaginado y deseado. Parí las dos veces mediante cesárea porque mis hijas no pueden bajar por el canal del parto, ni siquiera pudieron nunca encajarse. Parece ser que tengo una peculiaridad ósea, digámoslo así, de coxis y hueso del pubis que hace imposible que ningún bebé se encaje en el canal del parto. Ahora, años después de mis dos partos, pienso y siento un «qué le vamos a hacer, es lo que es». Pero en mis partos, viví muchísimo dolor y frustración.

Así que lloré muchísimo después de cada uno. Me di cuenta del problema que tenemos como sociedad con el llanto cuando los adultos que me acompañaban, todos profesionales sanitarios, no sabían decir nada que me ayudara, al contrario. Todo lo que me decían tenía una única misión: que parase de llorar. Y eso no era lo que yo necesitaba.

No comprendían que en ese momento yo no podía hacerlo. El dolor era tan profundo, física y emocionalmente, que era incapaz de parar por el simple hecho de que me dijeran «no llores, la niña está bien». No se daban cuenta de que yo lloraba otras cosas. Que yo me alegraba muchísimo de que mi hija estuviera sana, viva y con su padre, pero que lloraba un montón por otras cosas que ni siquiera tenían en cuenta. No comprendían que lo único que necesitaba en esos momentos, mientras me cosían el abdomen, era un respeto profundo a mi sentir y a mis lágrimas, dándoles validez y legitimidad.

¿Por qué nos cuesta tanto acompañar a alguien que llora con tanto dolor? Pues porque de alguna manera, su dolor toca algún rincón del nuestro. ¡Que también tenemos! Quizá no ahora y aquí, pero lo tenemos. Quizá está escondido en alguna parte medio olvidada de nuestro inconsciente, pero el llanto ajeno remueve, y de qué manera.

Resonamos. Vibramos en la misma frecuencia cuando algo tan potente se activa. Y los niños lloran potentemente. Y reaccionamos a su llanto y nos cuesta soportarlo, acompañarlo e intentar que no se nos active nuestra propia emoción.

Es como un dominó: niño que llora, madre o padre que se activan. Y es normal, pero la activación emocional muchas veces, y más con un niño pequeño (y también mayor, no nos engañemos), no nos ayuda en absoluto. Perdemos la perspectiva. Perdemos la conexión porque solo tenemos un único objetivo: que el llanto pare.

Seguro que habéis vivido alguna de estas escenas en que se ve claramente que el llanto nos activa; son situaciones que se viven con un estrés tremendo cuando formas parte de ellas, pero que si les puedes poner humor una vez pasadas, son para troncharse de la risa.

Primera vez que bañas a tu hijo: ya se le ha caído el ombligo y estáis felices porque, hoy sí que sí, vais a poder bañarlo. Lo preparáis todo cual ritual de iniciación zen. Finalmente le desnudáis y a la que le metéis el cuerpo en la bañera empieza a llorar como si no hubiera un mañana:

1. —*Juan, es el agua, está demasiado fría, pon caliente ¡ya!*
2. —*No está fría, es que lo nota raro, es la primera vez.*
3. —*Pues date prisa, ponle jabón, rápido.*

Os vais activando con el llanto del bebé, que se te mete en el tímpano y parece que en vez de estar bañando a un recién nacido estéis desactivando una bomba de relojería y os queden cuarenta segundos. Atacados acabáis. ¿Quién no ha vivido una situación así? Ese llanto nos activa tanto que muchas veces ¡la pareja acaba peleándose! ¡Sí! Que es que vas demasiado lento, que es que te pones demasiado nerviosa, que es que no has caldeado la habitación lo suficiente. Vamos, que se nos contagia el mal rollo y de qué manera, culpabilizándonos los unos a los otros cuando lo único que pasa es que el niño llora y no sabemos mantener la calma y comprender qué pasa.

Otro caso, pero con un niño más mayor:

Estás en una comida familiar. Tu hijo de catorce meses está pasado de vueltas. Hace poco que ha empezado a andar y con el barullo en casa de los abuelos paternos no ha habido forma de que duerma la siesta. Con lo cual, tenemos a un niño hiperestimulado, agotado y que en tres, dos, uno va a estallar por cualquier cosa. Y entonces empieza a llorar.

A pesar de que sepamos qué le pasa, que llore en público y con *ese* público (familiares) nos activa todavía más. Porque (ya os he dicho que a nivel social no soportamos el llanto ajeno) todo el mundo quiere meter baza. Y entonces la suegra dice: «esto es que quizá tiene hambre, claro, como no ha comido nadaaaaa», y el suegro: «es que este niño tiene sueño, déjalo en nuestra habitación y se dormirá en un momento», la tía: «trae, que te lo calmo», el tío: «ay, qué feo te pones cuando lloras así», la cuñada: «menudo carácter tiene, madre mía», y el cuñado, que no quiere ser menos: «que no os pase nada como no le pongáis los puntos sobre las íes».

Tú que ahora tienes una necesidad imperiosa de que pare de llorar, quizá le dices cosas o le acompañas de una forma que no es habitual en ti. Quizá te pones más seria o le dices cosas que jamás le dirías si esa situación se produjera en tu casa. Acabas actuando más por el qué dirán que tal y como lo harías en un ambiente donde te sintieras más relajada o segura.

En realidad no pasa absolutamente nada que no sea habitual y comprensible: el niño tiene sueño, está pasado de vueltas y necesita llorar para descargar y poderse relajar un poco. Y los adultos que están en la sala se han contagiado de esa activación por llanto y se están poniendo tan nerviosos que todos quieren hacer algo para que ese niño deje de llorar. Unos con más acierto y otros con ninguno. (Más adelante hablaré de la gestión familiar en cuanto a las rabietas.)

Todo lo que he contado tiene un daño colateral enorme: si tú ya estabas algo agobiada al ver a tu hijo así, ahora con todo lo que te han dicho estás deseando que alguien te saque de allí lo antes posible. Sí, te has activado todavía más y no sabes si llorar, reír o hacerte el harakiri. Te descentras de lo que te ocupa: ayudar a tu hijo. Y, a veces, tanta intervención familiar con el llanto nos acaba desconectando de lo único importante en ese momento: atenderle. Sí, lo tenemos en brazos e intentamos calmarle pero, nuestra cabeza y nuestras emociones no están con él, sino en lo que ha dicho la suegra, y el suegro, y la tía que quiere dormirlo ella, el tío, etc. Y eso es agotador no, lo siguiente.

Otro ejemplo con un niño de, pongamos, dos años y medio. Estás en la carnicería comprando y de repente, aburrido como está, ve una bolsa de patatas y la quiere. Le dices que no. Ha sido un no casi automático, pero ahora ya está, así que se enfada, claro, porque la quiere. Empieza a llorar y se le junta el enfado por la bolsa que no le das, más que está cansado, más que está aburrido, más que no le estás prestando mucha atención porque estabais haciendo recados.

Te la lía parda con gritos y lágrimas. Todos en la carnicería se activan, se incomodan, te miran y le miran. Tú, de repente, no puedes evitar sentir que te juzgan, sea o no verdad, da igual, pero imaginas que te creen mala madre o mal padre y que piensan que tu hijo es un maleducado.

La carnicera que le ofrece un trozo de jamón, a ver si lo que le pasa es que tiene hambre y por eso se ha puesto así. Una clienta te dice que, total, una bolsa de patatas tan pequeña no le va a quitar el hambre de comer; otra clienta suelta un «menudo carácter tu hijo» y tú ya no sabes si coger los cuchillos de la carnicera y liarte a lo samurái o dejar allí toda la compra y largarte sin mirar atrás.

La cuestión es que pasas un mal rato y que, sin duda, esa escena te pone de muy mal humor y te agota física, mental y emocionalmente. Llegas a casa con necesidad de irte a un spa dos días, sin duda.

Si te das cuenta, en las tres situaciones que te he contado lo único que pasaba es que un niño estaba llorando. No pasaba nada más. Bueno, sí, que los adultos no estamos acostumbrados a atender el llanto desde la calma, la serenidad y la escucha activa y, en vez de eso, nos agobiamos, nos ponemos muy nerviosos y empezamos a actuar a veces haciendo cosas sin sentido.

Pasaba que un niño lloraba y su llanto activaba en los adultos una sensación muy desagradable que les hacía actuar de formas en ningún caso asertivas y casi siempre con el único objetivo de que eso que me está poniendo de los nervios termine ya.

Un día, cuando mi hija mayor tenía cuatro años aproximadamente, y después de una rabieta monumental, ese llanto no se le pasaba. Seguía llorando y llorando y mi activación por el mismo llanto aumentaba, claro. Sentía que no podía soportar ya escucharla llorar más y le solté un muy poco respetuoso: «basta ya de llorar». Ella, entre sollozos y muy sabiamente, me contestó con una frase que a mí me devolvió los pies a la tierra en una décima de segundo: «es que todavía no he terminado de llorarlo todo».

¿Quién me creía que era yo para decidir cuándo mi hija debía o no dejar de llorar? ¿Qué sabía yo de las cosas que estaba llorando en esas lágrimas? ¡Qué arrogancia, la mía, de pensar que podía decidir cuándo ella debía o no acallar su llanto! Me quedé KO. Callé. Escuché por fin su llanto y esperé. Esperé un momento mientras reflexionaba sobre el zasca que me acababa de dar y le dije: «Perdona, tienes toda la razón, yo no puedo saber cuándo has sacado ya todas las lágrimas que necesitas sacar. Nunca más te volveré a decir que pares de llorar. Lo siento».

Los hijos e hijas a menudo nos dan lecciones. Lecciones que deberíamos no olvidar jamás, porque en cada palabra, en cada gesto, en cada frase, hay una sabiduría que, a veces, los adultos hemos perdido.

EL LLANTO, A MENUDO, CANSA

Pero a veces el llanto es cansado. ¡Pues claro que sí! No somos de piedra, somos humanos, y a veces el llanto nos remueve y nos cansa a partes iguales: cuando lloran por todo y con todo. Está bien. No tenemos por qué sentirnos malas madres o malos padres por sentir que su llanto nos cansa, nos carga y que desearíamos que llorasen menos, que estuviesen mejor.

Es lo más normal del mundo: querer que estén de buen humor, que no se enfaden, que no lloren. Pero la vida que nos espera con un niño pequeño tiene mucho de eso y también mucho de mal humor, llanto desconsolado, llanto descontrolado.

A veces lo que hacen es un gemido constante, que se asemeja al llanto, pero en baja intensidad. Eso también cansa y carga. Ese gemido una y otra vez e, incluso durante días, de un niño al que parece que nada le parece bien. Al que nada le complace.

Es muy importante que si tu hijo está en esa situación te des cuenta de qué pasa en ti cuando tu hijo actúa así o te pide las cosas con ese gemido. Muchas veces me han preguntado: «¿Pero por qué me habla así? ¿Por qué protesta todo el rato así, medio gimiendo, medio llorando?» Tendríamos que averiguar los motivos de por qué está en ese estado de disgusto permanente, claro, pero lo que puedo asegurarte es que no lo hace por gusto. Ni a propósito. Ni por jorobar. Y es más, es muy probable que hable así porque ahora mismo, con la emoción que siente, no puede decirte lo que le está ocurriendo de otra forma.

Sí, es cierto, a veces no hay malestar y hablan de esa forma y si les dices: «¿Te pasa algo? ¿Por qué hablas así?» son capaces de darse cuenta y preguntar las cosas de una forma más asertiva. Pero muchas veces no es posible porque es la emoción de malestar que les lleva a hablar/llorar de esa forma. Hay que atender la emoción primero para que ellos puedan dejar de gimotear de esa forma. Y a veces no sabemos cómo hacerlo. O a veces ellos no saben cómo hacerlo.

No, no es fácil a veces y, justamente por eso, lo que mejor te va a servir en estos casos es pensar que a menudo todos tendríamos ganas de gimotear un rato y que alguien escuchara nuestro quejido, y nos amara igual. Flojos como estamos, agobiados o agotados, pero que nos amara de la misma forma. Como si no hubiera un mañana.

Una vez más: es primordial aceptar lo que es. Es importante aceptar el llanto tal y como se está manifestando ahora y aquí, y aceptarlo no significa que te guste, que lo tengas que celebrar o que no debas hacer nada al respecto. Aceptarlo significa conectar profundamente con ese momento presente, que es el que es. Conectar profundamente con tu hijo tal y como se está manifestando y aceptar que en ese preciso instante necesita el llanto para hablarte. Si no fuera así, no estaría llorando. Aceptarlo y soltar cualquier resistencia interna a ese momento. Soltar cualquier juicio de valor sobre ese llanto, cualquier miedo. Ya sabes, lo de «pero si está llorando por una tontería», o «esto no es normal», o «los demás niños no lo hacen», o «¿qué estamos haciendo mal para que él esté así?»

EXPLORA...

Es probable que cuando hablamos de llanto se nos activen cosas dentro, así que después de leer estas líneas te propongo ahora que conectemos con el cuerpo. Te invito a que pares un momento y observes tu respiración. Nota cómo el aire entra y sale de tu cuerpo, cómo va llenando espacios y cómo tu vientre se hace pequeño cuando el aire sale. Observa, ahora, si se ha activado algo en ti leyendo este último capítulo sobre el llanto. ¿Te ha venido alguna emoción? ¿Cómo se siente tu cuerpo en estos momentos? Observa si hay alguna sensación agradable o desagradable que quizá antes no estaba.

Ahora te invito a que analices qué es lo que pasa en ti. Intenta responder estas preguntas: ¿Qué sientes cuando tu hijo o hija llora? ¿Qué emoción aflora? Tanto si es incomodidad como impaciencia, impotencia o más calma y aceptación, conecta con esa sensación en tu cuerpo. Evócala. Nota qué sientes cuando llora y respíralo.

Y ahora te propongo que vayas más allá de lo que sientes, que recuperes el pensamiento anterior a sentir eso: ¿Qué te dice tu mente para que te sientas así? ¿Puedes conectar con ello? Sumérgete en esos pensamientos que vienen cuando tu hijo o hija llora y explóralos. Para poder sostener a nuestros hijos e hijas de una forma consciente y adulta es importante que sepamos cuáles son nuestros prejuicios, nuestras dificultades, nuestros pensamientos y nuestras emociones cuando necesitan nuestro apoyo.

Quizá, al tomar consciencia del llanto y de tu sentir, vienen recuerdos de tu infancia, de lo que te decían a ti o hacían cuando eras tú quien lloraba. Puede que recordar o evocar eso no sea agradable y haga aflorar en ti sensaciones desagradables en el cuerpo. Obsérvalo, está bien que aparezca ahora, porque te ayudará a tomar consciencia y a poder lidiar con el llanto de tus hijos de otra forma. Pero antes es necesario que te acojas, que te valides, que aceptes que quizá tu llanto no se acompañó como necesitaste.

CUANDO EL LLANTO ES «TOO MUCH» PARA NOSOTROS

Puede ocurrir algo cuando el llanto remueve demasiado, y es que nos provoque tanto malestar que nos active *too much*. Si eso pasa, nuestra reacción puede ser:

- Me agobio tanto que reprimo su llanto como puedo: me enfado, le digo que pare, le amenazo, le grito, etc.
- Me irrita tanto que, con tal de que deje de llorar, cedo en lo que sea que quiera.

En el primer caso, tiramos de paradigma tradicional en cuanto a crianza: no me gusta lo que hace y para controlar la situación busco la forma de, a través del miedo, conseguir que pare. Con mi reacción inconsciente y egocéntrica, busco el fin del conflicto y lo puedo hacer de mil formas distintas: le grito, le amenazo, me enfado, le culpabilizo, le pego, le soborno, le chantajeo, etc. El objetivo es que mi malestar cese y como sé que cesará cuando mi hijo pare de llorar, hago todo lo posible para que así sea, tirando de «archivo».

Digo archivo porque en nuestro ordenador personal ubicado en nuestro cerebro y nuestro cuerpo tenemos muy integrado el modo tradicional de criar a los niños y gestionar los conflictos. Es el modo que hemos visto y vivido en nuestras familias, que hemos visto en películas, en la calle y en todas partes. Es el modo en que han sido criadas el 98% de las personas de este mundo, si no son más.

Como tenemos una reacción inconsciente y nada pausada y reflexiva, nuestro cuerpo busca en su «archivo» como si buscara en Google qué hacer en estos casos, y es entonces cuando nos salen esas formas de comportarnos o esas frases que, de repente, nos damos cuenta y decimos: «¡jolín, si eso es lo que me decían a mí cuando era pequeña y lo odiaba!», y nos sentimos morir un poco.

Así que si no queremos acabar buscando en ese archivo que ya sabemos a lo que nos llevará, tienes que tomar consciencia de si su llanto te activa demasiado, si te desborda y pierdes el control. Hay que saber de verdad qué nos pasa, sin autoengaños, para poder hacer algo al respecto. Desde el archivo no vas a solucionar nada. Te lo contaré más adelante, pero ya te avanzo que en ese archivo solo encontrarás formas para distanciarte de tus hijos, para que pierdan la confianza en ti y para que os desconectéis cada vez más.

Pero cuando el llanto nos activa demasiado también puede pasar otra cosa, el punto dos. Y es que en mi necesidad de que deje de llorar porque su llanto me saca de quicio, cedo a lo que quiera y me pida. No quiero conflicto y, para evitarlo, aunque antes hubiera dicho que *no* a algo, digo rápidamente *sí*.

Evitar así las rabietas tiene un peligro y es que estamos dando un mensaje que no nos interesa para nada: «para obtener lo que quieres, tienes que llorar mucho y montar un santo drama digno de culebrón y, además, a partir de ahora cuando te diga *no*, ya sabrás que insistiendo es un *sí*, es decir, lo que digo no lo cumplo».

El niño lo aprende rápido porque es lo que le estamos enseñando: que cada vez que le digamos no, si llora y lo hace fuerte, al final acabaremos sucumbiendo, por lo tanto, no siempre nuestro no es un no rotundo, sino que la mayoría de las veces ese *no* acaba siendo un *sí*. Es, de hecho, nuestra respuesta inconsciente a algo (su llanto) que nos remueve demasiado. Si descubres que estás en ese punto, que siempre cedes porque en realidad lo que no quieres es que se líe a llorar y te monte un pollo de los gordos, analiza qué es lo que te da miedo.

En estos casos te diría que tengas en cuenta que los niños necesitan coherencia, algo que a menudo brilla por su ausencia. Llevan fatal que seamos incoherentes porque les da muy poca seguridad. Que tengas en cuenta que tener claro qué es no y qué es sí de una forma clara y sin fisuras le irá muy bien para sentirse más seguro, más estructurado y de alguna forma inconsciente sentirse querido.

Sí, muchos niños a los que jamás les pusieron límites y que sus padres siempre acababan cediendo aseguran que a pesar de saber que sus padres les querían, ellos no lo sentían así.

EXPLORA...

Ha llegado el momento de parar y explorar qué se mueve en ti. Así que ahora te propongo que conectes con tu respiración y observes cómo el aire entra y sale de tu cuerpo. Haz respiraciones profundas, pausadas y lentas, observando qué se mueve en tu cuerpo mientras inspiras y exhalas.

Ahora que tu cuerpo está en un estado mayor de relajación, te invito a que intentes responder estas preguntas, y la primera pregunta que debes explorar es «¿me da miedo que llore?» Si la respuesta es que sí, tendrás que ir un poco más hacia dentro...

Te invito a que te preguntes qué tal llevas tú tus enfados. ¿Te permites enfadarte? ¿Cómo te sientes cuando te enfadas? E incluso ir más allá: ¿qué recuerdas de cuando eras pequeña/o y te enfadabas? ¿Ie acompañaban o le reprimían? ¿Qué frases te decían cuando estallabas en llanto?

La respuesta a estas preguntas te dará una información muy valiosa que te ayudará a gestionar mejor los momentos de llanto de tus hijos e hijas. Pero recuerda que la pregunta clave es: ¿qué te da miedo de que tu hijo se enfade y llore?

Te animo a que apuntes las respuestas porque, negro sobre blanco, te ayudarán a tomar consciencia y a conocerte mejor. Te ayudarán a ir integrando algo absolutamente esencial para poder pasar de la teoría a la práctica, para poder soltar el viejo patrón de crianza tradicional y abrazar una forma de criar y educar a tus hijos e hijas más amoroso, respetuoso y consciente.

¿POR QUÉ TENEMOS TANTO MIEDO A QUE LLOREN?

En mis conferencias, cuando digo que hay que ser coherentes y que si hemos decidido que algo que quieren no puede ser tenemos que mantener esa decisión, muchas veces me dicen: «pero luego va a llorar».

O cuando hablo de límites y digo que tienen que estar muy claros, que de lo contrario se hacen un lío y con razón, me contestan: «sí, pero luego llora».

Claro que lloran. Es su manera de decirnos que no están de acuerdo; que no quieren subirse a la sillita del coche, que no quieren que nos vayamos a trabajar o que no quieren que les neguemos ese caramelo que han visto en el supermercado.

Lloran porque se acaban de disgustar, porque sienten frustración y se enfadan. Pero ¿qué tiene de malo? ¿De qué tenemos tanto miedo? Están en su derecho y enfadarse está bien. Expresar que no están de acuerdo con nosotros está bien. ¿Os imagináis qué agobio si cuando nos enfadamos con nuestro jefe, por ejemplo, y llegamos a casa y se lo contamos a nuestra pareja se agobiara o no tolerase que nos sintiéramos así? ¿O que se enfadara porque nosotros estamos enfadados? Bueno, pues eso es lo que hacemos muchas veces con nuestros hijos.

Si estoy enfadada, no puedo pasar a la alegría en un segundo. Primero tendré que poder atravesar ese enfado, rebajarlo, atenderlo, comprenderlo, validarlo, integrarlo, que la emoción se disipe y, entonces sí, podré dejar espacio para otra emoción. Pero ese proceso requiere su tiempo. Algunos lo harán más rápido y otros tardarán más, pero se necesita transitar ese proceso para poder liberarnos de esa emoción que nos ha hecho sentir cosas tan desagradables.

Por eso, si nuestro hijo llora, permitamos que llore. Mostrémonos disponibles, cercanos, escuchando activamente lo que también a través del llanto nos cuenta: con sus cadencias, con sus intensidades, con su música... y conectémonos a nuestro hijo para que se sienta querido, acompañado, escuchado.

¿CONFLICTO? NO, GRACIAS

¿Sabes qué es lo que no nos gusta del llanto y de las rabietas en general? Que nos conectan con el conflicto y tenemos asociado conflicto con algo malo y negativo. Conflicto como algo que debemos evitar y, en cambio, armonía, felicidad, alegría como cosas que tenemos que tener en nuestras familias siempre.

El conflicto no es ni bueno ni malo, simplemente *es*. Y es inherente a la vida. ¿Cómo no va a haber conflicto si todos somos distintos, si todos tenemos nuestra propia visión y versión de la realidad, si cada uno estamos en un momento, en un nivel determinado de consciencia? ¡Si a veces incluso entramos en conflicto con nosotros mismos! ¿Cómo no vamos a entrar en conflicto con los demás? Es imposible.

Pero es que, además, es gracias al conflicto que aprendemos de nosotros, de los otros y a resolver situaciones. Nos hacemos más maduros, mas asertivos, más conscientes gracias a él.

Pero no es así como lo ve la mayoría de las personas, que suelen interpretar el conflicto no como algo natural, normal e inherente a la vida, sino como algo que hay que evitar. Hay muchas formas de transmitir que el conflicto es algo malo. Para empezar, esto es algo que se transmite en el ámbito familiar de generación en generación. La crianza tradicional ha reprimido o evitado el conflicto siempre a través del control del otro infiriendo miedo: riñendo, chantajeando, gritando, pegando, sobornando, manipulando emocionalmente, etc.

Aunque a un niño pequeño no se le diga «cariño, el conflicto es malo y no lo quiero», le llega el mismo mensaje cuando, en plena rabieta suya, nosotros nos enfadamos o le reñimos y gritamos. Le estamos diciendo, de otra forma, «cuando estás así, no puedo sostenerte y no me gustas». Energéticamente, lo que transmitimos a los niños en estas situaciones es de todo menos agradable, con lo cual su cuerpo siente de una forma vívida que el manifestar su malestar, expresar su desacuerdo en algo, etc., provoca conflicto y ese conflicto no es aceptado ni lidiado con cariño, normalidad y asertividad.

La conexión neuronal con el conflicto entonces es fácil y rápida: conflicto igual a algo malo que hay que evitar. Y a medida que crecen, van tomando nota de cómo nosotros, los adultos, nos comportamos en situaciones de conflicto. No solo con ellos, sino también conflictos con la pareja, conflictos con otras personas, en la carretera, en el trabajo, etc. Notarán nuestra energía al encontrarnos de narices con un conflicto y verán qué hacemos ante él: ¿lo evitamos?, ¿lo negamos y hacemos como que no está ahí?, ¿nos enfadamos y echamos la culpa de todo a otros?, etc.

A través de nuestro ejemplo, empezarán a imitarnos, tal y como hicimos nosotros con nuestros padres, y veremos, cuando sean adultos, que muy probablemente lidiarán con el conflicto (si no le han puesto consciencia) como lo hacemos nosotros. Así es como generación tras generación se transmite la forma de afrontar las cosas, ya sean conflictos, ya sean emociones, etc.

Por eso es tan importante que mires hacia atrás y veas esto que acabo de contar en tu propia película familiar. Que te preguntes cómo se gestionaban los conflictos en tu casa, qué hacían tus padres cuando te enfadabas, o cuando se enfadaban entre ellos. Cómo se lidiaban los conflictos entre hermanos, si es que los tienes. Todo eso será una información valiosa que te ayudará a tomar consciencia y a comprender por qué hoy haces lo que haces con respecto al conflicto.

Pero ¿por qué de niños sucumbimos a esa visión del conflicto y hemos acabado evitándolo, o cediendo, o reprimiéndolo? Pues porque siendo niños, cuando ves que tus padres ante el conflicto se enfadan contigo o te riñen, aparece *el* miedo por excelencia: el miedo a no ser querido. Miedo a no ser aceptado, a ser rechazado o negado, y ningún niño quiere eso. De esta forma, al darnos cuenta de que el conflicto provoca eso tan desagradable para nuestros padres y que nos hace sentir que quizá no nos quieren tanto, tomamos nota pronto y empezamos a evitarlo, a reprimirlo, a obedecer aunque no estemos de acuerdo, a complacer, etc.

Volviendo al llanto, siempre he creído que aparte de la activación física que nos provoca el llanto de nuestro hijo, ese miedo inconsciente que muchos padres y madres tenemos o hemos tenido a que se enfade nos lleva a un miedo muy pero que muy primario, que es el siguiente: ¿y si luego no me quiere? ¿Y si mi hijo, al que amo con locura, resulta que luego no me quiere? (Es un miedo antiguo instalado en nuestra propia infancia respecto de nuestros padres, y que despierta ahora con nuestros hijos. Ya ves, la historia se repite.)

Puede parecer absurdo, pero no lo es tanto. Cuando tu hijo o hija llora como si no hubiera un mañana con esos ojos que están a punto de salírsele de las órbitas, es probable que podamos, de una forma inconsciente, sentir ese miedo: ¿y si no me quiere como yo creía? Y entonces empiezan las preguntas: ¿por qué me trata así?, ¿por qué llora de esta forma?, etc., que trataré más adelante. Pero por ahora, quédate con eso, con ese miedo tan primario que nos devuelve a algo vivido y conocido: nosotros, de pequeños, es probable que cuando nos enfadábamos tanto y nuestros padres no sabían acompañarnos de una forma asertiva y, por ejemplo, nos gritaban o se enfadaban con nosotros, nos asaltara ese miedo: «¿y si no me quieren?»

Porque su reacción es a eso a lo que nos conectaba: que no había amor en esos actos o palabras. En la fase egocéntrica en la que nos encontrábamos en esa edad, el inconsciente se nos anclaba en el miedo a no ser querido cuando actuábamos así. «Si no me acompaña ahora que estoy mal, es que no me quiere.» Quizá por eso el llanto y el enfado son tan poco comprendidos y aceptados, porque hay una «herida primaria» en ellos, porque hemos interiorizado, de alguna forma, que eso está mal: llorar, enfadarse, etc.

Quiero decirte que no está mal. Que todos tenemos el derecho a llorar si lo necesitamos, que todos tenemos el derecho a enfadarnos si así lo sentimos. Otra cosa es que la reacción a esas emociones que vivimos sean las correctas y adecuadas o no. Pero a sentir, tenemos siempre todo el derecho del mundo. Si te lo quitaron, procura recuperar lo que solo es tuyo: tu derecho a llorar permitiéndote esa pena, esas lágrimas, esa emoción que te remueve. Está bien llorar. Está bien enfadarse.

Si recuperas tu derecho a sentir, es muy probable que entonces te sea mucho más fácil permitir que tu hijo o hija sienta, aunque sean cosas que no te resulten agradables. Si recuperas tu derecho a vivir todas las emociones y todas las sensaciones, aunque no te gusten, es probable que no reprimas a tu hijo de sentir lo mismo y que sepas empatizar mucho mejor con él y, por consiguiente, acompañarlo de la forma que merece.

Y para terminar este capítulo sobre el llanto: si recuperas tu derecho a llorar y a ser tenido/a en cuenta, es muy probable que poco a poco vayan sanando esas heridas casi invisibles que quedaron en algún rincón de tu alma y cada vez te resultará más sencillo, más natural, más fácil acompañar el llanto de tu hijos.

Requiere eso: amarse mucho, permitirse sentir mucho, permitirse llorar, permitirse lo que no nos permitieron, pero desde el adulto que ahora somos. Yo, aunque sea con estas palabras, te digo ahora, aquí: puedes llorar, puedes enfadarte. Sigues siendo completa/o. Sigues siendo válida/o. Respira y suelta.

EXPLORA...

Después de leer estas palabras sobre el conflicto, te propongo que prestes atención a tu cuerpo un momento. Instala la respiración pausada y, si puede ser, abdominal, llenando tu vientre y notando cómo el aire entra y sale de tu cuerpo. Conecta con la respiración. Conecta con tu cuerpo e intenta aflojar cualquier tensión que haya aparecido en él.

Ahora intenta responderte estas preguntas. ¿Se ha movido algo en ti? ¿Te está contando algo tu mente al respecto? ¿Qué emoción dirías que habita ahora mismo en tu cuerpo? Respírala, permite que sea, que esté ahora y aquí contigo. ¿Qué crees que te está pidiendo ser atendido? ¿Hay algo que deba contarte y que quizá no has explorado anteriormente?

Explora tu relación íntima con el conflicto e intenta si puedes cambiar la mirada al respecto. ¿Puedes verlo como algo normal, habitual e incluso necesario en la vida? ¿Puedes verlo como algo no malo?

Por último, te propongo que explores qué tal se llevaba el conflicto en tu casa cuando eras pequeña/o, qué relación había con él. Sea lo que sea lo que despierte en ti esta exploración, respira profunda y lentamente, permite que esas emociones que van moviéndose sean vistas, atendidas, escuchadas. Permite que tu cuerpo hable y escúchalo. Quizá tiene cosas interesantes que contarte.

PERO ES QUE NO QUIERO QUE SUFRA

¿Te pasa? Sientes que no quieres que tu hijo o hija sufra? No sabes lo mucho que te entiendo. Las primeras veces que mi hija mayor enfermaba o lloraba por algo, me costaba muchísimo no sucumbir a la angustia. Yo no quería que sufriera. Verla sufrir me hacía sufrir. Cuando, de más mayor, la veía sufrir en una rabieta, tenía esa sensación de «entiendo que tenga rabietas porque tiene la edad de tenerlas y tal pero, ¡es que yo no quiero que sufra!»

Pero cuando están sufriendo y no aceptamos lo que ocurre (que sufren), sufrimos y les hacemos sufrir porque no les estamos acompañando como necesitan. Sin quererlo y con la mejor de las intenciones, nuestro sufrimiento consciente o inconsciente, lo acaban notando, cosa que hace que sufran más. ¿Te das cuenta de lo absurda que es esta cadena de sufrimiento?

Ver lo que es y no lo que nos gustaría que fuera nos ayudará a poder aceptar lo que les toca y nos toca vivir desde un lugar más asertivo y consciente. Tener la esperanza de que no sufran nunca no es real, porque no va a pasar. Sufrirán porque el dolor es inevitable. La vida es un continuo de *ups and downs*, de oscuridad y de luz, de momentos felices y otros tristes y duros; un continuo de las dos caras de la moneda.

Tenemos que dejar de ser niños sintiendo siempre el deseo de que las cosas no sean como realmente son. Tenemos que madurar en eso y ver la realidad tal y como es, aunque no nos guste. Verla para poder vivirla sin resistencia, aceptando y aprendiendo de ella. Tenemos que ayudar a crecer al niño en el que nos convertimos a menudo para que actúe, piense y sienta de una forma más adulta, más consciente, más asertiva.

Poder acompañar a tu hijo desde ese lugar de no resistencia, de no juicio, de aceptación y entrega a lo que es, le ayudará, sin duda, a sentirse capaz también de vivir su sufrimiento, a poder atravesar lo que le hace sentir una rabieta u otro momento doloroso de su vida. De alguna forma, le damos herramientas, le empoderamos no solo para que pueda vivir con su sufrimiento cuando estamos para acompañarle, sino que también le estamos dando la fuerza, la capacidad y las herramientas para que pueda hacerlo en un futuro cuando, quizá, no podamos estar a su lado para ayudarle.

¿Te imaginas que puedan vivir su vida con atención plena a su presente tal y como se les muestre? Así que cuando estés en plena rabieta y le veas sufrir, observa qué te dice tu cuerpo, cómo reacciona ante su sufrimiento. ¿Estás deseando que tu ahora sea distinto al que es? Porque desear lo que no tienes te acabará haciendo sentir frustración e infelicidad. Pon atención a tu reacción ante su sufrimiento y, poco a poco, ve integrando que el dolor es natural e inherente a la vida. Que vivir es un viaje donde hay de todo y que lo importante aquí no es que sufra (que es normal e inevitable), sino que con tu forma de acompañarle no le hagas sufrir más.

Además, hay otras cosas que puedes hacer para vivir esos momentos de dolor mejor: no temerle ni a él ni a las emociones. Están ahí y son una gran oportunidad de aprender juntos. También puedes estar ahí cuando te necesite, escuchándole, validándole y ayudándole a transitar ese dolor de la manera más asertiva y resiliente posible. Puedes hacer que te sienta disponible, notando tu amor incondicional y transmitiéndole la confianza que tienes en él o ella de que lo puede atravesar y superar.

Eso sí puedes hacerlo y eso creará la diferencia entre que el dolor sirva para crecer o que provoque sufrimiento sin fin. Cuando asumas que el dolor estará y que no podrás evitarlo la gran mayoría de veces, empezarás a vivir más tranquila/o, más libre y sin miedo. Y desde ahí, seguro que podrás ayudarle mejor.

CAPÍTULO 5

NO ERES TÚ, SOY YO

A estas alturas del libro estoy segura de que ya sabes por dónde voy. Si comprendemos realmente que nuestro hijo es otra persona y que como tal tiene sus propias ideas; si comprendemos que su sentir es legítimo, que son pequeños, e inmaduros, y todas esas cosas... ¿por qué llevamos tan mal sus rabietas?

Porque nos las tomamos como algo personal. No son ellos, en realidad. Los niños hacen lo que les toca hacer por la edad que tienen. El tema es que nosotros no. Nosotros no actuamos según la edad que tenemos, sino que a menudo parece que hayamos retrocedido en el tiempo y tengamos también dos, tres, cuatro o cinco años. No son ellos, somos nosotros.

Nosotros que, cargados con nuestras mochilas y expectativas, tenemos una idea muy clara de lo que queremos. Y lo que queremos es no tener problemas, es no tener conflicto. Queremos que nuestro hijo o hija comprenda las cosas, que para nosotros son básicas, y queremos que nos haga caso, básicamente. Es normal. ¿Quién va a desear complicarse la vida? Pero tenemos que comprender que nosotros ya deberíamos haber dejado la etapa egocéntrica atrás, y que por lo tanto lo que deseemos o no, lo que queramos o no, aquí no importa lo más mínimo.

Podemos ver cuándo nos tomamos una rabieta como algo personal porque vamos a abandonar al adulto que somos y vamos a actuar irracional e inconscientemente. Vamos a decir cosas que empeoran la situación y a hacer cosas de las que nos vamos a arrepentir. Porque creemos que la rabieta va con nosotros, que nos lo hacen a nosotros, y no es así.

Cuántos no hemos dicho alguna vez eso de: «es que mi hijo ME hace enfadar» o «es que ME saca de quicio». Nuestros hijos no nos hacen nada. Nos lo hacemos todo solitas y solitos. Acostumbrados como estamos a cargar las culpas a otro, resulta que en esto no podemos, porque todo parte de nosotros.

Los hijos hacen lo que les toca hacer por la edad que tienen la mayoría de las veces, intentando llamar nuestra atención porque necesitan cosas de nosotros que quizá no tienen: que estemos presentes, pasar muchas horas con nosotros; o bien no entienden el mundo, o lo notan hostil y tienen miedo, o tienen hambre, y sueño, y están cansados. Vamos, que hacen lo que hacen los niños.

Pero nosotros, resulta que dependiendo de cómo estemos ese día le acompañamos la mar de bien, o parecemos Hulk: «¡Que te he dicho que pares ya de una vez, maldita sea!» Todo está en nosotros. Si nos enfadamos es porque hay algo que se nos activa con su emoción, pero no son ellos, somos nosotros. Y lo bueno de todo eso es que tenemos el poder de permitir esa activación y reaccionar a lo que sucede, o mantenernos conscientes de lo que sentimos y respirarlo, comprenderlo, y no cargarlo en los demás.

Resulta que tenemos heridas, emociones no integradas que vagan por nuestro cuerpo porque no fueron ni sanadas ni reparadas en su momento, y nuestros hijos, seres con las emociones a flor de piel, se expresan y, en contacto con ellos, resonamos y las heridas se abren. No es su culpa. Tampoco nuestra. Es lo que es.

Es la vida. Y es importante que nos responsabilicemos de nuestras propias emociones para no machacar a nuestros hijos con cargas que ni les van ni les vienen. Cortemos esa transmisión y permitamos que sean más libres. En cada rabieta, pregúntate: ¿lo que voy a decir o hacer va a mejorar la situación o va a empeorarla? Y si algo te dice que la balanza se va a decantar por la segunda opción para, respira y no digas ni hagas nada. Mantente consciente y atenta/o para encontrar otra vía. A menudo somos reactivos. Reaccionamos a todo de una forma inconsciente porque nos remueve. Mi propuesta es que te mantengas consciente y pares esa reactividad.

Si no lo haces, vas a hacer de ese momento presente algo mucho peor. Tu hijo no solo estará enfadado, sino que, además, quizá se habrá asustado por lo que le has dicho o cómo lo has hecho, tú habrás perdido los papeles y en tres, dos, uno la culpa vendrá a ti y tendrás que resolver el follón en el que te has metido. No habrás sido capaz de parar un momento y darte cuenta de lo que le pasaba a él y de lo que te pasaba a ti. La reacción te habrá desconectado del momento presente y de tu hijo.

Al cabo de un rato pensarás todas esas cosas horribles que vienen a la mente después de una gestión nefasta de un conflicto. Ya sabes: «soy una mala madre, lo he hecho fatal, cómo es posible, si solo es un niño» y un largo etcétera. La culpa también viene a mostrarte algo que hay que atender: observa y explora cómo te sientes, por qué y toma consciencia verdadera para tomar un nuevo camino la próxima vez.

¿POR QUÉ SOLO A MÍ?

No sé cuántas veces he sentido que yo era la preferida de mis hijas. Bueno, concreto: ¡preferida para montar *big chickens*! Iba todo como la seda hasta que entraba yo por la puerta y, entonces, llanto, mal humor y quejas. Jamás había pollos con nadie más; ni con los abuelos, por supuesto. Y con su padre a solas, raras veces. La frase que me decían los demás solía ser esta: «Ha ido todo perfecto hasta que has llegado tú», cosa que a veces admito que me daba mucha rabia.

Por suerte, sabía que era el precio que había que pagar por ser su madre, pero te prometo que, a veces, ostentar ese título pesaba lo suyo y, a ratos, me ponía, en mis adentros, en modo pataleta: «¿Por qué solo a mí, que soy su madre?, ¿por qué?, ¿con lo que las atiendo, paso tiempo con ellas, las cuido? ¿Yo, que las he gestado, parido y criado? ¿Yo, que he estado de excedencia con cada una para poder atenderlas y no trabajar durante años? ¿Por quéeee?» Pues bueno, Míriam, justamente por eso mismo.

Mis clientas me cuentan casi siempre lo mismo: «las rabietas fuertes solo me las hace a mí», o «cuando está su padre eso no lo hace nunca, solo cuando estoy yo», o «en casa de los abuelos me dicen que es un sol, pero cuando lo voy a recoger, ¡me monta unos pollos! Con las ganas que tengo de verlo». El sentimiento asociado a estas frases normalmente es el de frustración, el de impotencia y, a la vez, tristeza de ver que nuestro hijo nos trata un poco peor que al resto. Pero démosle la vuelta y cambiemos los papeles:

Tu pareja llega a casa cansada y quizá molesta por algo que ha pasado en el trabajo. Al cabo de un rato, le sale un desplante, un comentario fuera de lugar. Le paramos los pies y añade: «lo siento, perdona, es que estoy agobiado, he tenido un día horrible».

Podría pasar justo al revés: ser nosotras las que llegamos a casa (o no hemos salido de ella en todo el día), estamos cansadas, un poco desanimadas por lo que sea y, a la mínima que hay algo que nos molesta más de la cuenta, ¡zas! Nos ponemos bordes, decimos una frase impertinente, o con el tono equivocado, que nuestro interlocutor no se merecía en absoluto. Nos para los pies y le pedimos perdón. Nos situamos e intentamos reencontrarnos.

Esto, también de adultos, nos puede pasar a menudo con nuestra madre. Es, habitualmente, la diana de los malestares de muchas personas. Con la suegra ya es otro cantar, pero con la madre, una gran mayoría «se suelta». ¿Por qué? ¿Por qué hablamos a veces de esta manera, con un tono que no corresponde, con unas palabras que seguramente podríamos cambiar por otras más amables justamente con los de casa, con los que tenemos más confianza?

Pues precisamente porque son los que más queremos y muy probablemente los que más y mejor podrán perdonar nuestras impertinencias. Con los que nos es más fácil mostrarnos tal cual nos sentimos, sin necesidad de fingir o matizar.

Aquel niño ¿por qué llora y grita solo cuando está mamá? Porque ha estado nueve meses dentro de su vientre y, habitualmente, es ella quien ha cuidado las veinticuatro horas de él los primeros meses de su vida, y le ha alimentado toma tras toma de leche. Con ella es con quien se suelta, con ella siente una confianza distinta y es con quien siente que puede mostrar su parte más oscura esperando que también le quiera a pesar de todo.

Ser la persona de más confianza de alguien es precioso, pero también tiene estas cosas: recibes la cara más amable, la más dulce y más preciosa, pero también conoces el otro polo, el opuesto, el más áspero. Y es normal, porque tenemos muchas caras, muchas emociones, muchas partes que se ven y otras que quedan escondidas, que solo somos capaces de dejar ir, de mostrarlas de verdad si a quien tenemos delante es de los que sabemos que no se marchará ni nos juzgará. Que estará ahí a pesar de todo.

Esto no significa que con su padre o con otras personas no pueda sentirse confiado, seguro y muy vinculado. Pero hay un nivel de intimidad con mamá, precisamente por todo lo vivido y compartido, que hace que se sientan más confiados. Que sientan que mamá está disponible también cuando no están bien. Que hay un «espacio» distinto entre los dos, un vínculo irrompible aunque se muestren con esa cara más desagradable y dura.

Que nos muestren su parte más oscura «solo» a nosotras no debería ofendernos. Nos están diciendo muchas cosas con ese acto. Quizá no nos gusta, lo entiendo, no es fácil acompañar esas caras amargas, pero es necesario. Porque nuestros hijos también tienen esas partes menos agradables y porque tienen que sacarlas, vomitarlas no como quieren, sino como pueden. Y debemos estar allí para explicarles y enseñarles cómo gestionar la tristeza, la rabia o el cansancio después de un día largo y lleno de obstáculos.

Sin juzgar, sin castigar, sin culpar, entendiendo que solo si siente que estamos disponibles y que acogemos su *dark side* podrá empezar a gestionarlo de otra manera. O sea que cuando te preguntes «¿por qué solo conmigo?», respóndete: «porque me está diciendo que me quiere, que necesita mi ayuda. Poco a poco irá aprendiendo a decírmelo de otra manera».

A Lua nunca le ha gustado lavarse la cabeza. Se ha pasado años llorando y gritando cada vez que tocaba tirarle agua por encima, enjuagarla y quitarle luego el jabón. Cada vez, no exagero. Un buen día paró y empezó a llevarlo mejor pero, aun así, había días que seguía enfadándose. Un día, mientras le lavaba la cabeza, empezó a quejarse y a gritar lo de siempre: «no quieroooooo», pero yo, que ya estaba muy curtida en eso, le pregunté cuando dejó de quejarse si a la abuela, que la baña también a veces, le hacía lo mismo que a mí en ese momento. Ella me contestó: «No, mamá, sigue sin gustarme con nadie, pero contigo tengo más confianza para decir lo que siento, que es que me molesta mucho». Tenía entonces cinco años y medio.

Así que recuerda: no es nada personal. No nos toman el pelo. No nos toman por idiotas, ni nos quieren fastidiar o manipular. No es que seamos unas blandas o que tengan «mamitis». No es que no sepamos poner límites ni que sea culpa de la teta, o de no reñirles. No es que la crianza consciente sea un error. No es nada de todo eso que quizá has sentido y escuchado mil veces. Es, simplemente, que sienten que somos un «espacio seguro» donde sacar lo que les pasa dentro. Es que saben que pueden contarnos cómo lo viven porque intuyen que les vamos a querer a pesar de todo. Es que no modulan ni son asertivas/os y por eso lo expresan de esa forma a veces tan desagradable. Pero van creciendo y con nuestra ayuda van aprendiendo a expresarse mejor sin dañar a nadie. Poco a poco. Paso a paso. No es fácil crecer. Ojalá confiáramos tanto en ellos como lo hacen en nosotros.

Quizá lo que has leído en este apartado no te ha resonado lo más mínimo porque en casa no os pasa nada de esto, o incluso pasa lo contrario: con quien más pollos monta es con tu pareja y no contigo. Que no cunda el pánico, ya sabes que las generalizaciones son odiosas, porque no todo el mundo es igual, y hay tantas variables como niños en el mundo. Y sí, los hay que no hacen esto con mamá y sí con papá. No significa que no te quiera o que no te sienta disponible, significa solo que para mostrar ese «*dark side*» se siente más cómodo con tu pareja por lo que sea. Quizá porque siente que le puede acompañar de otra forma, o que no se remueve como tú. Quizá porque no quiere que te pongas triste, o porque no quiere que te enfades, o por otros motivos, quién sabe. Sea por lo que sea, de verdad, respira y procura que esto no te preocupe, ni machaque tu autoestima. Conecta con él o ella y confía en lo que tenéis.

¿POR QUÉ SE PONE ASÍ SI LO TRATAMOS BIEN?

Existe una ilusión muy común en el ámbito de la crianza respetuosa y consciente que es pensar que si tratamos bien a nuestros hijos e hijas, desde el respeto y la comprensión, serán amables y no tendrán comportamientos inadecuados. Hay tendencia a pensar que los que más se rebotan son los que no encuentran la comprensión y/o conexión con sus padres, que usan los consejos de la crianza tradicional para educarles.

Yo llegué a la maternidad un poco con esta fantasía, lo confieso. Pensaba, de alguna forma íntimamente, que a mí no me montarían esos pollos de campeonato que había visto alguna vez en la calle, porque yo las trataría muy bien, y desde el respeto y la comunicación, no necesitarían montar dramas. Imagínate mi baño de realidad, ¡aún me duele, ja, ja, ja! Pronto me di cuenta de que era exactamente al revés: que el hecho de haber respetado a mis hijas, haberlas escuchado y tenido en cuenta, había hecho que ellas mismas sintieran que su voz era importante y, por lo tanto, la mostraran sin reparo ni miedo.

El hecho de haber sido acompañadas permitiéndoles ser hacía que temieran mostrar lo que sentían a cada momento, y lo hacían como lo hacen los niños pequeños, a tope y sin filtros. Pronto me di cuenta de que mi fantasía era solo eso, una ilusión muy alejada de la realidad que chocaba frontalmente con mis expectativas, obviamente demasiado elevadas y carentes de fundamento.

Tuve que resituarme, comprender que la crianza consciente y respetuosa hace niños seguros de sí mismos, con voz propia, y que la van a usar y manifestar cuando sientan y quieran. Pero ¿no era eso lo que yo quería? ¿Criar niñas libres, con voz propia en el mundo? Pues ya lo tenía. Lo que no imaginaba es que su voz se iba a manifestar con tanta fuerza siendo tan pequeñas. Pero es justamente cuando son pequeñas cuando tienen que explorar su voz, su lugar en el mundo, porque es en la primera infancia cuando se asienta la base de su autoestima, de su amor propio, de su seguridad.

Así que si notas que tu peque tiene mucho carácter y te lo hace saber, piensa que eso es bueno e intenta huir del miedo que muy probablemente va a aparecer en forma de «¿y si...?» «¿Y si estamos criando a un niño tirano? ¿Y si estas malas formas no cambian nunca? ¿Y si acaba siendo un insolente egocéntrico e irrespetuoso de esos que salen por la tele rompiendo puertas?»

El miedo te conectará siempre con un lugar de carencia y escasez, de duda y de inseguridad. Procura respirar ese miedo, el cual nace de lo heredado de la crianza tradicional y esas creencias de que los niños o los ligas en corto, o te toman el pelo. Céntrate de nuevo, conecta con lo que sientes en tu fuero interno y confía en ese camino de amor y conexión. Sí, ahora las formas no son las mejores, pero es pequeño, ¿recuerdas? E inmaduro, se encuentra en la fase egocéntrica y tienen un montón de cosas que ir aprendiendo. *Keep calm*. Ya abordaremos el tema del comportamiento, pero ahora lo más importante es que tú controles el miedo que hay en ti, que te desconecta y te hace actuar de forma inconsciente.

Las expectativas tienen otro problema, y es que al final acabamos vibrando en la sensación de que lo que es no tenía que ser. Si la expectativa tiene que ver con nuestro hijo, le transmitimos, de alguna forma, que no es como nos gustaría, que no es como «debería» ser. Lo notan, aunque no nos demos cuenta, aunque nada de eso lo expresemos con palabras. Darnos cuenta del niño que tenemos y que quizá no es el que queríamos nos hará tocar con los pies en el suelo. Es importante que desmontemos nuestras expectativas y aceptemos, finalmente y sin resistencia, el niño o la niña que tenemos delante tal y como es. Porque aunque no nos lo parezca porque quizá nos grita o nos pega, es un ser valioso, completo y perfecto.

Eso no es fácil, especialmente cuando la expectativa era grande. Si sientes que efectivamente tenías expectativas que no se han cumplido, te animo a que intentes ver de dónde venía esa expectativa. ¿Era tuya? ¿Era impuesta a nivel cultural, social o familiar? Porque es importante que la desmontes y te des cuenta de hasta qué punto te está impidiendo gozar y vivir plenamente tu ahora y aquí. Las expectativas, en realidad, acaban creando una forma de amor totalmente condicional. Para poder conectar profundamente con nuestros hijos e hijas y su esencia verdadera tenemos que soltar y abandonar cualquier expectativa o plan que tuviéramos para ellos y abrazar lo que son ahora y aquí, delante de nosotros.

EXPLORA...

Ha llegado el momento de parar un momento para integrar en el cuerpo lo leído. Te propongo que conectes con tu cuerpo y pongas tu atención plena en la respiración: observa y nota cómo el aire entra y sale. Inspira, exhala. Observa cómo el aire entra y llena tus pulmones, cómo este aire se reparte por todo el cuerpo y cómo, luego, sale cuando exhalas. Conecta con tu respiración y hazla lo más pausada y profunda posible.

Conecta con el cuerpo y escucha si algo se ha movido en ti leyendo las últimas páginas. ¿Qué emoción dirías que está ahora en ti? Respírala, acéptala y hazle espacio.

Ahora te invito a que pongas atención en las posibles expectativas y fantasías que puedas mantener vivas en tu maternidad o paternidad. Saber qué esperabas y qué no se está cumpliendo, abrazando la frustración o jarro de agua fría que suponga esto para tu ego e ilusiones.

Te propongo cambiar fantasía por consciencia, elevar tu perspectiva y tu mirada y dejar esa película que te habías montado en tu cabeza para los cuentos o los sábados por la noche en la tele y tumbada/o en el sofá. Desde la fantasía no podrás ser quien tus hijos necesitan que seas. Observa cuáles eran, y de dónde venían. ¿Eran fantasías que tú te habías montado en tu cabeza o venían impuestas de alguna forma por las creencias de tu familia o de tu entorno? ¿Estás dispuesta a vivir el acompañamiento de tu hijo o hija en este camino de una forma menos fantasiosa y más real y consciente? ¿Cómo te sientes ocupando este lugar de responsabilidad y adultez?

Respíralo, observa tu cuerpo, qué se destapa, qué se mueve, y permite que se manifieste. Este movimiento interno es importante que se produzca; estás ampliando consciencia y eso va a comportar movimiento de cimientos. Está bien así. Deja que se mueva todo. Aunque parece inestable, el suelo que quedará después del movimiento será más seguro, estable y fuerte que el anterior. Sigue, sin miedo. ;)

SIN REFERENTES

Antes te hablaba de buscar en el archivo de nuestra mente. Cuando necesitamos información de algo, el primer lugar donde buscamos es en nuestro propio disco duro. Allí vemos qué sabemos de tal cosa, qué información o creencias tenemos al respecto. Pero claro, nuestro disco duro no tiene información de todo y, a veces, vamos al archivo principal buscando formas de actuar desde la crianza consciente y respetuosa y te sale un «*File not found*» (archivo no encontrado). O lo que sería también un: «por "gestión de este conflicto de manera respetuosa y consciente", lo siento, pero no me viene nada». *Fail.*

No es fácil comprender por qué no aparece nada al buscar «crianza consciente y respetuosa» en nuestro archivo más profundo. Aunque la respuesta es porque no tenemos referentes. Casi todo ser humano ha sido criado en el paradigma de la crianza tradicional, del que ya te he ido hablando en este libro. No nos engañemos, la crianza consciente y respetuosa sigue siendo cosa de una minoría muy pequeña de madres y padres en todo el mundo. Demasiado pequeña, diría yo. A veces podemos pensar que es algo muy extendido si vemos que nuestros amigos intentan criar como nosotros, pero créeme si te digo que ni por asomo es así. Somos minoría lamentablemente, pero confío y deseo que cada vez seremos más.

Sea como sea, no tenemos referentes. Criar a los hijos e hijas desde lo adultos que somos, responsabilizándonos de nuestros sentires, vivencias y comportamientos, creciendo al lado de nuestros peques y sabiendo que no sabemos nada y que estamos aquí para aprender es algo muy nuevo todavía. Con lo cual, es muy probable que si buscas en tu familia no tengas en quién fijarte, porque ni tus padres te criaron así, ni tus cuñados lo hacen así, ni tus primos, tías, etc., han hecho nada similar a lo que estás haciendo tú. Incluso es muy probable que ni siquiera tengas algún amigo o conocido que esté llevando a cabo el mismo tipo de crianza respetuosa y consciente que intentas llevar a cabo tú.

Eso, además de hacerte sentir sola o solo a ratos, te deja en el mismísimo desierto. Miras alrededor y no hay nadie y cuando gritas «¿hola?», se oye resonar tu eco. El no tener referentes te deja casi desnuda/o y navegando en un mar de dudas porque todo es nuevo. Tú sabrías cómo reaccionar ante una rabieta si lo quisieras hacer igual que tus padres: tirarías de archivo y te saldría calcadito, así de fácil. Pero si ante una rabieta quieres tener una respuesta consciente, asertiva y respetuosa, vas al archivo y no aparece nada.

Internet y las redes sociales han acercado comunidades, han hecho que en ese desierto real haya una ventana a lo virtual y puedas encontrar otro tipo de referentes, que no conoces pero que te dicen, desde la distancia y a través de una pantalla, que eso que quieres hacer con tu hijo es posible y, no solo eso, sino que es lo mejor que puedes hacer. Da aliento y empujón, claro que sí, pero ser huérfanas en cuanto a referentes 1.0 en nuestros archivos pone las cosas un poquito más difíciles.

UNA NUEVA MIRADA Y UN NUEVO PRECIO A PAGAR

En este libro y en todo mi trabajo anterior y venidero te propongo dejar atrás una maternidad y una crianza basadas en el paradigma tradicional adultocéntrico, que implica el control del otro a través del miedo, y cambiarlo por una maternidad, paternidad y crianza conscientes. Conscientes de que solo ayudando a crecer a nuestro niño interior herido, sosteniéndolo, comprendiéndolo y ayudándole a madurar, podremos ayudar a crecer a nuestros hijos e hijas para que se conviertan en adultos libres, conscientes, soberanos y empoderados.

En la vida todo tiene un precio, y hay que saberlo, porque si no continuaremos con la fantasía de que aunque elijamos X, no habrá precio a pagar. Todo lo tiene. A menudo queremos la opción A pero sin el precio que implica, olvidando que eso no es posible porque cualquier elección en la vida tiene su precio. Y luego nos quejamos, pero sin querer tampoco la opción B. Es una actitud infantil lo mires como lo mires. Así que es importante tenerlo claro, adoptar una perspectiva adulta y responsable y elegir sabiendo qué precio queremos pagar y cuál no, pero desde la elección consciente.

Con un ejemplo lo veremos más claro. No gritar a los hijos, tratarles consciente y respetuosamente, satisfacer sus necesidades, acompañarles en su crecimiento con límites conscientes y responsables tiene, como todo, un precio. El precio será que es cansado, que tendremos que pasar muchas horas con ellos y, quizá, eso implique cambiar de trabajo para que podamos conciliar más y estar más presentes. Pero no será el único: criar así implica mirar hacia dentro y llorar y sanar heridas que ni siquiera sabíamos que teníamos. Implica responsabilizarnos de nuestras emociones y no verterlas sobre nuestros hijos mientras les culpamos de nuestra infelicidad. Criar así implica mucho curro, hablando en plata: con uno mismo, con la pareja, con los hijos e hijas. Este es el precio a pagar.

Criar desde el paradigma de la crianza tradicional tiene otro precio muy distinto. Si grito, pego, trato mal a mi hijo, le manipulo y vierto en él todas mis heridas no sanadas, y todas mis frustraciones y expectativas, es probable que me cueste conectar con él. El precio a pagar es alto, porque mi hijo es muy posible que adopte un «falso yo» para intentar complacerme, para que esté más contenta, más satisfecha con él, alejándose de quién es realmente. El precio es que con mi comportamiento estaré apartándolo de mí y también de sí mismo (mucho peor) y, si algún día tiene un problema, es probable que no venga a mí a contármelo y pedirme ayuda porque habrá captado que no podré sostenerle. El precio será lastimar su autoestima y también su sensación de tener un lugar seguro en el mundo, su sensación de ser suficiente. Quizá incluso el precio estará cargado de ansiedad, de malestar, de huidas para calmar el dolor interno de mil maneras distintas.

Los precios están claros en los dos casos y no son baratos. Ahora que sabemos cuáles son, elijamos conscientemente cuál preferimos pagar. Lo que no puede ser es elegir la opción A sin el precio a pagar de A, o elegir la opción B con los beneficios de la opción A y sin pagar el precio de B. Va a ser que no, eso no es posible.

Así que para un momento y analiza las dos opciones y las dos consecuencias y, desde ahí, elige conscientemente qué precio prefieres pagar. A continuación pasa con tu cartera por caja, desde la adulta o adulto que eres, manos a la obra, dispuesta/o a pagar el precio que indica en la etiqueta, sin descuentos ni trampas.

Imagina que fueras alpinista y estuvieras en plena expedición al K2, en el Himalaya. Como hay mucha nieve y caminar a tanta altura es agotador, os iríais relevando para abrir traza con tus compañeros. Tú andarías unos metros de ascensión, y al cabo de un rato, os turnaríais y pasarías detrás donde ya no tendrías que hacer tanto esfuerzo porque tu compañero sería quien pisara y abriera camino primero en esa nieve donde se hace tan cansado caminar. Tendrías tus momentos de intenso esfuerzo y luego unos respiros, donde alguien más tomaría el timón y abriría traza por ti.

Pues la mala noticia es que en el nuevo camino que estás andando no tienes relevo. Abrir traza es igual de arduo o más que hacerlo en el K2, porque no tienes referentes y estás caminando un camino nuevo para ti, nada trillado, nada conocido. Pero es que además, no puedes ni tomarte un respiro, no puedes decir «que pase alguien a relevarme», porque aunque tengas pareja y seáis cien por cien un equipo en la crianza, solo tú eres la madre (o el padre) y tu camino solo puedes andarlo tú. Claro que será más agradable y cómodo ir acompañada/o, pero cambiar tu mirada, tu forma de hacer las cosas, de gestionar conflictos, de acompañar emociones, de cambiar el paradigma de la crianza tradicional por otro más conectado, más amoroso, consciente y asertivo solo puedes hacerlo tú misma/o. Porque quien tiene que cambiar eres tú y nadie puede hacer el trabajo por ti.

Esto es lo más agotador, que el camino que empezamos un buen día sigue y sigue y sigue. Es, a la vez que agotador, maravilloso porque eso significa que tenemos un mundo nuevo que aprender, mientras vamos descargando nuestra mochila de aprendizajes viejos y obsoletos que ya no nos sirven, pues nos hemos convertido en otra persona. Si hay más consciencia, comportamientos inconscientes dejarán de ser válidos para ti. Si hay más consciencia, las creencias falsas, inconscientes y heredadas dejarán de resonarte y servirte, y tendrás que cuestionarlas y desaprenderlas para construir nuevas formas de pensar, funcionar y sentir.

Es apasionante, ¿no crees? Para mí lo es. Es, sin duda, lo más apasionante que he vivido nunca en mi vida: este camino de consciencia al lado de mis hijas y de mi pareja, que me ayudan a ser mejor persona cada día, a crecer, evolucionar y transformarme. Pero como todo camino, no está exento de obstáculos.

La soledad será uno de ellos, porque en el camino nuevo es muy probable que vayan quedando atrás personas con las que antes estuviste muy vinculada. Pero es natural: a más consciencia, menos querrás estar al lado de personas que actúen desde pensamientos, actos y sentires inconscientes. Te sentirás lejos y tendrás que atravesar tu propio duelo. Tendrás que aceptar que las relaciones tienen su recorrido y que, a menudo, terminan cuando ya no nos aportan nada, cuando ya no podemos crecer en ellas. Luego empezarás a caminar la ruta del desierto, pensando que estás más sola o solo que la una, que con los amigos de antes ya no compartes nada y ya no puedes seguir como antes, pero sin encontrar a nadie nuevo. Mirarás a un lado y a otro y puede que no veas a nadie.

Este proceso es habitual y comprendo tu desazón, si es que la sientes y te identificas con lo que estoy contando. No estamos acostumbradas/os a sentirnos en esta soledad y es una sensación un tanto desagradable que activa todas nuestras inseguridades, vulnerabilidades y dudas. Bueno, sigue caminando. No te queda otra. Sigue mirando a un lado y a otro mientras caminas con paso firme, segura/o y empoderada/o con lo que haces… Créeme, un día verás a alguien, ahí a lo lejos, con quien volverás a resonar. Y ese resonar y esa vibración serán más elevados que los que hayas vivido en tu vida, porque estarán más llenos de consciencia. Tus ojos se iluminarán, no estabas sola, solo era necesario buscar un poco más. Y luego, caminaréis juntas, y a lo lejos veréis a alguien más, y ese alguien os presentará a otro alguien y así, poco a poco, podrás ir construyendo tu tribu, viviendo con más fuerza y convicción el camino de crecimiento y consciencia que empezaste en su día. Sigue caminando, valdrá la pena el esfuerzo.

El qué dirán será otro obstáculo. Sentir que no hay otras personas en tu núcleo más íntimo que lo hagan como tú te hará sentir un poco bicho raro y te sentirás, probablemente, juzgada o juzgado. Es normal: con tu nueva actuación ante las situaciones que acontecen con tu hijo o hija, quienes te vean (padres, hermanos, amigos, etc.) puede que se sientan cuestionados porque no lo hicieron como lo haces tú. Puede que les remueva verte actuar así y que, en su falta de consciencia al respecto, te critiquen antes que cuestionarse a ellos mismos y las heridas que la crianza tradicional produjo en ellos.

Tienes que saber que poco puedes hacer al respecto más que comprender por qué te juzgan o por qué dicen lo que dicen. Están en su mundo, en sus creencias, en su experiencia vivida y, quizá, no les apetece en absoluto explorar qué remueve en ellos tu forma respetuosa y consciente de tratar a tu hijo o hija. Ya sabes que es más fácil criticar, juzgar y cuestionar o culpar a los demás que hacer un trabajo intenso de introspección preguntándonos «¿Qué está pasando en mí que me estoy removiendo de esta forma con su manera de criar?» No le des muchas vueltas: *c'est la vie*. Procura, solamente, que su inconsciencia no apague tu camino y te ponga más metros de nieve en la traza que tienes que abrir. Que sus dudas no siembren las tuyas. Lo que sienten, piensan y dicen habla de ellos, no de ti. Y recuerda: cuanto más convencida o convencido estés de lo que haces, menos necesitarás que los demás lo aprueben.

EXPLORA...

Después de lo contado, puede que se hayan removido cosas en ti. Te propongo que pares un momento y te observes. ¿Hay algún tipo de tensión en tu cuerpo ahora mismo? ¿Cómo te sientes después de haber hablado de cambio de paradigma, de no tener referentes y de tener que abrir traza tú sola? Quizá te sientas abrumada... respíralo, siente eso que se ha removido en ti, siente cuál es la emoción que dirías que habita ahora en tu cuerpo y respírala profunda y lentamente.

Sentirte vulnerable es válido y legítimo. Permítete abrirte a ti misma/o y, desde la adulta/o que eres, abrazar ese miedo, esa vulnerabilidad de sentirte sin referentes y en soledad. Tu parte adulta puede sostener a tu parte niña/o asustada/o y cansada/o de abrir traza. Es normal, es una ardua tarea. Compréndete, permítete parar a ratos a tomar aire y energía para poder seguir el camino.

En este punto, te será imprescindible que revises qué nivel de autocuidado te das. Explora tu sentir en cuanto a tus necesidades no satisfechas y habla claro: ¿qué necesitas? ¿Te cuidas? ¿Te amas? Las respuestas a estas preguntas serán clave para empezar, si es necesario, otro modo de relacionarte contigo desde el amor propio, el respeto y el autocuidado. Recuerda que el cuidador tiene que cuidarse y eso no es ser egoísta, es ser consciente de que si no estamos bien, no podemos ser la mejor versión de nosotros mismos ni con nuestros hijos ni con nadie. Es mucho más egoísta no cuidarnos y descargar nuestro malestar por no hacerlo en los que tenemos cerca. Piénsalo.

Cuídate y sigue caminando.

MAMÁS Y PAPÁS FRUSTRADOS, NIÑOS Y NIÑAS FRUSTRADOS

¿Sabes qué pasa cuando no somos conscientes de los caminos que elegimos y de los precios que hay que pagar? Que nos frustramos. Porque, sumidos en nuestra fantasía de Disney, creíamos que sería coser y cantar, sin precio a pagar. Y no nos gusta ni elegir conscientemente, ni pagar nada. Jolín, si todo el mundo tiene hijos, no debe de ser tan difícil, creíamos. Y menudo gol nos colamos a nosotros mismos. Que todo el mundo tenga hijos no es sinónimo de que tenerlos sea coser y cantar, ni por asomo.

Cuando no actuamos desde la consciencia y seguimos en nuestra ilusión de que las cosas serán como hemos planeado en nuestra cabeza, como deseamos y esperamos, nos frustramos. Y aparece eso de «*¿Y por qué nadie te cuenta esto?*» y la respuesta es sencilla: nadie te lo contó porque quizá están igual que tú, descubriéndolo a base de batacazos, o porque lo hicieron y tú no quisiste escuchar.

Luego aparece la cruda realidad: vemos un montón de trabajo por delante y nos parece una *fucking* montaña de ocho mil metros. Ah, y encima recordemos que nadie va a abrir traza por nosotros, así que ¡Dios, me quiero bajar del mundo! Enfrente de nuestras narices, nuestro hijo o hija mirándonos, sintiéndonos, captando la energía que emanamos. Frustración en su máximo apogeo. Frustración al darnos cuenta de que lo que es no es lo que yo quería que fuera. Frustración porque no sabemos qué camino elegir, ni sabemos si somos lo suficientemente valientes como para tomar la responsabilidad de elegir desde el adulto que somos. Frustración al ver sus ojos que parecen decir: «¿y ahora qué, mamá?, ¿y ahora qué, papá?»

Es en esos momentos cuando desearíamos volver al regazo de mamá y decirle: «mami, lo de ser adulto es una gran mierda. Abrázame, sostenme y deja que me quede aquí, en la seguridad de tu abrazo infinito». La fantasía de poder volver a hacernos pequeños y evadir responsabilidades. La ilusión de meternos debajo de las sábanas y colgar el cartel de «NO MOLESTEN» en la puerta de la habitación.

Todo por la frustración de haber descubierto que la realidad no era la que yo me había imaginado. Entrando en la adultez por la puerta grande. Al fin.

Bueno, si estás ahí, si sientes que estas palabras se te clavan en el alma, respíralo primero, y luego, acepta tu camino. Sí, también fue el mío en su día, he estado ahí, sé lo duro que es. Pero se sale, te lo prometo. Tienes que hacerlo primero por ti, porque te mereces llegar a tu máximo potencial adulto, tomar las riendas y llevar la vida hacia donde te guíe el corazón. Pero también tienes que hacerlo por tu hijo o hija, que está aquí, enfrente, esperando.

Tu frustración, si no la transmutas, se la pasas. Si te la quedas, se la contagias, de la misma forma que él, si no estás muy centrada y consciente, te contagia la suya cuando lo que quiere no puede ser. Pero lo peor es que sintiendo tu frustración al respecto de esta etapa con tu peque, puede creer que él no es suficiente, que no es «correcto», porque no te hace feliz. Recuerda que está en la fase egocéntrica, así que si mamá está contenta es porque soy magnífico, y si no lo está, ¿qué hay en mí que falla, que no la hace feliz?

No hay nada de incorrecto en ella o él porque tiene que ver contigo, ¿recuerdas? Ellos no nos hacen nada. Pero les transmitimos que sí con nuestra frustración a cuestas, con esa cara amargada que dice «cuidarte es tan difícil que me agoto».

¿Cómo te sentirías si tu pareja hiciera lo mismo? ¿Si estuviera siempre frustrado respecto a lo que significa para él o ella compartir la vida contigo? ¿Si siempre sintieras que cuando está contigo le parece lo más complicado que ha hecho nunca? Es probable que te sintieras frustrada también, pensando que quizá deberías hacer algo más para que estuviera más feliz, más contento. O cansada y distanciada te irías enfadando cada vez más con tu pareja, porque sentirías que no está siendo ni amoroso, ni justo, ni alguien con quien te apetezca compartir tu día a día.

Acepta tu frustración si te encuentras en un momento así, pero transformándola y permitiendo que te ayude a crecer. Que sea un trampolín, no un hoyo. Y para ayudarte a transformarla, ve al cuerpo.

EXPLORA...

Toma consciencia de cuál es tu estado en cuanto a frustración, expectativas, ilusiones y sensaciones de dificultad en tu crianza con tu hijo o hija. Pero especialmente toma consciencia de cuál es tu estado cuando aparece su rabia, su enfado, sus desacuerdos. Porque tu frustración será la suya, y la suya, la tuya, y entraréis en un círculo vicioso que puede convertirse en un patrón de comportamiento de los dos y de relación que os aporte más dolor y sufrimiento.

Si te das cuenta de que ya estás en ese patrón, para un momento. Después de leer este párrafo cierra los ojos y respira profunda y lentamente. No lo has hecho a propósito, nadie elige entrar en un patrón inconsciente que nos hace sufrir. Procura tratarte con compasión y no culparte, aceptar lo que es, que estáis ahí metidos y que hay que salir de ahí.

Respira, acepta que llegaste a ese punto porque en ese momento no supisteis hacerlo mejor, nos pasa a todos, somos humanos. Nada es porque sí; procura no entrar en sentimientos de culpa. Respira. Siente tu cuerpo, ¿qué te cuenta?, ¿qué energía emana ahora mismo de ti? Escucha profundamente tu voz interior, tu parte más sabia. Es esa la que te ayudará a salir del embrollo en el que estáis metidos los dos. Sabes la respuesta, créeme. Sabes volver a conectar contigo y con él.

Acepta tu frustración y abrázala, ella te ha hecho llegar hasta aquí y te permite tocar un poco fondo para transmutar esa frustración en crecimiento, evolución y ampliación de consciencia. Así que bienvenida, frustración. Dile «gracias por llegar a mí, por hacerme bajar y conocerme un poco más. Pero puedes soltarme. Te agradezco lo que me has aportado y te suelto. Ya no te necesito». Y ahora respira profundamente y siente qué dice tu cuerpo. Abraza este momento. Ahora y aquí, ampliando consciencia, creciendo. Lo estás haciendo muy bien, sigue así.

LAS GRANDES DESCONOCIDAS

Nos encontramos a años luz, como sociedad, de ser inteligentes emocionalmente. Son siglos de ignorar, maltratar y despreciar las emociones. El sentir no era ni es importante, sino el hacer y el pensar. Con este sistema de creencias hemos llegado adonde estamos, con grandes vacíos internos por un montón de emociones reprimidas y no integradas que siguen doliendo, a veces sin ni siquiera darnos cuenta.

Nos preguntan qué sentimos y no sabemos qué decir. Bien, normal. Pero no sabríamos poner nombre concreto a nuestro sentir porque ni siquiera sabemos cómo escucharnos. Poco a poco se va viendo y demostrando científicamente lo importante que es tener inteligencia emocional: conocernos, saber canalizar lo que emana de nosotros, saber ponerle palabras, procesarlo, transitarlo y soltarlo.

Porque podemos ignorar nuestras emociones, pero eso no hará que no estén. Mira si es absurda la cosa. Hacemos como los niños pequeños, que se esconden detrás de sus propias manos y creen que no les vemos. Hacemos eso mismo con nuestras emociones, nos tapamos para no tener que verlas y afrontarlas, creyendo que así se desvanecerán y nos dejarán tranquilos. Y claro, no.

Siento decirte, de nuevo, que ser adulto es también responsabilizarse de nuestra ignorancia emocional y empezar a cambiar algo al respecto. Que crecer significa empezar (si no lo hemos hecho antes) a escucharse, a tener en cuenta qué es lo que me pasa dentro y comprender que lo que me pasa ahí es incluso más importante que lo que pasa afuera.

Esto me lleva a decirte otra verdad como un templo: nada de afuera te calmará lo de dentro. Nada de afuera te salvará. Así que imagina si es importante lo que pasa en ti, porque es justamente poniendo la mirada ahí, en tu interior, que podrás ir sanando las heridas, podrás irte descubriendo poquito a poco, conociéndote más y más, aprendiendo de ti, y cambiando tu forma de verte y de ver el mundo, desde otro lugar más consciente y pleno.

Del mismo modo, será importantísimo que ayudes a tu hijo o hija a comprender sus emociones, a transitarlas y a soltarlas. Pero no podrás hacerlo si primero no lo haces tú, si no lo practicas tú contigo. Bueno, podrías no hacerlo e intentar ayudar a tu hijo o hija con eso, pero notará que lo que dices no es real para ti y se conectará con lo que haces, no con lo que le cuentas.

Así que ponte de ejemplo, explora tus emociones, conócelas, vívelas y siéntelas. De este modo no solo te ayudarás a ti, sino que te servirá para acompañar a tu hijo o hija con sus emociones y ayudarle a ser cada vez un poco más inteligente emocionalmente. Vale la pena el esfuerzo y el camino, créeme.

EMOCIONES SIN JUICIOS

Es muy importante que comprendamos, de verdad, que todas las emociones son válidas y legítimas. Parece obvio, pero no lo es. Históricamente, las emociones validadas han sido las que provocan sensaciones agradables en los que las sienten y en los que las presencian, nunca lo han sido las más comprometidas o incómodas, como la rabia, el miedo, los celos, la envidia, etc.

Es decir, no hay emociones buenas o malas, porque las emociones simplemente *son*. Lo que sí hay es nuestra vivencia y percepción de esas emociones cuando las siente nuestro cuerpo: a veces son agradables (alegría, felicidad, calma, plenitud, etc.), y otras muy desagradables (miedo, rabia, frustración, celos, etc.)

Antes de entrar en el capítulo sobre cómo acompañar las rabietas, es imprescindible este trabajo previo con las emociones, así en general. Las creencias que tengamos interiorizadas sobre las emociones que provocan sensaciones desagradables en forma de malestar podrán hacernos actuar de una forma inconsciente cuando las evoque nuestro peque. Así que es hora de pasar el escáner por tu forma de pensar al respecto de esas emociones. Porque esas creencias crean pensamientos, que a su vez crearán emociones cuando estés en el ajo de acompañar a tu hijo o hija en plena rabieta.

Es necesario que hagamos autoexploración y observemos cómo actuamos ante las distintas emociones que sentimos o que sienten quienes están a nuestro alrededor. Preguntémonos si realmente las legitimamos todas y las sentimos como válidas o si, cuando nos viene nuestra hija llorando en plan quejido pensamos algo similar a «¿qué tontería le habrá pasado ahora?», o le decimos cosas como «háblame normal que si no no te escucho». O si nos cuenta por enésima vez que tiene miedo a ir al lavabo, le decimos cosas como «¿otra vez? ¡Pero si los monstruos no existen!»

Todos estos ejemplos son, de alguna forma, maneras de no legitimar ni aceptar la emoción que hay. Nos molesta, nos cansa, nos agobia o nos incomoda, pero no la sentimos como válida ni legítima, y todas lo son, absolutamente todas. En estas situaciones expuestas, atendemos más a nuestra propia incomodidad que a la que siente nuestro hijo o hija al transitar esa emoción. Insisto, pues, en lo más importante: las emociones *son*, y esto choca con nuestra dificultad de aceptar las cosas tal y como son. Se trata de empezar a ver la realidad sin atributos, sin adjetivos positivos o negativos. La realidad sin juicios. ¿Sabremos hacerlo?

Lo que acostumbramos a hacer, también con las emociones, es calificarlas: son horribles, frustrantes, agobiantes, etc., y es eso lo que causa sufrimiento, nuestra percepción de esa realidad que, en esencia, es neutra. Es obvio que esto nos pase, porque llevamos una carga, no ligera, de lo que hemos recibido familiar, cultural y socialmente. Pero es importante que nos demos cuenta de que las emociones no son ni buenas ni malas ni positivas ni negativas. Simplemente son. Que esto son percepciones y que cada uno tenemos la nuestra. Cuanto antes aceptemos que las emociones están aquí para algo y que lo que no tenemos que hacer es reprimirlas o negarlas, antes podremos navegar mejor con ellas.

Y ¿para qué están las emociones?, ¿cuál es su función? Pues ayudarnos a ver «algo» que necesita ser atendido. Las emociones tienen la función de sacar hacia fuera, manifestar, hacer notar lo que necesita ser visto, atendido, escuchado, transitado para integrarlo, para hacer algo al respecto y, finalmente, se disuelva y transforme en aprendizaje, crecimiento y evolución.

No te preocupes si lo que estás leyendo ahora te suena a chino y lo percibes como algo lejano, como si fuera otro idioma del que no sabes

ni las principales palabras. En general, nuestra sociedad es muy igno-
rante emocionalmente tras siglos sin atender a todo lo que no es hacer
y pensar. Así que, obviamente, que hayamos llegado hasta aquí sin
saber mucho de emociones ni de lo que sentimos o sienten nuestros
hijos e hijas es absolutamente lógico y esperable. No te preocupes,
poco a poco irás aprendiendo más y más, como si pusieras luz a habi-
taciones cerradas donde no había instalación eléctrica todavía.

EXPLORA...

Te propongo que pares un momento y observes tu cuerpo. Pon
atención a tu respiración y hazla consciente. Siente cómo el aire
entra y sale de tu cuerpo y ve entrando en un estado de profunda relajación. Conecta con tu ahora y aquí profundamente.

Ahora mira hacia atrás y observa qué nivel de acompañamiento emocional y de información emocional había a nivel familiar, escolar, etc. Pregúntate: ¿Con qué emoción me llevo peor?
¿Qué emoción en mí intento evitar con todas mis fuerzas? ¿Qué
emoción en los demás (hijos, pareja, amigos, etc.) intento cambiar o evitar con todo mi empeño? La emoción puede coincidir o
no. Ahonda en ello.

Una vez que hayas identificado tu mayor dificultad, conecta
con tu cuerpo, con lo que estás sintiendo mientras lees estas palabras y haces estos ejercicios de exploración, y pregúntate ¿por
qué? ¿Qué me pasa cuando siento esa emoción? ¿Por qué me
irrita (por ejemplo cuando viene mi hijo con voz de quejido)? ¿O
por qué me molesta que mi (marido/mujer) no esté de buen humor o se ponga triste? ¿De qué tengo miedo? ¿Adónde me lleva
esa sensación corporal? ¿A qué recuerdos?

Y sigue explorando. ¿Escondes tus emociones? ¿Hablas de
ellas o te cuesta hacerlo? ¿Comentáis con tu pareja lo que os
pasa, lo que sentís? ¿O solo habla uno? ¿Te gustaría hablar

más, pero no sabes poner palabras a lo que sientes? ¿Con quién te resulta más fácil hablar de emociones?

Las respuestas a estas preguntas serán, seguro, muy reveladoras e interesantes y te pueden ayudar a atar cabos. Será importante que pongas la luz de alarma en esas que más incomodidad te producen y estés, desde este momento, muy atento/a a tu día a día para observarte y darte cuenta de qué haces con tus emociones y cómo acompañas a los demás con las suyas. Por ejemplo: si empiezas a sentirte con ansiedad, para un momento, respira esto que sientes e intenta descifrar desde qué momento te has empezado a sentir así, qué ha pasado, qué emoción ha activado esta respiración más torácica y rápida, etc.

Te aseguro que si te comprometes con este trabajo emocional, la que eres, el que eres y la/el que serás a medida que vayas avanzando tendrán poco que ver. Crecerás, y no poco. Te conocerás más, y no poco. Así que te animo a que te comprometas contigo misma/o y te sumerjas en este trabajo personal.

Y CUANDO LAS SIENTA, ¿QUÉ HAGO?

El primer paso será darte cuenta de qué es lo que sientes y notarlo en tu cuerpo, con su fuerza, con su energía. El segundo viene después y es el «ok, y ahora, ¿qué hago?» Ahí es cuando puede que te asustes, a mí me ha pasado alguna vez. Como lo que sientes es muy desagradable (normalmente no tendrás estas disquisiciones con emociones agradables como la felicidad o la alegría y te permitirás sentirlas sin reparo alguno) quieres dejar de sentirlo rápidamente.

En realidad eso es también lo que nos enseñaron en la familia y lo que se transmite socialmente. Esconde lo que sientes y muestra otra emoción más agradable rápidamente, para que la energía de tu emoción desagradable no conecte conmigo y no me incomode. A cada uno le habrán acompañado o no acompañado emocionalmente de una forma determinada.

Hay gente que cuando su hija o hijo se enfada le ofrece comida para que enseguida cambie de emoción, o le ofrece algo que le gusta mucho, o le promete cosas para que se ilusione y deje de estar enfadado. En todos los casos buscamos que cuanto antes deje de sentir eso. Otros gritan para que el niño pare, de modo que a través del miedo persiguen lo mismo: que rápidamente podamos volver todos a la calma. Lo que olvidamos es que reprimir no es sinónimo de desaparecer. Reprimimos la emoción y quizá conseguimos que pare la expresión de esta, pero eso no significa que la emoción se haya desvanecido.

A nivel personal también tenemos nuestras propias estrategias. Algunos corren a llamar a alguien para soltar cómo se sienten y no tener que sentir más eso: hablar les ayuda a distraerse y a pasar rápidamente de la ansiedad de sentir esa emoción, a sentir algo más agradable. Otros comen compulsivamente, o beben, o se evaden con juegos o series de televisión. Otros corren a hacer deporte como si no hubiera un mañana. Otros caen en adicciones. Sea como sea, todos tenemos nuestros métodos para intentar no sufrir, pero olvidamos que las emociones, por mucho que las espantes, seguirán ahí, o volverán insistentemente hasta que no pares y las atiendas como es debido.

Así que no nos libramos tan fácilmente de ellas. Bueno, no nos libramos en absoluto, y lo que conseguimos, eso sí, es alargar un poco más la agonía. Seguir en nuestra burbuja de «todo está bien» sin avanzar mucho y siguiendo el mismo patrón de comportamiento de evasión de la emoción como ya vimos hacer a nuestros padres, por ejemplo. ¡De eso sí que hay información en nuestro «archivo» personal!

Puede que ahora ya estés un poco ansiosa/o en plan: «¿pues qué demonios se supone que tengo que hacer?» Y la respuesta es tan tremendamente simple que quizá pienses que te estoy tomando el pelo, y no. Lo que hay que hacer es permitirnos sentir. Sentir profundamente esa emoción, dándole espacio en nuestro interior, como un «permiso» para manifestarse ahora y aquí. ¿Qué, frustrada/o con lo que te acabo de decir? Yo sí que me frustré. Un día que sentía mucho malestar interno acudí a mi madre buscando ayuda. Bueno, más que ayuda, con la exigencia de niña pequeña de «quítame eso tan desagradable que tengo dentro ahora mismo». Obviamente no dije nada de eso, pero mi expectativa era que me dijera qué hacer para dejar de estar tan mal.

Llorando le dije: «¿y qué hago con esta tristeza tan grande que siento dentro?», y me respondió: «sentirla». ¿Perdona? ¿Cómo que sentirla? ¡Yo quería que me la quitara de un plumazo, no que me hiciera sentirla! ¿No había escuchado que ya estaba siendo desagradable sin ni siquiera sumergirme en ella? Pues resulta que lo que tenía que hacer era sentirla. Yo pensé: «jolín, pero si justamente es porque la siento que estoy así de mal». Pero en realidad no la estaba sintiendo de verdad. Porque había resistencia y un deseo de dejar de sentirla. Había la expectativa de poder hacer algo para alejarla mucho de mí. No quería llorar más, ni seguir sintiéndome triste y quería que ese momento horrible se fuera para siempre. No estaba sintiendo en realidad, lo que pasa es que la emoción me atrapó y esa vez no pude escaparme, era demasiado gorda.

Así que no me quedó otra. Tuve que rendirme a lo que era· estaba muy triste y necesitaba sentir eso profundamente. Como quien está triste y dice «vamos allá» y empieza a ponerse listas de canciones tristes para llorarlo todo y poder quedarse liviano y liberarse de una vez.

Estaba tan triste que no tenía fuerzas para seguir escapando y, claro, cuando te abandonas a lo que es sabes cómo entras y por qué, pero como nunca has transitado las emociones consciente y profundamente, la tristeza que salió fue épica. Creo recordar que estuve tres días llorando sin apenas parar. Abría los ojos por la mañana y en cuanto podía recordar, lloraba. Y me dormía por la noche hecha un mar de lágrimas.

Creo que me salió tristeza del Pleistoceno. Lloré más lágrimas de las que creía posible y, poco a poco, mientras me permitía sentir, iba liberándome cada vez más y podían entrar otras sensaciones. Mientras, mi madre se mantenía cercana, disponible y dispuesta a escuchar y a acompañarme, permitiéndome sentir y ser lo que era en ese momento, una mujer perdida en una nueva forma de sentir y de afrontar las cosas. Me sentí validada en su no necesidad de cambiar mi estado de ánimo. Ella podía mantenerse neutra o, por lo menos, mostrarse libre de preocupación por mi tristeza. Podía permitir que se manifestara y fuera.

Viendo cómo ella me permitía ser en ese estado que yo consideraba lamentable, yo me iba aceptando también así, triste y hecha polvo. Porque eso es lo que pasa realmente: lo que duele más no es que los demás no acepten nuestras emociones, sino que no nos aceptamos a nosotros mismos sintiéndolas. Y estar en negación con nosotros mismos duele infinito. Así que, poco a poco, lágrima a lágrima, pude ir vaciando mi mochila de tristezas acumuladas y empecé no solo a conocerme más, sino a darme cuenta de que podía hacerlo, que podía gestionarlo de otra forma y que, luego, además, me sentía un poco mejor.

Cuando terminaron esos días y fui capaz de ir cambiando el tono y el color de mi tristeza, tuve la sensación de que, de alguna forma, había cambiado de piel. Como las serpientes, que cuando ya no les sirve la vieja, la sueltan. Yo había soltado mis propias resistencias a sentir y me había dado cuenta (esto era la mejor parte) de que no había pasado nada malo. Por lo tanto, que podía sentir sin nada que temer. Es más, que sintiendo y aceptándome también así, comprendiéndome, validándome y queriéndome en todas mis caras y sombras, me sentía mejor: más fuerte, más madura, más consciente y adulta. Me hacía sentir bien.

Era como haberme liberado. Si sentir no daba miedo, ya no tenía que huir de mí misma, ¡Dios, qué descubrimiento! ¡Si lo hubiera experimentado antes, otro gallo cantaría! Pero es lo que es y las cosas y aprendizajes llegan cuando llegan.

Deseo que mi experiencia personal sobre cómo transitar las emociones a través de este ejemplo con la tristeza te haya aclarado un poco más qué hacer cuando emane alguna emoción en ti. Pero hay más que podemos hacer que nos va a ayudar a comprender mejor.

Cuando una emoción nos incomode, debemos parar un momento para tomar consciencia de eso que está pasando en nosotros. El cuerpo nos ayudará mucho a ese «darnos cuenta», así que conectemos con él a través de la respiración consciente. Paremos, respiremos y aceptemos esa emoción. Luego, intentemos recordar y darnos cuenta de qué pensamiento la ha activado. ¿Qué ha pasado para que apareciera esa emoción? ¿Alguien ha dicho algo? Si es así, ¿con qué pensamiento nos ha conectado eso? Por ejemplo, quizá alguien me ha comentado: «uy, tu hija tiene unas rabietas muy fuertes, ¿no? ¿Eso es normal?» Ese comentario me ha conectado con el pensamiento «quizá lo que hace no debería hacerlo» y automáticamente me he sentido frustrada, preocupada, triste e impotente. Observa siempre qué pensamientos acuden a tu mente procurando no engancharte a ellos. Otro ejemplo:

Tu pareja llega tarde a casa y antes de saber qué ha pasado ya te sientes indignada/o (estás sintiendo rabia). Si observas tu mente descubres que es porque has pensado cosas como «ya le vale, no le importo, yo todo el día sola en casa con el bebé y él va y llega tarde». Es ese pensamiento el que ha activado la emoción de no ser tenida en cuenta. Darte cuenta de qué cosas te dice tu mente te ayudará a tomar consciencia de por qué sientes lo que sientes y, más importante aún, si lo que sientes tiene que ver con el aquí y ahora o no. Puede ser perfectamente que tenga que ver con algo que ya hemos sentido recurrentemente en nuestra vida: que no éramos suficiente para el otro, que no éramos tenidos en cuenta, y cada vez que en el ahora y aquí pasa algo que nos lo recuerda, se activa el mismo pensamiento con la misma emoción.

Podemos ir más allá tirando un poco más del hilo, preguntándonos de qué creencia parte ese pensamiento que acabamos de tener y qué nos ha activado de forma inconsciente, y reflexionando sobre si esa creencia sigue siendo válida o no para nosotros. Imaginemos que mi hijo está en plena rabieta y yo conecto también con mi rabia y me enfado muchísimo. Paro un momento, escucho mi sentir e intento averiguar qué cosas me está contando la mente. Observo y resulta que mi mente me está diciendo «ya le vale, a ver si tendrá razón mi padre cuando dice que me toma el pelo. Yo es que no puedo más con este niño que se pone así cada vez que se enfada». Ahora, si quiero tirar más del hilo, tendré que ir a la creencia de la que parten esos pensamientos. En el primero, es muy probable que yo tenga la creencia de que los niños toman el pelo a sus padres. En el segundo, la creencia es que cada vez que se enfada, mi hijo no *debería* ponerse así, que ya *debería* tener herramientas y otra forma de decirme las cosas que siente.

Llegados a este punto, tengo que cuestionarme estas creencias. ¿Me resultan válidas ahora y aquí? ¿Realmente los niños y niñas toman el pelo a sus padres? ¿Mi hijo realmente me estaba tomando el pelo? ¿Mi hijo ya no *debería* expresarse con rabietas? ¿Es cierto eso? Me daré cuenta, muy probablemente, de que cuando observo mis creencias ya no me resultan válidas, porque son creencias muy extendidas, pero quizá para mí ya son obsoletas. Aunque las tengo integradas como propias, al analizarlas descubro que no me resultan verdaderas. Ni pienso que los niños tomen el pelo a sus padres cuando están en plena rabieta ni tampoco creo que cuando están así deberían ya saber contarlo de otra forma. Justamente si lo hacen así es porque les falta lenguaje, autoconocimiento, herramientas y recursos. Porque son pequeños.

Cuando puedo desmontar el follón desde el que ha partido la rabia, puedo dejar mi ego a un lado y conectar profundamente con lo que de verdad está pasando. Puedo aceptar mi emoción, respirarla y transitarla, sabiendo de dónde ha nacido, acompañándomela con compasión, pero sin engancharme a ella. Puedo ver más allá del comportamiento de mi hijo o hija y conectar profundamente con lo que está debajo, la raíz verdadera de lo que le pasa. Cuando dejo mi ego a un lado, puedo ver la esencia de mi hijo y de la necesidad que me está expresando para saber, de este modo, cómo actuar desde un lugar consciente, conectado y amoroso.

Quizá todo esto ahora te parece extremadamente raro y difícil de hacer. Puede ser. Pero empieza simplemente por poner el foco en ti, observar tus emociones y ver de dónde vienen y qué las ha activado. Luego, cuestiónate y ve hacia donde te lleva tu intuición. Cuanto más practiques, más fácil y rápido será este proceso, que a veces te llevará solo décimas de segundo.

CUANDO SIENTAS

Date permiso para sentir...

Recuerda que la emoción tiene una misión: te trae algo que tienes que atender, presta atención y recibe la información con gratitud y apertura.

Si tiene miedo recuerda que también es válido y legítimo que, ante algo nuevo y desconocido, tu mente reaccione intentando protegerse. Respira ese miedo y permítete atravesar cada instante con cada emoción que aparezca y resuene. Conectar con el ahora y aquí te ayudará a transitar el miedo.

No hay nada que temer a la hora de permitirte sentir, confía. Sientes porque estás viva/o. Desde la resistencia, se hará más amargo y esa emoción volverá las veces que necesite hasta que le des tu permiso y la atiendas, así que ¿por qué esperar tanto?

La respiración es el mástil donde agarrarte en caso de que aparezca miedo a sentir lo que tu cuerpo evoca. Cierra los ojos y respira profunda y lentamente, te ayudará a recuperar la calma y, desde ahí, conectar con tu parte más sabia y con la confianza de que todo es perfecto tal y como es, y que puedes sentir, no hay nada que temer...

Permítete sentir sin juzgar las emociones que habiten en ti. Si consigues aceptar plenamente lo que sientes, también podrás aceptar plenamente lo que sienta tu hijo o hija.

Cuanto más practiques esto, menos te costará dar el espacio emocional que tu hijo necesite (como hizo mi madre con mi tristeza) y permitirle ser en sus sombras y en sus luces, mostrándote disponible, dispuesta/o, amorosa/o, consciente y neutra/o, sin juicios de valor sobre cómo se manifiesta.

Si te permites sentir desde la conociencia y el continuo aprendizaje, estarás dando un valiosísimo ejemplo a tu hijo o hija, desde un lenguaje no verbal, sino energético. Le estarás diciendo de alguna forma: respétate, lo que sientes es importante, atiéndete porque tú eres importante.

Si puedes, tira del hilo y observa si hay algún pensamiento que ha activado esa emoción y, si lo encuentras, date cuenta de en qué creencia se basa ese pensamiento. Luego cuestiónalos. ¿Son válidos para ti? ¿Resuenan? Si no, suéltalos y toma consciencia de esta cambio en ti.

Pasar de evitar las emociones a sentirlas plenamente, permitiéndonos vivirlas y transitarlas, es un proceso que necesita tiempo. Procura no impacientarte y valorar cada pequeño paso adelante como un logro. Valora tu recorrido hecho, porque te motivará a seguir adelante.

CAPÍTULO 6

LO MÁS IMPORTANTE PARA ACOMPAÑAR UNA RABIETA

Entramos ya en materia, lo que seguramente estabas esperando durante todo el libro: el «¿y qué hago?» Antes de entrar en ello, sin embargo, deja que te recuerde que no tengo ninguna varita mágica. Me gustaría ser Campanilla o Mary Poppins y tener la respuesta adecuada en el momento preciso, esa frase que, si la dices, pasáis de la crisis a la armonía. Pero lo siento, eso no puedo dártelo porque no lo tengo. Ni yo ni nadie. Como ya has ido viendo, la crianza consciente implica trabajo, autoexploración, compromiso, autocrecimiento, práctica (mucha), y seguir caminando y abriendo traza. ¿Crees que en esta realidad encajan frases mágicas? No, por supuesto, porque las frases mágicas forman parte de ese mundo fantasioso que hemos dejado atrás en el capítulo 5. Cuando lo del enésimo jarrón de agua fría, ¿remember? :)

Así que lo que te voy a contar no es una frase mágica, pero sí lo que creo que es más importante para acompañar una rabieta, y si extrapolamos, cualquier otra emoción: ante la emoción de tu hijo o hija, mantente en una posición de neutralidad. Conseguir no ser reactivos ante sus emociones es clave. Procura no activarte emocional e inconscientemente, observando la emoción en él y manteniendo a raya lo que se remueva en ti, pero sin verterlo en nadie añadiendo más dolor, o mezclando tus emociones con las suyas.

Hay quien cree que mantener esa posición neutra es estar distante del otro, no empatizar o pasar de él, y nada más lejos que eso. Cuando empatizamos, nos ponemos en los zapatos de la otra persona y sentimos su emoción, comprendiéndola y acompañándola. Podemos empatizar sin removernos con lo que siente el otro; comprender y conectar desde un lugar de no juicio y neutralidad, justamente, porque hay comprensión y consciencia de lo que ocurre y necesita el otro. Existe la comprensión de que está en su camino de vivir y sentir distintas emociones, aprendiendo a transitarlas, y que ese camino es suyo y debe recorrerlo.

* * *

Con ejemplos lo veremos más claro. Imaginemos una rabieta en casa: mi hija se enfada muchísimo porque está cansada, tenía ganas de ver dibujos y le he dicho que no. Lía el gran pollo en el comedor como si no hubiera un mañana. Grita posesa y me mira como si me odiara. Llegados a este punto, una respuesta asertiva y consciente sería comprender que está cansada y que la frustración que le ha provocado no poder mirar dibujos ha hecho que su malestar por cansancio (necesidad básica no satisfecha) estallara por los aires. Lo comprendo y conecto con su sentir. Pero me mantengo neutra, sin juzgarla, sin removerme ni querer que pare, sin intentar distraerla de lo que siente. No me lo tomo como algo personal y la acompaño y ayudo a salir de ahí para poder darle lo que necesita: descanso.

Me mantengo también con un doble foco puesto: uno en ella y en lo que necesita, y otro muy atento en mí, para observar cómo me siento, si algo se destapa en mí, si aparece alguna emoción o si mi volcán empieza a activarse. Este foco en mí me mantendrá alerta para adueñarme de las sensaciones que aparezcan y, así, no terminar teniendo una reacción inconsciente que provoque más dolor en ambas. Con este doble foco, me mantendré conectada a ella y a mí. Procurando siempre estar presente en el aquí y ahora y desde la adulta que soy, con perspectiva de lo que está sucediendo y una aceptación profunda de lo que es.

Observo si hay resistencia en el momento presente (si no quiero que ocurra lo que justamente está sucediendo) y, si la noto, respiro y suelto el control. Me repito «es lo que es. Conecta». Permito que este momento se desarrolle y manifieste de esta manera, atenta y con el foco puesto en conectar con mi hija y en ayudarla si lo necesita, ya sea marcando un límite claro, hablando si siento que es necesario decir algo o abrazándola cuando ella lo necesite y acepte.

No me remuevo, no entro en modo «miedo» con pensamientos en bucle tipo «si hace esto ahora, qué no hará a los quince años». Intento mantener mi ego bajo control y con él, también a la niña que fui, que quizá no fue atendida de la misma forma cuando tenía rabietas. Para poder mantenerme en un estado de neutralidad es imprescindible no tomarme lo que sucede en esta rabieta, o lo que hace, o lo que dice, como algo personal. En el mismo momento que me lo tomo como algo personal, mi ego entra en juego y se apodera de esta situación. Me sentiré dolida, frustrada y me separaré emocionalmente de mi hija. Y en la separación emocional, no puedo conectar, y si no puedo conectar, ¿cómo voy a ayudarla?

Lo opuesto a esta forma de acompañar la rabieta de mi hija en este mismo ejemplo sería lo que pasa tan a menudo: siento resistencia a que ahora mismo monte este pollo. No quiero que estalle ahora. Quizá estoy cansada, o estresada, o tengo prisa, o cero ganas de gestionar nada ahora mismo. Desde la resistencia, me desconecto. Mi ego entra en juego, coge las riendas y ya estoy activada emocionalmente. Mi emoción de rabia también, o quizá de pereza, frustración, o todo a la vez, se mezcla con la suya. No soy capaz de adueñarme de lo que siento y no verterlo en ella, no responsabilizarla. Entonces digo cosas que no quiero y hago cosas que no quiero hacer. Sé la teoría, pero en la práctica se pierden todas las buenas intenciones y me siento navegar a la deriva: ella en su barco llorando a grito pelado y yo en el mío pensando «¿y quién demonios nos va a rescatar?», conectando con la niña pequeña que fui y sintiéndome vulnerable, incapaz, impotente, frustrada y mala madre porque no soy capaz de sostener ese momento desde un lugar de serenidad y aceptación de lo que es.

Cuando esto pasa, todo empeora. Gráficamente equivaldría a que, en su rabieta, ella ha roto un plato, pero al añadir yo la mía, he entrado en el comedor y he roto la vajilla entera. Por un solo plato. El camino entre la teoría que tenemos en nuestra mente, todo lo que hemos leído o aprendido y nuestro corazón, desde donde tenemos que aplicar la nueva práctica, puede ser un camino largo, que no aparecerá de la noche a la mañana. Pero es posible hacerlo y te animo a tener clara esta conexión y a practicar, practicar y seguir practicando.

Practicar ese espacio de permitir que lo que es sea. Permitirte esa neutralidad: conectando con tu hijo, pero sin mezclar tus emociones en él. Con ese doble foco, consciente y adulto, para no volver a perder el norte. Teniendo controlado tu ego y la niña pequeña que fuiste. Puedes hacerlo, te lo aseguro. Requerirá consciencia y práctica activa un día y otro. Y, poco a poco, verás cambios; hasta que un día te saldrá solo.

Habrá también momentos que sentirás que has dado un paso atrás, días de «oh, Dios mío, la he cagado como hacía antes. Me ha vuelto a pasar». Es normal, somos humanos, qué le vamos a hacer, no somos perfectos ni hay que serlo. El cambio no es lineal, no se trata de trazar una línea ascendente y recta, porque el crecimiento personal tiene altibajos, recovecos y muchas curvas y pasos hacia atrás. Es así, hay que aceptarlo. Pero, poco a poco, los baches serán menos frecuentes e intensos. Cuando esto pase, trátate bien, sé compasiva y amorosa contigo misma. No lo has hecho a propósito y estás en el camino de poner más y más consciencia a tu maternidad. Poco a poco, con cariño, valentía, compromiso y camino claro. Hay que seguir abriendo traza, no desfallezcas. ;)

Para poder actuar desde un lugar de neutralidad respecto de las emociones de nuestros hijos sin engancharnos a ellas, tendremos que observar qué nivel de juicios tenemos en nuestra mente y en nuestro día a día. Es decir, ¿criticamos mucho? ¿Juzgamos mucho a los demás? ¿Ponemos atributos y etiquetas a todo? ¿Bueno, malo, etc.? Porque si nos damos cuenta de que tenemos cierta tendencia a juzgarlo todo, tendremos que poner consciencia y empezar a observar la realidad con otras gafas, menos enjuiciadoras, más compasivas, más amorosas. Interesante también que nos demos cuenta de qué nivel de juicio hacia nosotros mismos tenemos, porque es posible que nos estemos criticando, boicoteando o machacando a menudo. Si nos juzgamos, nos será muy difícil no juzgar a los demás, y en concreto, a nuestros hijos e hijas. Con consciencia, intentemos cambiar los juicios por mirada compasiva: todos hacemos lo que podemos según el nivel de consciencia en el que estemos.

Requerirá práctica, tiempo y una desintoxicación de tantos juicios y de esa inercia de años. Poco a poco, sin prisa pero sin pausa, moviéndonos hacia otra mirada más consciente, más amorosa hacia nosotros mismos y los demás y con mucha más compasión que hasta ahora.

EXPLORA...

Llega el momento de mirar hacia dentro. Respira profunda y conscientemente. ¿Qué sientes ahora? Después de leer sobre neutralidad, sobre acompañamiento emocional, sobre juicios, ¿qué se ha removido en ti? Respíralo, dale espacio para manifestarse, para que salga eso que tiene que ser atendido. Procura no juzgar eso que sientas, no entres en el si deberías o no sentir eso o lo otro. Todo es perfecto tal y como es, confía en este momento presente.

Cuando tu hijo o hija entra en rabieta, ¿eres capaz de adueñarte de lo que sientes? ¿Se activa tu volcán y pierdes el control? ¿Sientes que puedes acompañar desde el permitirle ser también así y mostrarse así? Recuerda el último conflicto que habéis tenido, ¿qué miedos se despertaron? ¿Qué crees que te hizo perder tu lugar adulto?

Ponle consciencia, cuida estos espacios de introspección porque te dan pistas, y las piezas del puzle empezarán a encajar. Respira lo que venga, hazle espacio para comprender y, desde la neutralidad, también acógete en este momento presente, con lo que es y con como estás ahora y aquí. Sin juzgarte ni machacarte. Tu sentir es legítimo, permite que sea.

PERMITIR QUE LO QUE ES SEA

Qué bonito queda, así, escrito, ¿verdad?: permitir que lo que es sea. Un niño o una niña, si supiera qué significa esta frase nos diría: «pues claro, ¿cómo no vas a permitir lo que ya es?», porque ellos lo hacen todo el rato, estar plenamente presentes en su ahora y aquí, permitiendo que se manifieste lo que es.

No lo juzgan, no están pensando si las cosas deberían ser de otra forma. Fíjate en un bebé, por ejemplo: es el fluir por excelencia en el presente y desde la atención plena. Lo que digo: gurús en casa. Los adultos no, siempre estamos en el cómo deberían ser las cosas, no en aceptar cómo son. Tenemos otra vez nuestra película en la cabeza y queremos que fantasía y realidad coincidan tal y como estaban planteadas en nuestro guion interno, lleno de condicionantes. También a menudo queremos que los demás piensen como nosotros o actúen como lo haríamos nosotros y nos sorprende que nuestro hijo o nuestra hija tenga formas de comportarse o de ser que no cuadran con nosotros.

Nos cuesta permitir que las cosas y las personas sean tal y como son. A menudo, aunque se parezcan a como queríamos que fueran, le seguimos buscando los tres pies al gato porque no acaba de ser exactamente como lo que nuestra mente nos dice que tendría que ser.

A un nivel más profundo, incluso nos cuesta permitir que nuestros hijos e hijas sean lo que son. Queremos que sean los niños que también habíamos proyectado e imaginado. La niña ficticia que tenía en mi cabeza antes de tener una hija. O el niño perfecto que imaginé antes incluso de estar embarazada. Queremos que tengan otro ritmo, o que sepan ya cosas que todavía no saben, o que se comporten como aún no pueden. Nos cuesta aceptar su ser más esencial y profundo tal y como se manifiesta en cada momento. Creemos que deberían ser así o asá y para siempre. No les permitimos ser seres espirituales en cuerpos humanos que evolucionan y cambian a cada instante. Pero es normal, supongo: ¿Cómo les vamos a aceptar profundamente si no lo hemos conseguido hacer con nosotros mismos?

«Debería ser mejor madre, o tener menos barriga, o ser más así o más asá.» Cualquier cosa menos como somos, como si no debiéramos ser quienes somos, como si nosotras/os supiéramos más sobre cómo deben ser las cosas que el mismísimo universo. Bueno, un poco egocéntricos sí que somos los adultos, ¿verdad? ;)

Pero en realidad, somos tal y como debemos ser en cada momento. No nos falta nada ni tampoco nos sobra nada. Somos tal y como necesitamos ser ahora y aquí según nuestro camino y nivel de consciencia. Conectar de verdad con esa realidad puede resultar difícil si nunca nadie te ha dicho esto o si tú nunca has sentido que eres válido/a tal y como eres. Y supongo que ya intuyes de dónde viene eso. Sí, de lo que decíamos antes, de esa sensación tan latente en la infancia de que no éramos suficientes o correctos, o que nos faltaba algo porque no acabábamos de hacer felices a nuestros padres. Porque sus emociones se mezclaban con las nuestras hasta el punto de que al final nos sentíamos responsables de lo que sentían ellos: de sus enfados o insatisfacciones vitales. Nosotros en más de una ocasión hacemos lo mismo con nuestros hijos e hijas, no es terreno solo de nuestros padres, sino terreno común. Ojalá cada día lo sea menos, pero creo que muchos nos vemos todavía ahí, por lo menos de vez en cuando.

Llegamos a la edad adulta y perpetuamos esa forma de pensar, esas creencias de que lo que es no debería ser así, que falta algo, que le sobra algo, que no es perfecto tal y como es porque no encaja con la creencia que yo tenía en mi mente del cómo tendrían que ser las cosas.

Yo comprendí profundamente el significado de la aceptación cuando me di cuenta de que aceptar lo que era aquí y ahora no significaba que tuviera que estar a gusto o contenta con lo que acontecía. Aceptarlo no significaba que tuviera que gustarme, simplemente que podía ver la realidad del momento presente y abandonarme a lo que era, aunque prefiriera que fuera de otra forma. Como si estuviera viéndolo desde la distancia, con cierta perspectiva, sin engancharme a lo que mi mente quería o dejaba de querer. Me rendía a lo que era y veía los trucos de mi mente para no fluir en lo que era: mi mente siempre tenía un mejor plan y sabía mejor cómo deberían ser las cosas.

Cuando me di cuenta de que mi mente tenía miedo de perder el control si yo me abandonaba al fluir del presente, la pillé y sonreí. «Vale, ya sé por dónde vas. Tú siempre maquinando algo distinto de lo que es. Bueno, tú sigue si quieres, ya te he pillado. Pero en esencia me seguiré rindiendo a lo que es.»

Hacer el cambio de chip por lo que a la aceptación respecta cuesta. Desde hacía muchos años ya andaba yo con el tema de la aceptación. Ha llovido mucho y he cambiado mucho, pero ya estaba practicando, con cada rabieta, la aceptación de lo que sucedía delante de mis narices. Un día, necesité escribir esto:

El salón es un campo de minas, con cuentos, juguetes, muñecas y ceras de colores esparcidas por todas partes. Es hora de recoger; ya se ha terminado el juego, es hora de ponernos en marcha, ducharnos e irse a una calçotada típica catalana. Ella está contenta, es domingo y estamos todos en casa. Comentas que hay que recogerlo todo antes de salir y ya frunce el ceño; dice que las muñecas duermen y que no puedes molestarlas.

Le explicas que te sabe mal, que entiendes que las ha acostado, pero que ahora mismo hay tanto follón en el suelo que ya no se puede caminar por el salón sin pisar algún juguete suyo. Te dice que no, que lo tiene que dejar todo tal como está. Insistes en que puede usar su habitación como campo de minas, pero no el salón, un espacio común.

Hace rato que sabes que esto acabará mal, que llorará y de lo lindo. Respiras hondo y pasa lo que temías. Llora, se enfada y chilla. Estalla. Es el escenario de esta mañana en casa. Cuando un episodio de estos explota, hace días que lo he entendido, cuanto menos apegada esté a la emoción que descarga nuestra hija, más rápido y mejor pasa todo. Cuanto más me irrito y me dejo llevar por las ganas de que pare de gritar y llorar, más se alarga.

Hace unos días que los episodios han sido mucho más frecuentes que de costumbre y confieso que no lo he llevado nada bien. Es agotador cuando a ratos todo acaba siendo un motivo de conflicto por más que intentes esquivarlos.

Hoy me he dado cuenta de que quizá era yo, que no permitía que se enfadara y que justamente eso provocaba más su enojo.

Intentaba evitarlo, por pereza, por ganas de que el día fuera fluido y fácil, por agotamiento, porque ver su rabia me conecta a la mía y no me apetece, porque a veces tengo miedo de no gestionar estas situaciones lo bastante bien.

Hoy ha sido distinto. He visto que estaba a punto de enfadarse y por dentro me he dicho: «de acuerdo. Te permito que te enfades».

Ha habido un momento en que me he notado el malestar que me generaba esa situación, pero en un punto he repetido mentalmente «Te permito, te permito enfadarte» y he empezado a aflojarme y a dedicarme simplemente a estar tranquila permitiendo que se enfadara.

Porque ella tiene todo el derecho a enfadarse, si quiere o lo siente así. Me he dado cuenta de que mi amor por ella no está condicionado a que se cabree más o menos, y he querido así transmitírselo.

No con palabras, sino con la actitud. Ha llorado y ha descargado toda la rabia, pero sin mi energía de «¡basta! ¡Basta ya!», sino de «de acuerdo, entiendo que te enfades y te acompaño, aquí al lado, hasta que quieras que te abrace».

Y así ha sido. Al cabo de unos minutos se me ha acercado, todavía gritando fuerte y ha permitido mi abrazo. El amor nos ha acercado y la rabia y el chillido han desaparecido. Ha quedado el sollozo, mientras notaba cómo su cuerpo también se aflojaba en mi regazo, dentro aún de mi abrazo. Al cabo de un momento me ha dicho: «mamá, ¿quieres que te enjabone el pelo cuando te duches?» «Me encantará que lo hagas.» Fin del episodio.

En cuestión de un segundo ella ya reía y me contaba no sé cuántas cosas. Yo, en cambio, llevo todo el día pensando en lo que ha pasado, en el cómo lo he gestionado hoy, en cómo lo tengo que gestionar en el futuro y, sobre todo, me he preguntado si yo me he permitido nunca enfadarme, sin culparme, sin sentirme mal.

Quizá esto que hacen ellos con tanta facilidad cuando lo sienten es mucho más sano que lo que hacemos muchos adultos por «no molestar», o por «gustar», o por «caer bien» o porque no piensen «que eres así o asá». Y nos vamos tragando la rabia una y otra vez, sin llorar, sin gritar nunca, con la sensación siempre de que enfadarse es «malo», reprimiendo una emoción igual de legítima y válida como la alegría o la tristeza. ¡Qué mal visto que está enfadarse! ¡Aunque seas un niño y te dure cinco minutos!

Porque siempre llegamos al mismo punto: ¿Y si me enfado y entonces dejan de quererme? Quizá permitir que se enfaden, acompañarlos por mucho que nos cueste, por mucho que nos remueva, quizá haga que integren plenamente que nuestro amor no depende de la emoción que sienten en cada momento, sino que es realmente incondicional porque amamos su esencia más allá de si lo que expresan es alegría, rabia, felicidad o tristeza.

Quién sabe si cuando ellos sean padres y madres podrán acompañar un poco más fácilmente que nosotros a sus hijos e hijas cuando tengan los mismos momentos de desesperación y de pérdida de papeles que tienen los nuestros.

EXPLORA...

Paremos un momento para explorar y, para hacerlo, conectemos con el cuerpo. Siente ahora tu respiración y hazla consciente. Observa cómo el aire entra y sale de tu cuerpo, cómo hincha tus pulmones y cómo sale después. Ve relajando cada parte que notes que tiene tensión acumulada. Ahora, escucha qué siente tu cuerpo, qué se ha movido en él. ¿Qué dice o evoca la palabra aceptación en ti? ¿Te cuesta aceptar lo que es? ¿Sientes que a veces tienes una actitud de resistencia no solo con tus hijos sino en otras áreas y con otras personas de tu vida? Tomar consciencia de eso y ver si puedes fluir más en cada situación, mediante la entrada al momento presente, te ayudará.

Fluir en el ahora y aquí constante... ¿puedes hacerlo? Si la respuesta es no, ¿qué crees que te impide hacerlo? ¿Qué ejemplos has tenido cerca de fluir en el presente? ¿Es algo con lo que te sientes familiarizada? ¿O te suena a chino lo que te cuento?

Respira conscientemente y de forma profunda... escucha tu interior. Te animo a que, después de leer este párrafo, cierres los ojos y te imagines un río. Imagina un río moverse lentamente. Visualiza el agua fluyendo. Luego imagínate que eres parte de ese río, que es la vida, y nota la sensación de fluir en ella, fluir en esta vida que todo lo abarca y que tiene un plan para ti, aunque tú no puedas verlo. Observa si hay resistencia a dejarte llevar por esta vida que te va trayendo personas, situaciones, obstáculos, vivencias, para que cada vez crezcas, evoluciones y te vayas transformando en quien has venido a ser. Conviértete en río y fluye desde el gozo de sentirte sostenida por la vida.

HA ESTALLADO EL «BIG CHICKEN». ¿QUÉ COCREAS?

Ahora tienes la oportunidad de poner en práctica todo lo hablado. Ahora se te abre un portal para conectar contigo misma y con tu hijo o hija y, si lo ves como lo que es (un momento del que puedes aprender un montón, crecer y evolucionar con tu hijo o hija), sin duda lo vivirás mucho mejor.

Llega la hora de la verdad, la hora de pasar de la teoría a la práctica. Muchas veces, después de dar una conferencia sobre rabietas, los padres me dicen al finalizar: «Ay, ya tengo ganas de que tenga la siguiente para poder practicar todo lo que nos has contado y hacerlo cada día un poco mejor». Bueno, pues esa es la actitud. De aprendizaje, de oportunidad, de obtener crecimiento de cada momento que vivimos con nuestros peques.

Te puede parecer trivial, pero aquí lo más importante es el cambio de mirada: pasar del «qué pereza, otra rabieta», a «otra rabieta: necesita conexión, y es una oportunidad para los dos de crecer». En estas tres líneas está, comprimido, el quid de la cuestión. Porque del modo en que te aproximes a esa rabieta, la energía que tú emanes a la hora de acompañarle, marcará la diferencia.

Desde el momento en que interactuamos con alguien, estamos siendo partícipes de la energía que se crea entre los dos. Todos somos parte, porque aportamos nuestra energía, nuestra visión, nuestra mirada, nuestras creencias, nuestras palabras o nuestros gestos. Por lo tanto, es vital que comprendas que eres parte de esa rabieta. Es decir: tú vas a cocrear lo que acontezca y, en parte, has cocreado también este momento presente si es que estás en él.

Si hay algo que, a mi modo de ver, se cumple a la perfección en esta vida es la ley de la causa-efecto. Todo es efecto de alguna causa, todo está interrelacionado y provoca un continuo causa-efecto entre multitud de variables y de sucesos que se conectan. Según esto entonces, todos participamos de nuestro presente. La energía con que vivimos ese presente ya está participando de crear este ahora y aquí de una forma determinada. Si, además, estamos con otras personas, cada una de ellas aporta su granito de arena a la hora de hacer de este ahora y aquí el que es. Tú me estás leyendo con una energía determinada ahora mismo y tu energía, más la energía que yo vierto en cada palabra que ahora tú lees, crea una energía. Fíjate un momento desde qué energía me estás leyendo. Qué momento de lectura estás cocreando. ¿Estás aquí de verdad o estás pensando en otras cosas? ¿Estás gozando o te estás aburriendo?

Tener esta perspectiva te ayudará mucho a la hora de afrontar cualquier conflicto con tus hijos o con otras personas. Hará que te mantengas en un lugar adulto y de consciencia al entrar en ese momento desde la pregunta: «¿Qué energía aporto a este ahora?» y apropiándote de tu parte de responsabilidad en ese momento. Y ojo, que no estoy hablando para nada de «culpa», sino de responsabilidad. De lo que ponemos de nuestra parte y que ha ayudado o que ayudará a que este momento sea el que es.

Lo verás claramente en cualquier interacción con tu hijo o hija. Supongamos que acaba de salir del cole y tú estás un poco ansiosa porque has tenido un día ajetreado, tienes muchas cosas que hacer, pero a la vez quieres que sienta que estás con él o ella y que te importa. Empiezas a hacer preguntas: «¿Qué tal hoy en el cole?, ¿con quién has jugado?, ¿y qué habéis hecho?, ¿y para comer qué había?» Es muy probable que note tu ansiedad, tu agobio, porque energéticamente lo notará aunque no hables de ello y, entonces, casi seguro, se sienta con pocas ganas de hablar.

Al ver que se cierra, puede que conectes con tu miedo de que le haya pasado algo, o que no esté suficiente bien, o que te esté escondiendo algo. Puedes presionar un poco más con más preguntas intentando indagar qué demonios le ocurre. De este modo, se cerrará más. Causa-efecto: los dos estáis cocreando un momento de desconexión y de distancia porque no habéis conseguido acercaros de una manera consciente. Luego es muy probable que al final te suelte alguna frase con mal tono, con lo cual es probable que te sientas atacada después de que él o ella haya intentado defenderse ante tu presión. Esto significa más desconexión, que conllevará, a su vez y muy probablemente, la sensación de «¿por qué no me habla? ¿Qué estoy haciendo mal? ¿Por qué me trata así?» y nos conectará con la culpa, la impotencia y la frustración. ¿Te suena?

¿Cómo sería entrar en ese momento de recibida de tu hijo o hija de una manera consciente? Pues esencialmente tú serías consciente de que has tenido un día a tope y que vas acelerada. Te darías cuenta y antes de recogerle podrías empezar a conectar con el momento de reencuentro después del cole respirando profundamente y pensando cosas como «Ha sido un día a tope, pero ahora es ahora, y ahora estamos a punto de encontrarnos. Respiro para poder entrar en este momento presente desde un lugar de calma, de confianza y de conexión».

Respirar, tomar consciencia de cómo estás, te ayudará a conectar de otra forma con el ahora y aquí y apropiarte de tus emociones y de tu sensación de agobio o ajetreo. Desde ahí, podrás recibirle con los brazos abiertos intentando conectar con su estado de ánimo, pero desde la observación, no desde el interrogatorio continuo como búsqueda de información que te tranquilice. Será una conexión desde el «respeto tu estar ahora y aquí, y te doy el tiempo que necesites para conectar y, si quieres, abrirte a mí. Estoy aquí disponible para ti».

Aquí el silencio es esencial: el silencio interno y el silencio externo. Nos costará mucho conectar si lo llenamos todo de palabras. He visto madres que cuando les hablaba de la importancia del silencio en los reencuentros me decían que si callaban un poco más, tenían miedo de que el peque pensara que no se interesaban por él o ella. Nada más lejos. Cuando salen del cole, después de haber estado horas y horas con quince, veinte o veinticinco niños más, lo que más necesitan es silencio. Si se lo permitimos, les daremos primero la posibilidad de conectar con ellos mismos y sí, esto es incluso más importante que la conexión con nosotros. Porque la conexión con los demás empieza después de conectar contigo mismo, que eres la persona más importante de tu vida. Así que démosles este espacio de conexión profunda, interna y propia para que luego, desde ahí, puedan, si quieren, hablar y contarnos cosas.

Volviendo a los dos momentos distintos de reencontrarnos después del cole: ¿notas la diferencia? ¿Notas qué distinto será si lo afrontas desde la consciencia plena del ahora y aquí y del cómo estoy que si no lo haces? La causa de cada efecto es totalmente diferente. Ser conscientes de que somos parte activa de esas causas nos ayuda a tomar responsabilidad y eso es magnífico porque la vida nos dice: «La vida no es una lotería, tú eres parte activa de ella. ¿Cómo quieres que sea? Pues actúa en consecuencia». ¿No lo encuentras maravilloso? Está en tus manos, tienes el timón. ¡A mí me parece fantástico!

Te animo también a verte a ti misma/o en perspectiva y a responder esta pregunta: ¿ves lo que hace tu hijo/a como un problema? ¿Sientes que tenéis algo entre manos *muy* complicado, *muy* difícil? Porque si esta es tu mirada, lo que vas a cocrear está lleno de creencia y de juicio. Lo ves como un problema, complicado y difícil. ¿Qué le vas a transmitir a tu hijo/a? Seguramente, si tú estás en la energía de «menuda maldita montaña más alta que hay que escalar», tu peque lo notará aunque no se lo digas. Notará tu desazón y desesperación. Imagina que llevas unos días un poco más baja de ánimos y tu pareja viera eso (que por otro lado es normal, porque no podemos estar siempre al cien por cien, porque somos cíclicas y nos pasan cosas en el día a día) como un problema enorme. ¿Cómo te sentirías tú? Seguramente tendríais la sensación de que no te está entendiendo y de que quizá sí que tenéis un problema. Revisa tu percepción de lo que ocurre y cómo lo etiquetas, si es que lo haces. Y luego, suéltalo. ;)

EXPLORA...

Volvamos al cuerpo un momento. Es hora de parar y reflexionar pero, sobre todo, de sentir lo que la lectura ha activado en tu cuerpo. Así que te propongo que instales la respiración abdominal, observando cómo el aire entra y sale de tu cuerpo. Relaja cada parte, soltando la posible tensión que pueda haber. Conecta con el espacio en el que estás, con el lugar donde te sientas, y sigue respirando lenta y profundamente, en conexión con tu respiración.

En este estado de relajación te pregunto: ¿habías pensado alguna vez en que tú eres parte de lo que ocurre en cada momento en tu vida? Explora qué significa y qué remueve la cocreación en ti. ¿Se mueve algo? Si es así, respíralo profundamente y observa qué te dice tu cuerpo y si tenías o no consciencia de tu participación en cada momento de lo que te ocurre. ¿Te abruma o te libera y alegra saber que está también en tus manos?

Te propongo que hagas un poco de memoria e intentes conectar con la energía que emanaban tus padres cuando interactuaban contigo. ¿Cómo crees que participaban de la cocreación de los momentos compartidos? ¿Con qué energía se relacionaban contigo? Puede que veas cómo parte de esa energía sigue hoy en ti y se reproduce, de nuevo, en las interacciones que tú tienes con tus hijos e hijas. El patrón... Toma consciencia de ello.

Ahora observa cómo participas de los momentos compartidos con tu hijo o hija. ¿Qué energía crees que aportas? ¿Qué emana tu cuerpo? ¿Y tus palabras? ¿Y tu tono de voz? ¿Es energía que suma o que resta? Toma consciencia y si sientes que hay algo que cambiar, atrévete a hacerlo. Saldréis ganando todos.

EMOCIÓN VERSUS COMPORTAMIENTO

Tenemos que aprender a distinguir emoción de comportamiento. La emoción siempre es válida y legítima. Todos tenemos pleno derecho a sentir lo que sea que sintamos, así como tenemos nuestros propios motivos para sentirlo. En el caso de nuestros hijos e hijas esto a veces nos cuesta de entender porque hay emociones que les empujan a comportamientos que pueden no ser válidos y habrá que poner límites si lo que hacen cuando están en plena rabieta es pegarse, pegar a los demás o hacer cualquier cosa que pueda suponer peligro para su integridad física, de los demás, o de los objetos o espacios compartidos.

Muchas veces confundimos emoción con comportamiento, y como el comportamiento nos irrita y nos molesta muchísimo porque no nos gusta que nos pegue o pegue a su hermano, por ejemplo, a la que vemos que estalla reprimimos de raíz la emoción, buscando recuperar el control de la situación a través de infundirle miedo. Esto es lo que se ha hecho siempre desde el paradigma de la crianza tradicional: desde el miedo, reprimir la emoción que provocaba ese comportamiento para acabar así con eso que no nos gustaba que hiciera.

La rabia es una de las emociones que produce más malestar e incomodidad, y de las más «maltratadas». Es una emoción que genera una energía muy potente, muy explosiva. A mí me gusta simbolizarla como si fuera un volcán (de aquí el cuento que escribí «Tengo un volcán» que ha ayudado a tantos niños a saber qué hacer con su rabia). Ese volcán puede entrar en erupción enseguida o puede estar un rato en ebullición, o incluso dormido. En este último caso, vas notando cómo tu interior se va calentando, calentando y calentando hasta que llega la explosión. La energía de la rabia a menudo arrasa, y por eso cuando un niño o una niña se desbordan y sienten eso, explotan, no pueden escuchar ni atender a razones, gritan, pegan o incluso se pegan a sí mismos. El descontrol es absoluto y su volcán está totalmente fuera de control.

Justamente por esa energía tan explosiva que se genera, es normal pensar que a menudo el comportamiento que provoca es muy inadecuado, tanto en menores como en adultos. Muchos adultos cuando se enfadan pierden el control, aunque su cerebro ya está desarrollado para poder tenerlo. Pero la energía se desborda. Y como lo que genera es un conflicto intenso, muchas veces, para no llegar a él, se ha tendido no a poner límite al comportamiento, sino a criminalizar la emoción, taparla, reprimirla y castigarla. Porque da miedo. La rabia da miedo y, por eso, se tiende a combatirla transmitiendo, por ejemplo, que no podemos enfadarnos. No es la emoción lo que hay que reprimir, ya que enfadarnos es absolutamente lícito, lógico e incluso necesario muchas veces. Lo que puede no serlo es el comportamiento que provoque. Por lo tanto, es importante que tengamos clara esta distinción para que podamos validar la emoción, comprenderla y conectar con ella y, a la vez, poner límite al comportamiento inadecuado. Luego, educar el comportamiento, ayudando al niño o a la niña a canalizarlo de una forma asertiva sin que dañe a nadie. Recuerda: el comportamiento puede ser inadecuado, la emoción, no.

EXPLORA...

Te propongo que llegados a este punto pares un momento y te escuches profundamente. Antes, te invito a que conectes con tu cuerpo. Siente el lugar que ocupas y observa tu respiración. Nota cómo el aire entra y sale de tu cuerpo. Procura que esta respiración sea lo más lenta y profunda que puedas, pero sin forzarla. Relaja las partes de tu cuerpo que notes que están en tensión y utiliza la respiración para, cada vez que exhales, soltar y entrar en una relajación más profunda.

Observa ahora qué sientes en tu cuerpo. ¿Qué emoción habita ahora en ti? ¿Qué has sentido cuando te he dicho que todas las emociones son válidas, también la rabia o cualquier otra que nos haga sentir cosas desagradables en nuestro cuerpo? ¿Sientes que te permites sentir?

Es importante también que hagamos memoria e intentemos recordar si cuando éramos pequeños se nos permitía sentir. Cuando sentíamos miedo, o rabia, o celos, o tristeza, por ejemplo, ¿se nos validaba y se nos permitía un espacio emocional seguro donde expresarnos o más bien se nos quitaba importancia, se nos reprimía o se pasaba un poco de nuestro sentir? Darnos cuenta de qué historia hemos mamado en cuanto a las emociones que sentíamos nos ayudará a comprender por qué ahora, en la edad adulta, actuamos como actuamos en relación a nosotros mismos y a las emociones de nuestros hijos e hijas.

Por último, te invito a reflexionar un momento sobre qué haces cuando tus hijos sienten. ¿Qué experimenta tu cuerpo ante su rabia o su frustración? ¿Qué despiertan en ti sus emociones? ¿Sientes que les permites sentir o más bien intentas, por todos los medios, buscar una solución a eso que sucede para que deje de sentirlo? ¿Cómo lidias entre emociones y comportamiento? ¿Te sale espontáneamente reprimir emociones para que no desemboquen en comportamientos que no te gustan?

Explora y escucha... Siente... Todo lo que sientes ahora haciéndote estas preguntas es válido. Tanto si es agradable como si no. Si entran ganas de llorar, es válido, permítete llorar, está bien así. Si sientes rabia o impotencia, o conectas con cierta frustración, está bien también, es válido. Acógete, abraza tu sentir, permite que salga hacia fuera. Trátate con compasión y con mucho amor. Hay tanto por soltar y sanar que cada pequeño paso es una victoria.

CAPÍTULO 7

LOS LÍMITES

Es imposible escribir un libro sobre rabietas y no hablar de límites, porque es muchas veces ante un límite que se desata la rabieta, no tanto por el límite en sí, sino porque ese límite le da un pretexto al peque para expresar lo que, en realidad, ya llevaba dentro y le provocaba malestar. Para mí el tema de los límites es de los más difíciles de la crianza consciente. Bueno, y no consciente también. Sé que estoy dando un calificativo y juzgando los límites, algo que no debería hacer, pero es que lo he sentido así durante muchos años: que para mí el tema de los límites era rematadamente difícil.

Al principio creía que no. Creía tener las ideas claras antes de ser madre: me había informado y formado, y creía que sería coser y cantar. Pero el tema de los límites no tiene nada que ver desde la distancia que cuando estás en el ajo. Una vez ya convertida en madre vi que este tema no era nada fácil, por lo menos para mí. Cuando la mayor era un bebé creía que sí. Tenía muy claro cuáles, cuántos y cómo. Pero ¡era un bebé! ¡Estaba chupado! Los bebés todavía no tienen ni voz ni voto como quien dice y, en realidad, los padres los llevamos de aquí para allá, sin que tengan mucha consciencia ni posibilidad de decir «no». Pero es que, además, las necesidades y los deseos de los bebés son la misma cosa, con lo cual no hay muchos límites que poner más que los lógicos de seguridad cuando empiezan a explorar, gatear y caminar.

Pero un día crecen y empiezan a querer cosas que no necesitan y que no pueden tener, tocar, etc. Unos más pronto y otros un poco más tarde, todos llegan, alrededor de los dos años, a la etapa de desfusión emocional, y pasan de bebés a niños y niñas pequeños. Ahí se me cayó la venda de los ojos y me di cuenta de que lo de poner límites no era tan fácil como yo creía. Y ahí también empezó mi trabajo interno profundo que me ha hecho crecer muchísimo en este tema. Quizá es por eso que lo adoro: sí, adoro el tema de los límites porque es tan profundo, tan rematadamente profundo e importante, que hablaría de él durante horas y días.

Lo primero que quiero que sepas es que los límites son absolutamente imprescindibles e indispensables en la crianza de nuestros hijos e hijas. También en la crianza consciente y respetuosa. En esto hay bastante confusión, porque muchos creen que en este tipo de crianza los límites son menos, o más difusos, o directamente no existen. Nada más lejos. Lo único que pasa es que en la crianza consciente los límites son conscientes, y ahí sí que hay un enorme abismo respecto a la crianza tradicional, porque en esta última a menudo los límites son arbitrarios, poco respetuosos e inconscientes y marcados por el ego.

Luego entraremos en eso, pero ahora lo que quiero que quede clarísimo es que tiene que haberlos, sí o sí. Y tiene que haberlos porque los niños los necesitan para desarrollarse de una forma sana y segura. Necesitan saber qué sí, qué no y cómo. Tenemos que comprender y aceptar que de los dos a los seis años nuestros hijos necesitan «testar» los límites. Ir sabiendo, por nuestros *no* y nuestras reacciones, qué sí está permitido y qué no.

Pero claro, una vez más nos encontramos con los referentes: tienes un hijo o una hija de dos años y medio y tu cerebro va a buscar el archivo de límites conscientes (porque estás intentando criarle de una forma consciente) y ahí, cuando abres el fichero te sale *«file not found»*. Meeeec. No encuentras referentes porque los límites que te pusieron a ti distaron mucho de ser conscientes. Quizá te los pusieron de la forma descrita antes o quizá no tuviste prácticamente ninguno y estás, por consiguiente, también hecha un lío.

Así que, oh Dios, una vez más, tenemos que empezar por nosotros para poder hacer algo coherente con ellos. Lo sé, es cansino, lo sé. Yo también me agoto a veces, pero es la única forma, créeme, de crecer con ellos, de estar a la altura y de ir creando un mundo más conectado, más consciente, más empático y más feliz. Pero sí, una vez más, tienes que empezar por ti porque, en esto y en todo, todo empieza en ti.

NUESTRA HISTORIA

De modo que con lo que primero nos encontramos es con nuestra propia historia. A mí me pusieron muy pocos límites. Siendo hija de padres separados desde los cinco años, rápidamente aprendí a ser responsable, a ocuparme mucho de todo, a no olvidarme de las cosas porque, teniendo dos casas, o te organizas mentalmente o nunca llegas al cole con los libros, deberes o ropa que tocan. Es cierto que mi carácter ya tenía mucho de eso, pero las circunstancias hicieron el resto. Con lo cual, mis padres confiaban plenamente en mí. Ellos, a su vez, venían de crianzas muy tradicionales, con muchos límites arbitrarios, autoritarios, con poca escucha y mucha imposición del «porque lo digo yo». Así que ellos huyeron tanto como pudieron de sus pasados y al tener una hija se alejaron por completo de lo que habían vivido.

El resultado era que me ponían muy pocos límites en general. Poquísimos. Y yo me sentía insegura. Para que lo entiendas te voy a poner un ejemplo del que hemos hablado mil veces en casa porque era hasta cómico. Siendo adolescente preguntaba: «¿A qué hora tengo que llegar a casa?» Y me respondían: «Cuando dejes de pasarlo bien o ya tengas suficiente, vienes». A todas mis amigas y amigos les ponían una hora para volver a casa menos a mí. Yo flipaba. Mis amigos consideraban que mis padres se enrollaban mucho y yo, en cambio, sentía que no me debían de querer demasiado si les daba igual que volviera a las doce de la noche que a las siete de la mañana.

No era así, claro que les importaba. Pero sabían que yo era responsable y confiaban en que no haría nada insensato, así que creían que no necesitaban ponerme hora. Pero yo sí la necesitaba. Yo necesitaba sentir los límites porque me daban seguridad, me hacían sentir que importaba, que me querían y me daban una pauta de qué hacer y qué no en unas edades que yo todavía no lo tenía muy claro. Total, ¿sabes lo que pasaba muchas veces? Que yo insistía: «¿A qué hora?», y ellos dale con lo de que «cuando quieras o termine» y yo «no, ¡dime una hora!» en plan borde. Ellos no entendían nada porque pensaban «ojalá a mí me hubieran dado esa libertad». Hasta que al final decían: «vale, pues vuelve a las doce y media», y yo luego protestaba: «sí hombre, tan temprano nooooo» porque supongo que también necesitaba eso: protestar. Tener un límite, sentirlo, protestarlo, debatirlo y encontrar el punto en el que nos encontráramos mis padres y yo.

Esos límites no eran conscientes porque ellos (a los que adoro y comprendo perfectamente) no tenían claro qué es lo que yo necesitaba, ni eran conscientes de qué estaba pidiendo en realidad, y porque, además, en el cómo ponían ellos los límites había mucho de proyección de su propia infancia y adolescencia. Habían sido tan coartados, tan atados en corto, que se pasaron al otro extremo, dándome toda la libertad que a ellos les hubiera gustado tener. Pero es que su situación no era la mía.

A su vez, mis abuelos no pusieron a sus hijos e hijas límites conscientes. Fueron a su archivo particular, encontraron el referente de límites desde la imposición, el autoritarismo y el miedo y, simplemente, repitieron el patrón. Y así generación tras otra en nuestros antepasados. La crianza consciente aboga por otra cosa: límites conscientes. La crianza consciente apuesta por poner consciencia a qué hacemos, a cómo lo hacemos y a por qué, pero también desde dónde. ¿Pongo el límite desde mi herida? ¿Pongo el límite desde el rebote hacia mi historia particular con mis padres? ¿Pongo el límite desde mi ego porque quiero que las cosas se hagan a mi manera? ¿O pongo el límite desde el adulto consciente que soy?

Ahí es adonde quiero ir y es lo que te propongo que observemos en detalle porque es un nuevo paradigma, es otra forma de hacer las cosas y aquí, una vez más, estás caminando con tres metros de nieve y sin relevo.

EXPLORA...

Ahora que has leído esta parte sobre mi historia particular y sobre cómo se han ido poniendo límites generación tras generación muchas veces, respira y escucha a tu cuerpo. Te propongo que conectes con tu respiración y observes cómo el aire entra y sale, entra y sale, entra y sale... Ve relajando cada parte de tu cuerpo, soltando cualquier tensión que haya, y ahora intenta responder a estas preguntas: ¿cómo te sientes? ¿Se ha movido algo en ti? ¿Cómo ha resonado dentro? ¿Qué emoción dirías que estás sintiendo ahora mismo en tu interior?

Te propongo que después de leer esto, pares un momento, cierres los ojos e intentes recordar cómo te ponían los límites a ti cuando eras una niña o un niño. ¿Qué te decían cuando hacías algo que no estaba bien? Y tú, ¿cómo te sentías cuando te ponían delante un «no»? Si te fijas en la forma, ¿cómo lo hacían? ¿Te sentías respetada/o o más bien sentías que no tenían en cuenta tu sentir o tu forma de ver el mundo?

Es importante que pongas consciencia a todo tu sentir y a los recuerdos que se despierten porque te darás cuenta de que mucho de eso resuena claramente cuando eres tú quien tiene que poner límites a tus hijos. Porque si no le ponemos consciencia y lo sanamos, nuestro pasado viene a encontrarnos tantas veces como haga falta para decirnos: «oye, que todavía tienes eso debajo de la alfombra por situar en un lugar consciente». Aprovecha la ocasión y coloca tanto como puedas.

PRIMERO LOS NUESTROS

Lo primero que tendremos que hacer es fijarnos en nuestros propios límites y esto es una de las cosas más profundas que vas a hacer jamás. Si no haces este trabajo previo, ¿cómo vas a poder poner límites a tus hijos que ni siquiera cumples tú? Porque esto es el pan de cada día: decirle a nuestros hijos que eso no lo pueden hacer pero hacerlo nosotros. Gritar, hablar desde la falta de respeto, quedar empantallados, comer comida procesada y un largo etcétera, pero decirles a ellos que no hagan lo mismo. Ser coherente, lo sé, es uno de los trabajos más duros que tendremos que hacer porque lamentablemente para nosotros, ¡nuestros hijos lidian muy mal con la incoherencia!

Vamos a ponernos las pilas. Si nos han criado desde el paradigma de la crianza tradicional, plagada de límites inconscientes y autoritarios, es muy probable que no hayamos invertido ni un segundo en saber, de verdad, cuáles eran nuestros límites. Como no nos sentimos escuchados, deducimos de forma inconsciente que lo que nosotros queríamos o sentíamos no era importante. Con lo cual, empezamos a desoír nuestro interior, desconectándonos de nuestra esencia. Llegamos a ese punto en el que ya no sabíamos cuáles eran nuestros límites porque cuando los reclamábamos, nadie o casi nadie escuchaba.

Y llegamos a la edad adulta y no sabemos qué necesitamos, ni qué sentimos, ni qué podemos dar o qué no. No sabemos ponernos a salvo de relaciones tóxicas porque no sabemos decir «hasta aquí. Punto», y toleramos situaciones, personas, trabajos y actitudes que no nos hacen ningún bien, que sobrepasan constantemente nuestros límites internos, porque no nos escuchamos, y porque no tenemos integrados nuestros propios límites. Pero, ay Dios, luego tenemos que poner límites a nuestros hijos y nos hacemos un lío. A veces por exceso: estamos por dentro tan hasta el moño de no respetarnos que luego, cuando tenemos que poner un *no* a nuestros hijos lo hacemos fatal, sacando contra ellos toda la frustración que sentimos hacia nosotros mismos. A veces por defecto: tenemos tanto miedo de que se enfaden con nuestro «*no*», queremos alejarnos tanto del autoritarismo que utilizaron a la hora de ponernos límites a nosotros, que ni respetamos nuestros límites con nuestros hijos ni les guiamos hacia lo que sí pueden o no pueden hacer. Lo dicho: un lío descomunal.

De lo que quiero que te des cuenta aquí es de que hasta que tú no sientas tus propios límites, te des cuenta de la dificultad de respetarlos y hagas tu proceso interno, te costará muchísimo poner límites conscientes a tus hijos e hijas. Notarán tu ambivalencia, tu confusión y tu incoherencia. Lo notarán aunque no digas nada incoherente, porque emanarás todo eso. Tu energía será de confusión, de caos emocional y mental, aunque tus palabras quieran aparentar lo contrario.

Pero con ejemplos se verá mejor lo que te quiero contar:

Queremos que nuestros hijos duerman las horas que necesitan e integren que descansar es importante. De acuerdo, me parece una enseñanza genial y perfecta. Ahora pregúntate: ¿duermo las horas que necesito y soy ejemplo de que el descanso y la escucha de nuestro propio cuerpo es importante? ¿Me ve hacer lo mismo?

Queremos que nuestros hijos no vean pantallas ni se enganchen a ellas y queremos transmitirles que hay que hacer un uso responsable de las tecnologías y de los aparatos móviles. De acuerdo, es un aprendizaje brutal y muy necesario en los tiempos que corren, así que tendrás que poner límites al respecto. Ahora pregúntate: ¿cuántas horas de pantallas veo yo? ¿Soy ejemplo de un uso responsable y transmito que hay otras cosas que hacer aparte de estar mirando el móvil?

Queremos que nuestros hijos tengan una alimentación sana y equilibrada y no queremos que se enganchen a los productos procesados e insanos. Genial, es algo que creo firmemente que deberíamos transmitir a nuestros hijos e hijas. Ahora pregúntate: ¿cómo como yo? ¿Soy ejemplo de comer de forma saludable, equilibrada y consciente? Porque si solo lo soy aparentemente, pero cuando no miran me hincho a comer chuches, ultraprocesados y comida basura, ellos lo sabrán aunque me esconda. Porque mi energía, al transmitirles los límites respecto de la comida, emanará incoherencia.

Estoy hablando de energía, de intangibles, pero créeme, los niños tienen una sensibilidad extrema para captar eso que no se ve. Es por este motivo que tantas familias tienen tantos problemas con los límites. Porque no ha habido ni reflexión ni exploración previas de uno mismo respecto de los límites, y se considera que solo con las palabras, con el *no* en la boca, ya está todo hecho.

Voy a ponerte otro ejemplo en referencia a los límites con el que me encuentro a menudo en la consulta:

Mamá que ya está harta de dar el pecho a su hijo. Está muy cansada y ya no lo disfruta, sin embargo, no pone el límite. Aguanta y aguanta porque le da pena decirle que basta, pero luego, cuando ya no puede más, le dice (a veces de malas maneras) que haga el favor de dejar la teta. El peque se pone a llorar porque, primero, quiere teta, y segundo, no ha comprendido nada.

Aquí la mamá no se está respetando su límite en cuanto a la lactancia. No está escuchando a su cuerpo. Quizá ya ha llegado a su tope y necesita destetar totalmente. Es probable que esto pase porque tampoco ha respetado su límite a la hora de amamantar menos rato o menos tomas, hasta que llega al punto en el que no aguanta más. Al no escucharse profundamente y dejarse llevar por esas emociones que la remueven por dentro y la conectan a otro momento que no es el ahora y aquí (la pena, la culpa, el miedo, etc.), no pone el límite, y cuando lo hace, es desde un lugar no asertivo, no coherente y no consciente, por supuesto. Ahí el peque no entiende nada, y no lo acepta. Los dos sufren.

En esta misma situación, qué distinto sería que la mamá viviera la lactancia escuchándose, conectando con el placer, con el fluir. Si se escuchara, se daría cuenta de cuándo hay disonancia y de cuándo la lactancia empieza a no fluir. Entonces, conscientemente, buscaría su fórmula: acortar tomas, destetar de noche, etc. Como tendría clarísimo el porqué de esta decisión, ya que es consciente, podría transmitírselo así a su hijo. De esta forma no habría dudas porque su energía estaría conectadísima y sería coherente con lo transmitido al pequeño de palabra. Por su parte, él, aunque no le guste, sabe que es así, es un límite claro. Podrá protestar, podrá llorar, pero le resulta coherente. Lo es en su interior de manera inconsciente. Si la mamá le acompaña de una forma serena y asertiva, sin juicios y desde la paciencia y la comprensión total, este momento pasará, como tantos otros, y se habrá podido vivir desde la consciencia y el aprendizaje mutuo.

Pero ¿por qué algo tan importante como saber cuáles son nuestros límites lo tenemos tan poco claro? Porque desde pequeños y ante la crianza inconsciente de nuestros padres les hemos querido complacer. Complacer cuando sentíamos que no podían acompañarnos en nuestro sentir: entonces simulábamos sentir otra cosa. Complacer cuando veíamos que lo que éramos en ese momento no les gustaba: entonces pasábamos de «portarnos mal» a «portarnos bien» no porque estuviéramos mejor, sino porque queríamos recibir su aprobación. Y así un largo etcétera. No hay nada que quiera más un niño que complacer a sus padres, y si no les complace con lo que es a cada momento, empieza a intentar ser o hacer otras cosas que les complazca, aunque estas cosas estén alejadas de lo que siente, es o cree.

Es triste pero es así. Y esto nos influye también enormemente a la hora de criar a nuestros hijos porque también queremos complacerles, pero no podemos, y luego entramos en un conflicto interno del que a veces nos cuesta salir. Estamos removidos, identificados en el niño que fuimos y no sabemos encontrar el timón que nos sacará del atolladero.

Consciencia, consciencia, consciencia. Eso nos sacará de ahí y nos pondrá lo que hacemos y lo que somos en perspectiva. Desde esa distancia, podremos comprender sin juicios y con compasión. Desde la comprensión, podremos integrar para poder sanar y reconducir. Para poder darnos cuenta y empezar a actuar desde otro paradigma más sano, más conectado, más coherente y más consciente con lo que somos, con lo que necesitamos y con lo que nos pide nuestra alma para avanzar, evolucionar y crecer.

EXPLORA...

Vamos a conectar un momento con el cuerpo y a explorar qué se ha movido o qué podemos comprender más profundamente. Te propongo que conectes con tu cuerpo y observes tu respiración. Nota cómo el aire entra y sale de tu cuerpo, y con cada exhalación, relaja cada parte de él. Ahora pon la atención en tu sentir, ¿cómo estás ahora? ¿Hay alguna emoción que se ha activado en la lectura? ¿Se ha removido algo al leer sobre los propios límites?

Te propongo que explores por áreas de tu vida, si sientes que estás respetando tu sentir. En el campo laboral, por ejemplo, ¿sientes que estás donde quieres estar, haciendo lo que quieres hacer? En el campo de las relaciones personales, ¿tienes relaciones sanas o se basan en tu falta de poner límites y a veces sientes que se aprovechan de ti o que no te tienen en cuenta? ¿Sabes decir «hasta aquí»? En la relación contigo misma/o, ¿te respetas?, ¿te cuidas?, ¿te quieres?

Por último, te invito a poner atención ahora a la relación con tus hijos y a la forma en que les has transmitido hasta ahora los límites: ¿la energía que emanabas era acorde con lo que hacías? Es decir, ¿cómo es tu coherencia y consciencia en los límites que tratas de transmitir a tus hijos?

Lo sé, quizá te parece extremadamente difícil, pero te aseguro que la toma de consciencia de todo lo que te estoy contando en estas páginas supondrá un antes y un después que no solo os beneficiará familiarmente ahora, sino en cada etapa que atraviese tu hijo. Desde ya y hasta la adolescencia. ¡Fíjate si merece el esfuerzo!

DA CUERPO AL LÍMITE

Entremos de lleno en cómo transmitir el límite. En este apartado no te diré lo que tienes que decir porque, como ya hemos visto, si lo que decimos no es acorde con lo que sentimos, las palabras se las lleva el viento y al pequeño le costará mucho respetar el límite que acabamos de poner. Lo más importante aquí es que des forma a este límite desde tu cuerpo. Qué abstracto, ¿verdad? Lo sé, así que voy a explicarme un poco mejor.

Con dar cuerpo al límite me refiero a que todo tu cuerpo tiene que vibrar con ese límite. Cada poro de tu piel tiene que apoderarse de ese límite y sentirlo como algo profundamente verdadero. Imagínate que cuando pones el límite, eres como un árbol y ese límite va desde la última rama, la que está más lejos del tronco, hasta la raíz más profunda. Tienes que sentir, vivir y abrazar ese límite con todo tu ser, porque sabes profunda y conscientemente que es importantísimo para tu hijo y que está pensado y decidido para ayudarle en su desarrollo. El porqué tiene que estar clarísimo y ser consciente, y luego tienes que apoderarte de él.

Es decir (vamos con un ejemplo): si a un niño de dos años le decimos que no puede jugar con el móvil de sus padres, tiene que ser porque hemos decidido que jugar con ese aparato no le es necesario en ese momento de su vida, y que ver pantallas, lejos de ayudarle, le perjudicará a una edad tan temprana. Estamos tan seguros de ello, que cada vez que procuramos que no vea nuestro móvil, no se lo dejamos al alcance y cuando nos lo pide siempre será un *no*. Un *no* asertivo y respetuoso, pero firme, porque lo tenemos absolutamente claro desde el primer poro de nuestra piel hasta el último. No damos pie ni a confusión ni a incoherencias.

Si decides que tu hija de cuatro años no puede comer dulces más que en ocasiones especiales como cumpleaños o celebraciones, por ejemplo, tendrás que procurar no tener nunca dulces en casa, no comerlos vosotros y dar ejemplo de ello, pero además, cada vez que pida dulces tendrás que tener muy claro por qué tomasteis esa decisión. Tendrás que agarrarte a ella y sentir ese límite en todo tu cuerpo para que tus palabras y tu energía vibren en la misma frecuencia y tu hija reciba el límite con una coherencia y consciencia que hará que lo reciba de forma firme y clara.

No puede haber fisuras, porque si hay fisuras significa que o ese límite no está siendo consciente y por lo tanto tenemos que pensarlo y reflexionarlo mejor, o bien que no es adecuado a la edad de desarrollo del niño (le pedimos a un niño de dos años que no se levante de la mesa mientras estamos comiendo y no lo puede cumplir porque a esa edad tiene la necesidad básica de moverse). En este último caso tampoco está siendo consciente y necesitamos recapacitar y resituar el límite. Pero puede pasar una tercera cosa: no me he apropiado profundamente del límite porque me remueve historias y emociones de mi pasado que no están resueltas. En este caso es importante que tomemos consciencia de por qué me pasa eso, qué es lo que tengo que sanar, apropiarme de ello y de lo que siento y tenerlo presente para que eso no afecte a mi energía a la hora de transmitir el límite a mi hijo.

Cuando el peque no nota fisuras en el límite, cuando palabras y energía van de la mano, será muchísimo más capaz de aceptarlo (aunque no le guste) y se sentirá seguro. Esta seguridad le ayudará a crecer y a desarrollarse de una forma sana y adecuada.

De alguna forma, y para acabar de integrar mejor algo que es tan poco tangible, digamos que lo que tenemos que hacer es convertir ese límite en algo corpóreo, de tal forma que nuestro cuerpo emane el límite propiamente. Si lo sentimos así, podremos mantener el *no* mientras sostenemos el desacuerdo de nuestro hijo. Pero si hay fisura y el límite no es corpóreo, es muy probable que lo que se nos remueva con el llanto de nuestro hijo nos haga cambiar de opinión y de posición, y pasemos de convertir ese *no* en un «bueno, vaaaaaale». Si hacemos eso, o el límite era absurdo y tenía que haber sido un *sí* desde el principio, o no era consciente, o no lo hemos hecho suficiente corpóreo por algún motivo que tendremos que dilucidar.

Hacer este trabajo con cada límite que ponemos requiere dedicación, consciencia y empeño, pero es vital.

QUÉ LÍMITES

Esta es la pregunta del millón para muchos padres y madres: ¿qué límites tengo que poner a mis hijos? Te voy a dar mi punto de vista sobre este tema, que espero que te ayude a simplificar las cosas y a tenerlas muchísimo más claras. Los límites para mí son aquellos de los que depende la integridad de nuestros peques, ya sea a nivel físico, psíquico o emocional, así como la «integridad» de lo compartido como objetos, espacios, etc. Por lo tanto, estos no debería de ser muy difícil tenerlos claros porque, ante la duda, tenemos que preguntarnos: «¿que lo haga o no va a poner en riesgo su integridad?» Según sea la respuesta, ya sabemos si tiene que ser un límite o no. Básicamente es tan sencillo como respetar su propia integridad, respetar la integridad de los demás y respetar lo compartido.

Vamos con ejemplos: ir a la cama para mí es un límite. Los niños tienen la necesidad básica de dormir y descansar y, si no lo hacen, está en riesgo su bienestar. Estarán de mal humor, más torpes, etc. Por lo tanto, nosotros, los adultos, tenemos que procurar que esta necesidad básica sea satisfecha y tendremos que poner límite a la hora de ir a la cama. Aunque nuestro hijo no quiera ir a dormir, a cierta hora tendremos que decirle que ahora ya no toca jugar, y que tenemos que ir a la cama porque necesita descansar. Seguramente protestará y no le gustará, pero es un límite, y si lo tenemos claro, es consciente y lo hacemos «corpóreo», le quedará claro que no hay fisuras. ¿Podrá protestar? Claro. Pero ¿eso significa que tendremos que decir «vale, ok, pues quédate más rato»? No. Porque es un límite, y como hemos visto, tiene raíces, coherencia, consciencia y no tiene fisuras.

Pero ¿y si en vez de ponerse una camiseta que le hemos propuesto quiere ponerse otra? Para mí esto no es un límite y, en mi caso, dejaría que se pusiera la que prefiera porque se trata de una cuestión que no pone en riesgo, para nada, su integridad. Aunque no combine con el pantalón, ja, ja, ja, que ya sé que a muchas y muchos les parece un atentado a la vista cómo se combinan las prendas sus hijos a veces. Pero, ya sabes, es cuestión de gustos. Ahora bien, ¿y si quiere ir con bañador en pleno mes de enero en un pueblo donde la temperatura es de un grado bajo cero? Esto será claramente un límite, un *no*, porque congelarse sí atenta contra su integridad física.

Esta premisa, la de la integridad, tendría que ayudarte a reflexionar sobre los límites que pones en casa, hablándolo con tu pareja, si la tienes, y llegando a acuerdos comunes claros y firmes, que podáis trasladar a vuestros hijos de manera respetuosa, coherente, consciente y clarísima.

Pero luego hay otra cosa llamada normas. Las normas no son como los límites: de ellas no depende la integridad de nuestros hijos, pero las ponemos porque nos ayudan a convivir. En este caso sí que hay gran variedad: para unas familias habrá unas normas y para otras, unas totalmente distintas. Por ejemplo, en una casa puede existir la norma de quitarse los zapatos antes de entrar porque es una planta baja y si no se ensucia todo; o está prohibido saltar o comer en el sofá. Otras familias andarán por casa con zapatos de calle sin problemas y permitirán saltar y comer en el sofá. Cada uno se sabe lo suyo.

Pero no hay solo normas familiares, hay otras normas que son sociales y culturales que nos ayudan a convivir en sociedad. Por ejemplo, aunque sea agosto, no podemos dejar que nuestro hijo vaya desnudo por la calle porque no ir desnudos es una norma social. Así que, aunque nuestro hijo no lo entienda, tendremos que contarle que, aunque comprendemos que tenga calor y que es lógico que quiera ir desnudo, no puede hacerlo. Las normas culturales dependerán de dónde estemos y por eso aquello de «allá donde fueres, haz lo que vieres».

Pegar, empujar, arañar, etc., serán un límite claro porque atentan contra la integridad de otras personas, y ahí tendremos que ser muy claros y comprender que, aunque es lógico y normal que nuestro hijo de tres años quiera pegar a otro (ya sabemos que a esa edad el autocontrol es muy nimio), no podemos dejar que lo haga. Intentar romper un columpio, ensuciar el tobogán por donde se tiran los niños del parque o tirar piedras a una farola también serán límites clarísimos porque atentan contra lo compartido.

Cuando tenemos niños y niñas pequeños que están absolutamente movidos por sus necesidades básicas, en plena fase egocéntrica, con falta de autocontrol y con mucho desconocimiento de las normas básicas de convivencia, sociales o culturales, es nuestra responsabilidad estar muy atentos y ayudarles, guiándoles desde el respeto pero también desde la firmeza para que vayan, poco a poco, aprendiendo qué sí pueden hacer y qué no les será jamás permitido. Que sepan dónde están las líneas rojas que no se podrán cruzar. Que sepan qué límites son inamovibles y qué normas podemos discutir, valorar, reencajar y negociar.

Justamente porque no comprendemos muy bien el sentido de la crianza consciente y la importancia que tienen los límites en ella, a menudo hay personas que se confunden y que, respetando y comprendiendo que su hijo tiene necesidades básicas y falta de autocontrol, le permiten hacer cosas que atentan contra su propia integridad y el bienestar de los demás.

Yo lo comprendo, los límites no es un tema fácil. A veces por miedo, a veces por pereza, a veces por cansancio, a veces por desinformación demasiado a menudo no nos situamos en el adulto que somos y no acompañamos a nuestros hijos como necesitan en cuestión de límites. Lo sé, es desagradable poner límites y que un niño de dos años y medio te los proteste como si le fuera la vida en ello, lo sé. Pero es lo que toca con la edad que tienen, y es lo que nos toca a nosotros hacer. Ponerlos, aunque cueste. Reflexionarlos, aunque luego nos demos cuenta de nuestras incoherencias. Abrazarlos, aunque en nuestra infancia nuestros padres hicieran justo lo contrario.

No podemos escapar de eso: nuestros hijos e hijas nos necesitan.

EXPLORA...

Ahora te propongo que paremos un momento para conectar con el cuerpo. Te invito a observar tu respiración, que será el timón para escucharte. Nota cómo el aire entra y sale de tu cuerpo. ¿Qué se ha movilizado en ti en cuestión de límites? ¿Sientes que te han quedado las cosas más clara después de leer lo anterior o por el contrario te has perdido más? Es posible que ahora estés reflexionando sobre los límites que ponéis en casa y te hayas dado cuenta de que más que límites eran normas. ¿Te sientes capaz de recapacitar, meditar y volver a situar qué es un límite y qué no? ¿Sientes que tu ego se sentirá herido o se siente ya ahora herido si hay que dar marcha atrás en algo que dijiste o pensaste?

Te invito también a reflexionar sobre qué límites había en tu casa cuando vivías con tus padres. ¿Crees que los límites eran reflexionados y conscientes? ¿Cómo te sentías cuando te decían no en casa?

Venga lo que venga y sientas lo que sientas, respíralo profundamente. Puede que se hayan movilizado emociones y estés un poco removida o removido. No te preocupes, está bien, están aflorando cosas que no se habían hecho conscientes y a veces duele, pero poner luz a lugares oscuros ayuda siempre a avanzar, no lo dudes. Permítete sentir, no te juzgues, y mantente abierta o abierto a lo que sea que tenga que venir en forma de recuerdos, emociones, o reflexiones.

CUÁNTOS LÍMITES

Parte de la respuesta la encontramos cuando nos ponemos en el lugar del peque: ¿crees que te gustaría que te dijeran a todo que no? Seguramente, en absoluto, igual que tampoco nos gusta que nos digan a todo que no cuando somos adultos. Un niño es capaz de tolerar y aceptar algunos *no*, pero estos no pueden ser numerosos porque, en ese caso, al final acabarán por coartar la necesidad de exploración, de movimiento, de juego libre, etc., del niño, que sentirá malestar y que le impedirán desarrollarse como necesita.

Cuando un niño o una niña reciben muchos *no*, es más que probable que dejen de procesarlos y, por lo tanto, se los acaben saltando, incapaces de acatar tantos límites que limitan su naturaleza de niño. Necesitan moverse, necesitan jugar, necesitan explorar, desordenar, y también expresarse, y mil cosas más. Si les impedimos todo lo que necesitan, si todo es *no*, les estamos impidiendo ser, y aquí es adonde no tendríamos que llegar nunca.

A veces parece que en vez de niños, lo que se quiere tener son niños en tamaño, pero adultos en razonamiento y comportamiento, y esto, lo siento, pero es imposible. Si haces el proceso que te he recomendado anteriormente de reflexionar y hacer conscientes los límites, te darás cuenta de que en realidad son pocos los que tendrás que aplicar. Si son pocos, conscientes y firmes, tienes muchos números de que tu hijo o hija responda de una manera muy positiva a ellos y, al cabo de poco tiempo, los tenga perfectamente integrados.

Al respecto de esto te propongo un ejercicio. Si no tienes consciencia de si ponéis muchos límites y *no* en casa, o más bien pocos, te invito a que a lo largo de un día entero apuntes en un papel todos los *no* que digas a tu hijo. Todos y cada uno, no te dejes ninguno. Por la noche, cuando ya estéis en la cama, cuéntalos y te darás cuenta de qué dinámica tenéis en casa. Te darás cuenta de si muchos de esos *no* en realidad eran *sí*. Te darás cuenta de si a veces dices *no* por pereza de lo que comporta un *sí* (¿mamá, puedo pintar piedras, ahora? Y como te da una pereza terrible todo el follón que montará dices que *no* con alguna excusa como que hay que cenar dentro de nada, o similares). Te darás cuenta de si dices a veces *no* porque en tu casa, cuando eras pequeña o pequeño eso mismo era un *no* y no te has parado a pensar que quizá era un límite inconsciente y sin importancia, etc.

La mayoría de las familias a las que les he propuesto este ejercicio me han dicho, después del recuento, que estaban asustadas de la cantidad de *no* que les habían impuesto. Esto, automáticamente, las había hecho conectar con sus hijos y con lo pesado que tiene que ser escuchar todo el día a todo, o casi todo, que *no*. Esto, normalmente, les ayuda a tomar consciencia, reconsiderar y resituarse desde otro lugar, con otra perspectiva y con otra mirada.

Porque no son solo tus *no*. Tienes que tener en cuenta que después de los tuyos vienen los que les dice tu pareja, y luego, los del entorno (abuelos, canguro, etc.), y luego los que reciben en el cole (cuando quieren salir al patio no pueden, y cuando quieren quedarse en el aula porque están pintando tienen que dejarlo porque toca salir al patio). Hay tanto que no pueden decidir, que es muy importante que tomemos consciencia del poco margen de decisión que tienen en su cotidianidad. Es justamente por eso que necesitan juego libre, poder mandar ahí, poder tomar sus propias decisiones en cosas que ya puedan hacer, como escoger su ropa si lo quieren. En una etapa de desarrollo en la que es tan importante practicar la toma de decisiones, decirles constantemente que no es provocarles un malestar que acabará inevitablemente saliendo por un lugar u otro. Una forma es a través de las rabietas, pues con tanto límite al final explotan. Otra forma es sintiéndose como si fueran «incorrectos» porque todo lo que quieren, proponen o desean, recibe un *no* por respuesta.

CÓMO PONER LÍMITES

Este punto es uno en el que más nos perdemos. No es solo que no sepamos qué límites o cuántos, sino que, además, cuando queremos ponerlos, no encontramos la forma. ¿Qué digo? ¿Cómo se lo digo? ¿Y si llora? ¿Qué hago? Tenemos muy asociado el poner límites enfadados, como riñendo y alzando la voz. Muchas familias me confiesan: «Es que hasta que no grito con ese límite, no me toman en serio». La pregunta sería «¿cómo de serio te tomas tú ese límite cuando lo estás transmitiendo?», porque estoy segura de que aquí habrá algún problema al respecto de la energía que emanamos.

Procedemos de unas crianzas tradicionales en las que los límites se imponían con autoritarismo, no autoridad. Venimos del «porque lo digo yo», «tú hazme caso y calla», «y punto», y mil frases más que vienen a decir lo mismo: obedece sin rechistar. Una vez más, cuando estamos en situación de poner un límite a nuestro hijo y decirle, por ejemplo, que tiene que lavarse los dientes, de repente no sabemos cómo hacerlo si no es desde el enfado cuando se hace el remolón.

Hay otra cosa que nos impide, a menudo, poner límites desde la serenidad y la asertividad, y es que tenemos la creencia de que las cosas «deberían» comprenderlas. Que diciéndolas un máximo de tres veces ya tendría que ser suficiente. ¿Te habían hecho alguna vez eso de «una, dos…, y»? como si solo se tuvieran que repetir las cosas tres veces, o como si a la de tres todo tuviera que ser obediencia. Y digo yo, ¿por qué? Especialmente con los niños pequeños, que tienen tanta inmadurez, que tienen un cerebro en desarrollo, que no funcionan desde el razonamiento lógico del adulto, ¿por qué deducimos que deberían hacernos caso a la primera o como máximo a la tercera?

Con esta creencia a menudo se pierden los nervios. El límite se transmite bien la primera vez y la segunda, pero a la tercera se pierden los estribos, se grita, o se coge al niño del brazo y se le obliga a lo que fuera que tenía que hacer y no ha hecho. Si nos dijeran, en cambio, que a un niño pequeño hay que dirigirse desde otro lugar, que hay que repetirle las cosas muchas veces precisamente porque su cerebro está en desarrollo y que hay que tener quilos y quilos de paciencia, que hay que conectar con ellos y no ordenar, estoy convencida que tendríamos más mano izquierda y temple.

Si tenemos en cuenta cómo es un niño (te remito al capítulo 3 de este libro), podemos transmitir el límite desde el gozo, el juego y la diversión. Si hay que lavarse los dientes, responderá mejor si lo hacemos mientras jugamos a que estábamos de campamentos, a que éramos superhéroes o superheroínas que nos preparábamos para ir a una misión, o lo que sea, que si solamente le decimos «venga, lávate los dientes». Cumplir órdenes, no nos engañemos, no nos gusta a nadie. ¿A ti te gusta? Porque a mí, que me ordenaran las cosas como se las ordenamos a menudo a los niños no me gustaría en absoluto. Me rebelaría seguro.

Aquí entra el nuevo paradigma de la crianza consciente: se puede poner límites desde el respeto, la consciencia y la conexión. Jugando, conectamos, y es justamente desde la emoción que les proporciona el juego que los niños y niñas aprenden. Desde el gozo y el respeto por quien tenemos delante conectamos y, desde la conexión, será mucho más fácil que nuestro hijo o hija quiera colaborar y responda positivamente a ese límite. Tenemos que meternos en la cabeza que no tendría que ser necesario gritar jamás, a no ser que nuestro hijo o hija esté en peligro y tengamos que avisarle de algo. Pero nunca deberíamos faltarles al respeto porque no nos hacen caso a la primera o porque tienen que cumplir el límite que hemos decidido.

Ponemos el límite porque somos los adultos, porque sabemos qué necesidades tienen y que no tenerlas satisfechas les hará sufrir y sentir malestar. De modo que desde el adulto consciente que somos, les transmitimos los límites respetando el ser que es, con asertividad, serenidad y mucha paciencia. Veamos algunos ejemplos.

Mi hijo ha intentado pegar a un niño en el parque. Lo primero es poner el límite y no permitir que le haga daño. Le paro físicamente sin gritar, ni reñir, simplemente ejerciendo el control que él no puede ya que su autocontrol todavía no está desarrollado. Le paro para proteger al otro niño y también a él mismo. Luego intento conectar con cómo está porque quizá esta pérdida de control tiene su causa en cansancio, agobio, celos. Valido lo que yo crea que está pasando, «creo que ahora mismo estás muy cansado», por ejemplo, y tomo la decisión que crea más conveniente que, en este caso, quizá es marcharnos del parque. Si es así, lo hago.

Es hora de vestirle porque tenemos que salir de casa y tiene que ir al cole. Mi hija empieza a decir que no quiere vestirse, pero tiene que hacerlo porque, como hemos dicho antes, no puede salir desnuda a la calle. Así que puedo intentar conectar con ella jugando: «vamos a abrir el cajón a ver qué pantalón quiere ir esta mañana con Claudia al cole. Pantalones, ¿estáis ahí? ¡Sí! ¡Yo, el pantalón azul, quiero ir yo! ¡No, yo, el amarillo!» Poner voz a la ropa, simular que son personajes, será una forma mucho más divertida de vestirse y es muy probable que acceda.

Es hora de dejar de ver dibujos porque el límite en casa es que nuestros mellizos vean solo treinta minutos el sábado, por ejemplo. Han pasado los treinta minutos y les decimos que tenemos que parar la tablet. Cojo la tablet y la paro. Uno de ellos empieza a patalear y a protestar. Mantengo la calma y le comprendo: le acabo de cortar eso que le hacía sentir tan bien y que le daba satisfacción inmediata. Comprendo que es normal que se enfade y no me engancho a su emoción. Sigo con la tablet parada, la escondo en un lugar donde no pueda acceder a ella ni pueda verla para que no lo vaya recordando, y conecto con lo que necesita: ¿espacio?, ¿llorar un rato?, ¿un abrazo?, ¿mi atención? No me enfado, me mantengo asertiva sintiendo el límite con sus raíces en el suelo porque es un límite que tomamos conscientemente y me mantengo tranquila porque siento que es lo correcto. Me repito a mí misma que es mi responsabilidad poner límites porque le ayudan a desarrollarse con seguridad. Veo más allá del comportamiento e intento conectar con la raíz, no con el síntoma. Me mantengo neutra y a la vez empática y receptiva para poder sostenerle en este momento en que está mal.

¿Idílico? Es consciencia y práctica. Consciencia y práctica una y otra vez, sin parar. En próximos capítulos te contaré con más detalle cómo actuar y te pondré muchos más ejemplos de situaciones muy habituales en las que, a veces, colapsamos todos. Acompañar estas situaciones de forma asertiva no sé si es idílico o no, solo sé que es posible si estamos centrados, situados en el adulto que somos y absolutamente convencidos de que el niño o la niña que tenemos delante no merece menos que todo nuestro respeto y paciencia. Pero otro punto muy importante en el que quiero hacer hincapié es en el *desde dónde* ponemos los límites. Es algo que en mi día a día como madre me pregunto cada vez que estoy poniendo un límite a mis hijas. Porque los podemos poner desde el ego, desde el niño herido que fuimos, desde el adulto consciente que somos, desde el adulto conectado o desconectado, desde el autoritarismo heredado, desde la expectativa inconsciente, etc. ¿Desde dónde estamos actuando ahora y aquí? Y esto nos conecta con lo dicho en páginas anteriores: ¿qué estamos cocreando?

El lugar desde donde deberíamos todos poner límites es desde los adultos maduros y conscientes que somos. Pero resulta que a veces no lo somos tanto y se nos nota el ego, el autoritarismo y las heridas por doquier. Mantenernos conscientes y con el foco puesto también en nosotros nos ayudará a recibir luces de alarma: «Ey, ¿qué haces? Desde ahí no, resitúate». Porque este es en realidad el gran problema que tenemos con los límites (más allá de que no sabemos cuáles poner o cuántos): que los ponemos desde un lugar equivocado, desde una energía que no es, en absoluto, la que ellos necesitan.

Si yo tengo una actitud autoritaria, lo más probable es que mis hijas se reboten. Vamos, seguro. Si estoy desde el ego, ellas me ganarán en eso y desde ahí nos será imposible conectar y que comprendan que ese límite es importante. Si estoy pero no estoy (ya sabes, cuando estamos pero sin presencia plena), tampoco van a hacer lo que les diga porque me notan lejos y el límite no les llega consciente, claro y firme. Así que un muy buen ejercicio que puedes practicar después de reflexionar en todo lo que hemos hablado antes es el de preguntarte, cada vez que tengas que poner un límite: «¿Desde dónde lo estoy poniendo?»

EXPLORA...

Después de leer este apartado es probable que se hayan removido cosas en ti o que hayas recordado situaciones o vivencias al respecto. Detente un momento y céntrate solo en ti. Te propongo que pongas tu atención en el cuerpo y empieces por la respiración, haciéndola consciente, notando cómo el aire entra y sale de tu cuerpo. Relaja las partes donde notes tensión con cada exhalación.

Ahora, pon tu atención en el momento presente, lejos de tu pasado o de cómo quieres hacerlo a partir de ahora. Céntrate solo en tu ahora y aquí. Respira profundamente... ¿qué estás sintiendo ahora mismo? ¿Qué emoción dirías que habita en ti?

Te propongo que explores desde dónde crees que ponían tus padres los límites cuando eras pequeño o pequeña. ¿Qué sientes al respecto? Puede que se activen recuerdos de esas etapas. Está bien, entra en ellos porque si acuden a ti es para darte información que quizá quedó borrada. Y ahora te invito a explorar cómo sientes que tú pones los límites a tus hijos, ¿desde dónde lo haces?, ¿desde qué energía? Fíjate durante los próximos días en eso y podrás ver si hay alguna similitud con cómo lo hacían tus padres. Las respuestas te harán reflexionar y, sobre todo, tomar consciencia.

CUANDO NO OBEDECEN

En realidad este es el temazo, ¿verdad? Y cuando no obedecen, ¿qué? Pues lo primero es aceptar que tienen el derecho de no obedecer. ¿Qué te parece? Tengo la sensación de que con los niños y las niñas realmente no tenemos absolutamente integrado que son personas distintas a nosotros y que, por lo tanto, tienen también sus puntos de vista, sus opiniones, sus formas de ser, sus creencias y sus ideas. Por eso, cuando les mandamos obedecer, esperamos que lo hagan. Ni nos cuestionamos que no puedan hacerlo. Y yo te digo: *why not?* ¿Por qué deberían obedecernos sin rechistar? Y podrías responderme «porque lo hago por su bien» y yo estoy segura de que la intención es buena, pero a tu hija, ¿qué le cuentas? Es pequeña y eso no lo sabe y, además, le trae sin cuidado.

Aceptemos, en primer lugar, que son personas y que tienen el derecho a no obedecer, a querer hacer otras cosas distintas de las que les pedimos, que tienen su propia visión y opciones. Son otro ser, distinto, libre, soberano y en cambio constante. Esto no significa que puedan hacer lo que quieran, pero debemos comprender que ante un «recoge tus juguetes», nuestro hijo o hija tiene todo el derecho a decir «no quiero». Esto a algunos les parecerá una obviedad y a otros, una aberración, quizá. Pero es que es el primer paso para el entendimiento, pensar que no siempre tienen que hacer lo que nosotros digamos.

Cuando ponemos un límite o les pedimos algo, tenemos que comprender su aquí y ahora (si está cansado, qué necesita, etc.) y tenemos que conectar. Pero es básico que en nuestra cabeza entre la posibilidad de que no obedezca, porque luego, si no lo hace, entendemos que es algo que podía ocurrir, que entraba dentro de las posibilidades. Pero si nuestra mente no tiene espacio para la posibilidad de desobedecer, cuando lo hagan (porque créeme que lo harán), se nos cruzan los cables porque lo vemos absolutamente como algo que no encaja, como un problema, como una gran falta de respeto hacia nuestra autoridad y persona. No, no tiene nada que ver con eso, es simplemente que son personas y, como tales, tienen sus propias ideas, deseos y decisiones.

También tenemos que comprender y aceptar que de los dos a los seis años nuestros peques necesitarán experimentar la toma de decisiones propia, la confrontación y, también, por qué no decirlo, la desobediencia. Es normal. En realidad, todo esto les está entrenando para cuando sean más mayores y ya no estén mamá y papá a su lado para ayudarles en todo. Necesitan pasar por esta etapa y necesitan también confrontar las decisiones de los padres, rebelarse, llorar y decirnos lo equivocados que estamos. Entra dentro del pack de ser madre y padre, lo siento. Así que, mucha paciencia porque lo que va a hacer tu hijo o hija es normal y, no solo eso, seguramente esperable. Lo más importante no es qué va a hacer él o ella, sino qué harás tú para lidiar con sus negativas a los límites que hayas decidido que son inamovibles. Pero con las pautas que te he dado antes y con los ejercicios de exploración, estoy segura de que te será mucho más fácil.

Una vez que tenemos todo lo anterior claro (que tienen derecho a no querer cumplir nuestros límites y que, además, intentarán en ocasiones saltárselos), podemos explorar más profundamente qué está pasando cuando el límite que ponemos no lo cumplen. Puede haber varios motivos y te voy a nombrar algunos de ellos, probablemente los más frecuentes:

- **Ponemos tantos *no* que le desbordan, ya no los escucha ni contempla cumplirlos:** aquí tenemos que revisarnos porque desde el exceso de noes estamos yendo en contra de su naturaleza.

- **Que el límite no sea adecuado a su momento ni desarrollo:** queremos que cumpla cosas que, por edad, no le corresponden ni puede cumplir. Por ejemplo, que no se levante del restaurante en una sobremesa eterna con la familia, o que se esté quieto media hora sentado en una silla. No va a poder. Tendremos que salir a la calle para que pueda moverse (recordemos que era una necesidad básica) para luego, cuando esté mejor, poder volver a entrar y pasar un rato más sentado.

- **Que haya tanto malestar que necesite buscar la confrontación:** esto puede pasar cuando, por ejemplo, nuestro hijo o hija está demasiado removido porque ha empezado el cole, porque tiene un hermano pequeño y está muerto de celos, o por otros mil motivos. Como en realidad se siente mal y está enfadado, puede necesitar no cumplir el límite para buscar la confrontación con nosotros y poder llorar, rabiar y expresar todo su malestar. En realidad, solamente necesita una excusa para poder explotar y sacar todo su malestar.

- **Que ponemos el límite desde el lugar inadecuado (por lo general enganchados a nuestro ego), lo notan, y no quieren participar de ello:** esto también nos pasa a los adultos cuando discutimos, por ejemplo, con la pareja. Cuando notamos que la otra parte actúa desde el ego, eso nos hace colocarnos todavía más en nuestra posición y acabamos siendo dos niños discutiendo. Pues bueno, en su caso es absolutamente normal. A la que notan nuestra necesidad de control desde el ego, huirán por patas (listos que son) y rechazarán seguramente cumplir el límite que les imponemos.

- **Que quieren llamar nuestra atención:** a veces sin querer entramos en una dinámica que hace que nos sientan solo disponibles, presentes y absolutamente atentos cuando no cumplen un límite. Ahí es cuando lo dejamos todo y les atendemos con esa presencia que ellos anhelan siempre y que no encuentran en nosotros en otros momentos en los que no hay conflicto. De esta forma, buscarán constantemente el conflicto con nosotros, solamente para saborear esa presencia plena que les damos en el enfado. Sí, aunque sea por las malas, nos quieren presentes. Así de importante es para ellos que les atendamos con todos nuestros sentidos y presencia plena.

- **Que están desbordados emocionalmente o por cansancio y son incapaces de atender a razones:** esto pasa muy a menudo. Están tan cansados que cuando decimos que hay que lavarse los dientes nos dicen que no y no quieren hacerlo por nada del mundo. O están tan exhaustos y con hambre que cuando les decimos que hay que irse del parque montan la de San Quintín y no quieren marcharse ni por asomo. Bueno, ahí nos hemos pasado de rosca: hemos calculado mal y nuestros hijos se han pasado también de vueltas y ahora hay tal malestar que necesitarán expresar, vaciar, llorar y sacar hacia fuera su desborde emocional y físico. Tomemos nota para próximas veces.

Cuando nuestro hijo o hija no cumpla el límite que hemos establecido, será absolutamente imprescindible e importante que permanezcamos en el adulto que somos y, desde ahí, tomemos la decisión consciente y no reactiva que sea necesario tomar. Con el ejemplo del parque, si hemos decidido que está cansado y desbordado y que es momento de ir a casa, lo haremos. Sí, y puede que no quiera. En este caso tendremos que cogerle en brazos e irnos a casa cuanto antes. Muchos se ponen a conversar e intentan hacerle entrar en razón. Estamos hablando de niños pequeños que, como hemos dicho antes, tienen el cerebro en pleno desarrollo y con la parte del razonamiento lógico menos desarrollada: en el momento del enfado porque no quiere irse del parque no te recomiendo ponerte a hablar con él como una buena solución. Es muy probable que no lleguéis a buen puerto y que, en cambio, lleguéis a casa a las tantas y peor. Por eso, permítele que llore y proteste, pero haz tu trabajo: llévalo a casa porque es tu responsabilidad conseguir que esté en casa descansando y coma cuanto antes.

A muchos, lo de tener que cogerle en brazos o meterlo en la silla en contra de su voluntad después de haber intentado jugar y dialogar con ellos les violenta mucho. Lo entiendo, no es en absoluto agradable y estoy convencida de que cualquiera pagaría por no tener que encontrarse en esa situación jamás. Lo he vivido, he estado ahí. Pero muchas veces no queda otra. Es lo que es. Nos toca vivir la realidad que nos toca y a ellos también.

* * *

Si tenemos que subir al coche y no podemos demorarlo más, tenemos que subir, no hay otra. Y si tenemos que cogerle en brazos lo hacemos porque es nuestro deber tener en cuenta sus necesidades y esa perspectiva que nos ayuda a tomar decisiones conscientes. No, no le vamos a provocar un trauma por llevarle a casa mientras llora y patalea. Porque aquí lo importante es que lo hagamos desde la serenidad, sin estar reactivos a sus emociones. Lo hago, pero desde un lugar adulto, consciente y neutro, sin activarme con su emoción. Lo hago sin enfadarme, sin estar pendiente del qué dirán (luego hablaré de eso), sin indignarme ni engancharme a mi ego, que quizá me dice: «esto no debería de estar ocurriendo, ¿por qué este niño no obedece como lo hace el del quinto primera? ¿Qué estamos haciendo mal?» Ya sabes que entrar en el ego nunca es buena opción, así que lo mejor es respirar hondo y repetirte como un mantra: «yo soy la adulta. Está cansado y tengo que llevarle a casa a descansar, comer y dormir. Estoy haciendo lo que necesita que se haga».

No esperes su aprobación, no esperes su validación. Cuando tú te indignas con alguien tampoco le validas, ¿verdad? Solamente céntrate en lo que tienes que hacer y quédate tranquila/o. Todo está bien. Permítele estar enfadado y no te desvíes de la adulta o adulto que eres. No es nada personal, solamente se está expresando. Tú mantente en tu centro, respira y ayúdale a cumplir el límite.

EXPLORA...

En las últimas páginas hemos hablado de límites, de confrontación, de conflicto, de autoridad. Te propongo que pares un momento y escuches en tu cuerpo qué tal se han recibido estas palabras. Para entrar a explorar, conecta con tu respiración y observa el aire cómo entra y sale de tu cuerpo. Observa si se ha activado alguna emoción. ¿Te has sentido identificada/o en alguno de los ejemplos?

Te invito a que hagas memoria e intentes recordar qué pasaba en tu casa cuando no respetabas un límite que te habían puesto. Qué pasaba si hacías algo que no podías hacer cuando eras pequeña/o, o si, por ejemplo, de adolescente te saltabas algún límite: horas de llegada a casa, notas escolares, recoger la habitación, etc. ¿Cómo lo vivían tus padres? ¿Se enfadaban contigo? ¿Te caía la bronca?

Ahora te propongo que vuelvas al momento presente e intentes recordar alguna vez en que tu hijo o hija no ha hecho lo que le pedías. Cuando no ha querido recoger sus juguetes, o lavarse los dientes, o ir a la cama, ¿cómo lo has vivido tú? ¿Tenías la sensación de que te estaba sacando de quicio? ¿Lo vivías como algo personal? ¿O podías mantener la calma?

Para próximas ocasiones, es muy importante que estés muy presente en tu cuerpo y observes qué va pasando en él cuando tu peque no quiere obedecer una norma o un límite que le acabas de poner. Observarte, escucharte y estar alerta a las señales internas te ayudarán a no perder tu centro y a saber actuar consciente y asertivamente.

CAPÍTULO 8

CÓMO ACTUAR

Aquí viene la hora de la verdad: tu hijo está en plena rabieta y estamos «entrenados» para hacer algo, porque así es como hemos actuado mientras era un bebé. Su necesidad manifestada en forma de llanto nos movilizaba por dentro y sentíamos que teníamos que resolver eso que le sucedía sin perder ni un segundo. Gracias a eso, a esa conexión que tenemos madre-bebé en la etapa fusional, la naturaleza se asegura de que la especie no se extinga: el bebé pedirá con fuerza lo que necesita y la madre sentirá con fuerza en su cuerpo esa demanda y hará lo posible para satisfacerla y calmar, por lo tanto, el sufrimiento del bebé.

Cuando el niño entra en fase de rabietas ya no estamos hablando de un bebé de tres o catorce meses, estamos hablando de niños más mayores, especialmente de niños a partir de dos años. Esto no significa que no pueda haber niños que con catorce meses se tiran al suelo y se pegan a sí mismos. Sí, los hay y todavía son bebés, pero la gran mayoría no empieza con esa etapa hasta que son más mayores. En este capítulo hablaré de acompañamiento porque es lo que tenemos que aprender a hacer: acompañar la emoción (rabia) que se ha desbordado.

¿Sabes cuál es la cosa que hace que una persona que está pasando por algo doloroso lo pueda atravesar mejor, sin tanto sufrimiento? Sentirse acompañada. Pase lo que pase y por doloroso que sea, lo que más nos ayuda en momentos así es sentir que no estamos solos, que hay sostén, que hay alguien que nos acompaña como necesitamos. Y en el acompañar es imprescindible que aprendamos a dejar de juzgarlo todo. No solo juzgamos a nuestro hijo cuando está así, sino que a menudo también juzgamos lo que pasa. Consideramos «un rollo», «un fastidio» y muchas cosas más esa rabieta que está sucediendo. Juzgamos lo que es y juzgamos a nuestro hijo/a por sentir lo que siente. El acompañamiento asertivo y consciente siempre hay que hacerlo desde el no juicio. Lo sé, ahora me estás leyendo y estás pensando «esto es muy difícil», y quizá lo es, pero ¿sabes cómo se consigue? A base de práctica, práctica y más práctica. Pero hay más.

HAGAMOS NUESTRO TRABAJO

Entre que venimos de la etapa en la que eran bebés y teníamos que buscar soluciones, y que vivimos en una sociedad que tolera muy mal las emociones que producen sensaciones desagradables e incomodidad, ante la rabia de nuestro hijo o hija queremos pasar a la acción haciendo algo. Lo que sea, pero algo. Por eso la pregunta que más me han hecho con respecto a las rabietas de los peques es «¿qué hago cuando se pone así?» En este capítulo te la voy a responder, pero quiero poner atención en la forma que tenemos de funcionar, especialmente en Occidente, donde ponemos un énfasis desmesurado en el *hacer*, y mucho menos en el *ser* o *estar*. Valoramos mucho el pasar a la acción para cambiar la situación, y no tanto el cómo estamos en ella, qué somos en ella y qué nos muestra.

Así que lo primero que tendremos que hacer es estar muy atentos a ese impulso que nos empuja a actuar rápidamente como si tuviéramos que solucionar su estado. Como si tuviéramos que «arreglar» a nuestro hijo. Como si hubiera una situación de alarma en la que tuviéramos que actuar ya. Es muy importante que nos observemos cuando se activa ese impulso para que podamos tener otra aproximación más consciente a lo que está sucediendo. De esta forma, podremos cocrear una mejor respuesta, más conectada a lo que nuestro hijo necesita ahora de nosotros, sabiendo y viendo que no es una situación de alarma y que a menudo hay poco que hacer y mucho que sentir, conectar, validar y aceptar lo que es y lo que siente y acompañar.

Para poder tener una respuesta asertiva ante la rabieta, te sugiero que apartes de tu mente cualquier «debería». Ya sabes: «ahora no debería tener esta rabieta por esto tan nimio» o «ahora que salimos hacia el cole, no deberíamos tener una rabieta porque vamos a llegar tarde». Recuerda: es lo que es y ahora lo que tienes delante es a tu hijo en plena rabieta. *That's it*. No cuestiones lo que es como si tú tuvieras que saber más sobre lo que os conviene como almas en pleno aprendizaje y proceso de vida que sois, y en vez de eso, decide cuál quieres que sea tu participación y cocreación al respecto. Básicamente sería un: «*do your work*», haz tu trabajo para que la energía que pongas en este momento sea la adecuada para que podáis salir de él más conectados y llenos de aprendizaje y crecimiento. Cada uno tenemos que hacer nuestra parte del trabajo, así que lo primero que hay que hacer en una rabieta es apropiarnos de lo que sí depende de nosotros y que sí está bajo nuestro control.

Así que, resumiendo, lo primero que tienes que hacer es darte cuenta del impulso que te empuja a no aceptar la situación, a querer cambiarla y a hacer algo para serenarte, y aceptar tu presente soltando resistencias y, lo segundo, adueñarte de tu sentir. Si esta rabieta ahora mismo te fastidia, aduéñate de tu frustración. Si lo que sucede ahora no querías vivirlo en este momento, acoge este sentimiento de impotencia tan desagradable que sientes. Respíralo. Luego, pregúntate: ¿con qué energía participo de la cocreación de este momento? Si te das cuenta de que, en parte, la rabieta la has provocado tú porque no estabas presente, porque has dicho algo que no debías, o por lo que sea, responsabilízate de ello y vuelve a recuperar tu centro y tu norte. No te culpes ni juzgues, estamos todos aprendiendo a ser madres y padres y nadie nace enseñado. Así que respira y conecta con tu propia energía para limpiarla de *deberías*, de expectativas y de frustraciones, para poder cocrear un momento de conexión que ayude a canalizar esa rabia y transformarla.

Todo esto pasará en décimas de segundo, cada vez (a base de práctica) más rápido. Ya verás que cuanto más practiques el doble foco y el conectar con tu propia energía, mejor saldréis de cada rabieta.

LÍMITE CLARO

En el caso de que en el desborde de la rabieta nuestro hijo empiece a pegarse a sí mismo o a pegar a otros, o a tirar y romper cosas, lo primero que haremos es poner el límite claro y garantizar la integridad de las personas y las cosas. Aunque no sepamos todavía lo que está pasando, ahora mismo lo fundamental y prioritario es garantizar que no se hace daño, que no daña a los demás, que no rompe nada y que está seguro y los demás también (te remito al capítulo 7). Pondremos este límite físico sin enfadarnos e intentando mantenernos en nuestro centro. Es cierto que cuando le vemos con esa cara de poseído queriendo pegar a alguien o romper algo nos choca y no nos gusta. De repente parece que tenemos otro niño o niña porque le vemos con una energía a la que no estamos acostumbrados. Pero esa es la expresión de su rabia ahora, no es su esencia. Es decir, es mucho más que lo que ves en esos momentos de agresividad. Recuerda que no tiene autocontrol y que se desborda fácilmente. Pon tú el control que a él o ella le falta desde la serenidad, desde una energía calmada pero firme y sin juicios. Le separas, le coges para que no se haga daño, le contienes si es necesario y, si no, simplemente le apartas de lo que esté a punto de romper o pegar.

Es importante que nos mantengamos tranquilos y serenos porque de lo contrario no podremos pasar al siguiente paso.

CONEXIÓN

Ahora céntrate en él. Tenemos que conectar con él para saber qué le pasa, qué nos está intentando comunicar. Así, alejaremos de nuestra mente cualquier creencia que busque culpabilizar a nuestro hijo o deducir que nos está tomando el pelo. No nos toma el pelo. Está mal y es su manera de contárnoslo. En cada rabieta, imagínate a tu hijo con una bandera blanca de SOS. Eso es lo que es: tu hijo pidiendo tu ayuda, tu mirada, tu comprensión, y no intentando tomarte el pelo.

Apartadas estas creencias que no te harán ningún bien, empatiza con él. No podrás conectar con él si no empatizas con él, y empatizar significa sentir lo que siente, ponerte en sus zapatos, como si fueras tú quien tiene ahora tres años y medio y llora porque le hacía mucha ilusión ponerse el disfraz de Frozen, pero resulta que ha quedado en casa de los abuelos. Siente su frustración, siente su ilusión de ponérselo y comprende que, a su edad, eso era ahora lo más importante. Si empatizas con su edad también te será más fácil deducir si le pasa algo más.

O bien conecta profundamente con sus celos si ahora está en plena rabieta porque le está costando acostumbrarse a que su hermana cada día hace más cosas y todo el mundo se fija en ella. Conecta con lo mal que lo pasa, pero sin dejarte llevar por tus propias emociones, que quizá se despiertan con la empatía: que sientas pena de él, o culpa por no poderle ofrecer más tiempo contigo a solas. Estamos simplemente empatizando, y con el foco puesto continuamente en nuestro sentir para tener controladas nuestras emociones que resuenen por ahí. De esta forma, puedo darme cuenta y a la vez decirme «me ocuparé de mi sentir luego, ahora tengo que conectar, me necesita».

En la conexión con nuestro hijo o hija en pleno enfado no tengo mucho que decir, solamente conectar desde el corazón con lo que mi intuición me dice que le está pasando. Hay personas que no están muy acostumbradas a escuchar su intuición e incluso dudan tenerla. Si eres de esas, créeme, la tienes. Esa sabiduría innata que te viene de tus ancestros, del universo, de tu esencia que te guía si escuchas. Es una intuición que podrás sentir desde la conexión contigo mismo/a. Así que deberás mantenerte en silencio unos instantes y conectada/o para que tu intuición te pueda ayudar a conectar con él y con lo que necesita y requiere de ti en este preciso instante.

Estoy segura de que sabes lo que es conectar porque en muchas ocasiones te has sentido conectada/o a tu hijo, o a tu pareja, o a una amiga, o a tus padres. Y otras veces no. Así que sabes exactamente qué es la conexión. Búscala. Y para encontrarla, recuerda: silencio interno, sin juicios sobre lo que está ocurriendo ahora mismo y empatía. La intuición hará el resto.

ESCANEA LAS NECESIDADES BÁSICAS

Mientras empatizamos y conectamos, revisaremos mentalmente en décimas de segundo si hay alguna necesidad básica no satisfecha como, por ejemplo, sueño o hambre. Si la hay, te será muy sencillo comprender su estado y podrás ver qué es lo que ha pasado (ha sido error nuestro porque hemos esperado demasiado a buscar restaurante, o estábamos en algún sitio donde él no podía echar la siesta, etc.) En ese caso, y si es así, veremos que esto es un *big chicken* evitable, y que en otra ocasión tendremos que estar un poco más atentos, así que tomaremos nota. Si resulta que no vemos aparentemente ninguna otra necesidad básica no satisfecha, comprenderemos que puede haber otra causa, como que está en etapa de desarrollo convulsa con demasiados cambios y necesita sacar hacia fuera su sentir, o que quizá es algo que se nos escapa (te remito al capítulo 4).

Ten siempre presente que no tener las necesidades básicas satisfechas produce muchísimo malestar a un peque y, por lo tanto, tienes muchos puntos de que ante una rabieta monumental haya también una necesidad básica monumental no tenida en cuenta. En la conexión, tu intuición y sabiduría te dirá qué se os ha pasado por alto. Confía.

HAZ ESPACIO EMOCIONAL

Hacer espacio emocional significa, para mí, que te sientas en disposición de atender esa rabieta. Que tu energía sea la de disponibilidad y aceptación de lo que es, para que tu hijo o hija sienta que ahora mismo tiene tu atención, tu mirada y tu disposición a expresar lo que siente, por duro que sea. Sin este espacio emocional seguro en el que se sienta contenido, le será difícil poderse mostrar y sentir que conectas con él y que le ayudas, porque en vez de procurarle ese sostén, sentirá distancia emocional. Aunque estemos presentes, pueden sentirnos ausentes y lejos, y eso es lo que no queremos.

Así que estaremos en actitud de sostener para poderle transmitir que cuando está así, cuando pierde el control, nosotros estamos también ahí, sin juzgar y sosteniéndole para ayudarle a ir aprendiendo a encontrar otra forma de expresar lo que siente. A ir comprendiendo qué es lo que le pasa.

Nos costará mucho crear espacio emocional si nosotros mismos estamos reaccionando buscando que esa rabieta acabe. Desde ahí intentaremos cambiar lo que es, sin aceptación de su estado actual, y no podremos sostenerle porque estaremos más ocupados en hacer *algo* que en estar en un estado de disponibilidad y escucha total para poder sostener todo su malestar y enfado.

ATENCIÓN AL LENGUAJE NO VERBAL

En el mundo en el que vivimos, damos mucha importancia al lenguaje verbal, a hablar, a contarles cosas y a explicarnos cuando no quieren escucharnos o no quieren hacer lo que les pedimos. Muchas veces madres y padres me preguntan: «¿Pero qué le digo cuando...?» siempre priorizando la palabra. Pero cuando uno está mal (y en plena rabieta, un niño está muy mal), hablar es lo que quizá sienta peor. Primero porque no puede escucharnos, está absolutamente desconectado y nuestras palabras le provocarán probablemente más ruido del que puede ahora sostener. Segundo porque necesita más ser escuchado que escucharnos. Y tercera porque cuando hablamos normalmente nos justificamos o reñimos: justificamos el límite que hemos puesto y que no le ha gustado, o le reñimos porque creemos que no debería estar haciendo lo que está haciendo.

En realidad, cuando estamos de verdad mal, necesitamos que nos comprendan, que empaticen con nosotros y, generalmente, que quien nos acompaña hable poco. Necesitamos escucha activa: escucha desde las orejas y desde el corazón. Porque a la que hablan mucho a veces nos cabrean todavía más. Porque bastante tenemos con sostener ahora mismo nuestras emociones, que nos desbordan, como para seguir según qué discurso. Y esto madres y padres lo hacemos mucho: ya sabes, el sermón. Coger a nuestra hija en plena rabieta y soltarle un discurso de aquí te espero mientras llora sin cesar, y a más llantos, más discurso en el que vamos repitiendo una y otra vez lo que la ha hecho enfadar, así que se enfada más todavía. Es como que somos especialistas en meter más leña en el fuego.

Pondré un ejemplo a ver si te sientes identificada: tengo que llevar a mi hija a casa de los abuelos que está a treinta quilómetros y no quiere subir al coche. Está cansada porque no ha dormido la siesta y prefería quedarse jugando como estaba. Pero tenemos que irnos, así que le meto prisa. Tiene que subir al coche y no quiere pero la agarro y la subo y estalla en rabieta. Se enfada porque ya sabe que tiene que subir al coche y no le ha gustado la idea pero yo, que creo que no lo ha entendido, voy y le digo: «Pero es que tenemos que ir a casa de los abuelos y no podemos ir andando. Ya lo sabes que siempre que vamos allí hay que ir en coche. Lo siento, pero no podemos quedarnos en casa, tenemos que irnos y ya, porque si no vamos a llegar tarde».

Gran discurso en el que le he repetido tres veces de distintas formas lo mismo, que es justamente lo que la ha hecho estallar en rabieta. Vamos, que me he hartado de poner el dedo en la llaga. No hacía falta. Tanta verborrea me impide conectar, me impide sostener, me impide empatizar. A menudo madres y padres hablamos tanto porque estamos fastidiados, frustrados y nos sentimos impotentes. Y entonces hablamos sin parar porque así vamos canalizando todas nuestras emociones hacia nuestro hijo. En este caso, aquí quien nos está sosteniendo, sin saberlo, es ella, porque nos sirve de recipiente donde verter nuestro agobio.

No es su papel, no tienen que sostenernos, sino justo al contrario, es nuestro trabajo. Así que intentemos hablar menos y utilizar el lenguaje no verbal. ¿Cómo? Por ejemplo:

- Me mantengo cerca, abierta/o corporalmente y disponible.
- Le miro desde el amor y no juzgo.
- Puedo tocarle un momento, si lo admite. Si no, me mantengo en silencio cerca, nada más.
- Le abrazo cuando siento que está receptivo y que lo necesita y quiere.

Recuerda, es mucho más importante que le escuches desde una escucha corporal, activa y profunda, que no que hables. Tu cuerpo puede escuchar y hablar en silencio a la vez: úsalo.

CUÁNDO USAR EL LENGUAJE VERBAL

Como hemos visto, solemos fastidiarla bastante cuando hablamos porque nos olvidamos de conectar, y estamos más por lo que queremos nosotros (que nos entienda, que apruebe lo que le decimos, que deje de llorar, etc.) que por lo que necesita. Pero el lenguaje verbal puede ser la clave a veces para llegar a él. Te recomiendo que hables poco y que, cuando lo hagas, sea porque sientes que en ese momento tus palabras llegarán. Por ejemplo, si está gritando poseído, no es el momento. Pero como sabes, el llanto tiene unas cadencias, y cuando el llanto afloje puedes decirle algo muy simple y corto, pero que vaya directo a conectar: «estás muy enfadado. Te entiendo».

Pero hay algo importantísimo: no basta con decirlo, esas palabras tienen que resonar con lo que tú sientes. Si lo dices, pero no lo vives, será un *fail*, lo notará y se indignará todavía más porque algo no encajará. Soy partidaria de que esperemos a encontrar el momento, a que sintamos de verdad lo que decimos y, si no lo sentimos, callemos, y que confiemos en nuestra intuición, que nos traerá las palabras que necesita escuchar.

¿Sabes qué me ha funcionado muy bien siempre con mis hijas? Dos palabras: «te quiero». Cuando estaban poseídas, muy enfadadas, esperaba paciente a que bajara el suflé mientras yo conectaba profundamente con mi amor por ellas, con su sufrimiento en ese preciso instante y les decía «te quiero». La mayoría de las veces el amor las desarmaba y se quitaban corazas; automáticamente, el enfado bajaba de revoluciones. Era entonces cuando a menudo podían soltarse y decir «*mamáaa*» y venían a mis brazos o, estando en ellos, notaba cómo se relajaban y algo en ellas hacía clic. Era un «te quiero también cuando estás así», porque si cuando estás «peor» tu madre te dice que te quiere, es que te quiere mucho. Porque te quiere también cuando estás mal, cuando no haces lo que ella quiere, etc.

Nota importante: no lo pruebes si en ese momento no sientes, de verdad, un amor enorme hacia ella o él, porque entonces será falso y estarás en tu ego, esperando solo que esas palabras desactiven la rabieta (para conseguir lo que quieres), y no es eso lo que está en juego aquí. No queremos desactivar nada, queremos conectar, queremos ayudar, queremos que sepan que les comprendemos, que estamos ahí para sostenerles y que pueden confiar en nosotros. En ese momento solo queremos conectar con nuestro amor y compasión profundos hacia ellos, porque esa energía será la que hará que se sientan amados, acompañados y capaces de transitar esa emoción.

EL PODER DE LA VALIDACIÓN

Si hablamos tiene que ser para conectar, no para justificarnos. Te propongo un cambio de mirada respecto del lenguaje no verbal y el lenguaje verbal: no hablar para justificarnos porque conectamos con nuestro ego y eso nos hace contactar con nuestro miedo o con nuestras ganas de tener el poder, sino para conectar y transmitir comprensión y validación.

El poder de la validación es tremendo, pero no puede haberla si no hay empatía profunda por su sentir. Cuando están en plena rabieta, tenemos que ponernos en su piel e intentar comprender y sentir lo que debe de estar sintiendo. Cuando podemos hacer eso de verdad, podremos validar su sentir. Y eso es importantísimo porque su sentir es siempre válido. Quizá su comportamiento no, y ahí tendremos que poner límite, pero sí su sentir. Cuando uno está mal, necesita que quien acompaña, le valide. Si no hay validación, el otro no se siente ni comprendido ni sostenido.

Validar es comprender lo que le pasa y decírselo, poniéndole palabras a lo que está ocurriendo ahora y aquí. Primero tendré que validar eso internamente, y luego, sabré qué palabras decir. Por ejemplo: «Veo que estás muy enfadado, te ha sabido mal que Paula no pudiera quedarse a jugar hoy. Lo entiendo». O un «creo que ahora estás sintiendo celos de tu hermano, porque le estoy dando el pecho y no puedo jugar contigo como me has pedido». Si no sabemos qué es lo que puede estar sintiendo y no tenemos ni idea de lo que le pasa, le podemos validar con un «veo que estás sintiendo mucho malestar, no debe de ser nada agradable para ti». O simplemente un «estás sufriendo, ahora, lo veo». Vendría a ser un describir lo que está manifestándose: «Querías quedarte más rato en el parque y te he dicho que no, y ahora sientes mucha rabia, lo comprendo».

A veces, algo tan simple como describir la realidad que acontece nos cuesta un horror. Te diré por qué: no estamos acostumbrados. Estamos muy familiarizados con el buscar una solución para que eso que ocurre, pare. Estamos muy acostumbrados a que, estando mal, alguien nos diga lo que tenemos que hacer: «anímate, tendrías que volver a trabajar, te iría bien, venga, salimos a tomar algo y se te pasa, etc.» Pocas veces hemos sido validados y, cuando nos toca hacerlo a nosotros, buscamos en el archivo de memoria y referentes y nos sale otra vez el dichoso *«file not found»*.

Un día mi hija pequeña (cinco años) quería ir al colegio con sandalias de pleno agosto y era diciembre. Error nuestro por no haberlas quitado del zapatero, porque las vio y las quería. Le dije que de acuerdo, pero solo si las llevaba con calcetines de invierno. Se indignó y lo comprendo, sandalias con calcetines es un atentado a la estética. ;) No le repetí mi «no» mil veces. Solo se lo dije esa vez y me mantuve cerca. Esperé. Solo unas palabras: «te encantan, lo sé, y las has visto hoy». Conecté con su profunda frustración de no poder llevar algo que le encanta. Al cabo de un rato, conseguí acercarme y abrazarla. Justo en ese momento le dije: «no te gusta que te diga que no. Te gusta decidirlo todo tú ¿verdad?» Y ella, sollozando decía «¡síiii!» No hacía falta nada más. Mantener el límite, validarla, darle un espacio emocional seguro y permitir que lo que era, fuese. Cuando se calmó encontramos una solución: llevar calcetines con las sandalias, y si en clase tenía calor (ella siempre tiene calor en clase), se los podía quitar. Darle confianza y margen para que ella gestione algo que puede gestionar perfectamente en el cole, pero mantener el límite establecido.

A veces, podemos conectar profundamente con ellos y validarles diciendo cosas como «es un rollo a veces ser pequeño, ¿verdad? Te apetecería mandar tú, ya lo sé», o (si tenemos un niño que está rebotado por dejar de ser un bebé): «te gustaría ser un bebé y que te llevara siempre conmigo y en brazos, lo sé, a veces no es fácil crecer ¿verdad?»

Estas frases, en el momento adecuado, nos ayudan a conectar muy profundamente con ellos y les sanan un montón. Se sienten comprendidos, sostenidos, tenidos en cuenta, y pueden sentirse validados en lo que sienten y en lo que son ahora mismo. No sé tú, pero yo me acuerdo mucho de lo que sentía cuando era pequeña. Recuerdo el miedo a crecer, por ejemplo, y recuerdo la rabia que daba que mandaran ellos en muchas cosas y no yo. Recuerdo que muchas veces yo ya me sentía muy mayor y ellos no me veían así (porque no lo era) y recuerdo otras veces que quería volver a ser pequeña y pasarme largos ratos en el regazo de mamá y ya no podía. No es fácil ser niña/o.

Una vez, en una conferencia, unos padres levantaron la mano en el turno de preguntas y me dijeron: «Nosotros hacemos lo de la validación que dices, pero nuestra hija no deja de llorar, ¡no nos funciona!» El error estaba en creer que validamos para que hagan lo que queremos: que dejen de llorar, que dejen de tener esa rabieta, etc. Validamos para conectar con ellos, porque les comprendemos y queremos que sepan que es así. Validamos para que sepan que lo que sienten es válido y legítimo, y que tienen todo el derecho a sentirse así. Validamos para que se sientan sostenidos y contenidos en un espacio emocional seguro, donde no les juzgamos y les transmitimos nuestro apoyo y comprensión.

Si validamos solo porque esperamos que esas frases *tipo* paren eso que no nos gusta, ni parará, ni conectaremos, ni se sentirán sostenidos y acompañados. Vamos, no nos servirá de nada y nos saldrá el tiro por la culata porque nuestra validación no será auténtica y lo notarán a la legua.

EL CONTACTO COMO SANACIÓN

Que te cojan de la mano cuando estás mal, en silencio, transmitiéndote un «estoy aquí». Que te abracen cuando más lo necesitas. Sentir el cuerpo del otro en el tuyo sosteniendo. El contacto físico es sanador. Cuando era pequeña recuerdo que mi abuela me ponía los calcetines y, una vez puestos, me seguía tocando el pie con sus manos. Era un toque profundo que a mí, te lo prometo, me daba seguridad. Las manos de mi abuela tocando la parte de la base de mi cuerpo me daba calma, paz. El tacto de las manos de una persona amorosa calma y cura, y transmite acompañamiento sin juzgar. Pero, además, el contacto físico transmite sostén y eso es lo que necesita un niño/a cuando está en plena rabieta: sentirse sostenido.

Sí, es cierto: a veces querrás tocarlo y te rechazará o te soltará una patada. Bueno, está siendo muy claro, ahora no acepta el contacto, está demasiado enfadado. Estoy convencida de que cuando eres tú la que está enfadada/o tampoco te gustaría que nadie te tocara. Luego, quizá aceptarías un abrazo y te desmoronarías. Eso también les pasa a ellos, así que no busques contacto físico si ves que no está para eso.

Respeta su rechazo y espera paciente y amorosamente a que pueda aceptarlo.

Si estás conectada/o sabrás perfectamente cuándo es el momento de darle una mano, o de abrazarle, o de tocarle el pelo con una caricia. No tienes que decir nada muchas veces, solo mostrar que estás, que le sostienes, con el tacto. Créeme, el cuerpo a veces habla mucho mejor que las palabras.

¿Y qué pasa cuando resulta que está fuera de control y pega o tira cosas? ¿Podemos contenerle? La contención es algo que tendremos que hacer si, efectivamente, existe el peligro de que se haga daño, haga daño a los demás, o pueda romper cosas. En ese caso sí, tendremos que abrazarle y contenerle. Puede que eso le indigne más, y en ese caso le diremos que le dejaremos si puede no hacer daño o dar patadas a todo, por ejemplo. Hay quien usa la contención sistemáticamente para que el niño pare. Para mí es una forma más de control y de ejercicio de poder sobre él, porque aunque muchas veces no lo necesitará, le contendremos con tal de que pare, pues quizá lo haga al sentir agobio o miedo. Pero, insisto, es que no se trata de eso. No es una lucha de poder a ver quién gana, sino que se trata de ayudar a alguien que está sufriendo y que nos necesita.

Algunas veces la contención es justo lo que necesitan y al tocarles se relajan, se desmoronan y empiezan a llorar de otra forma, aceptando perfectamente el abrazo. Otras no. Será tu capacidad de conectar y de estar plenamente en el presente aquí y ahora lo que te ayudará a ver y a saber exactamente qué es lo que necesita tu hijo/a en ese momento en cuanto al contacto. Presta atención plena al momento desde el no juicio ni el miedo que el ego te puede llevar a sentir y confía en que lo que necesita te será revelado.

INTEGRAR LO OCURRIDO

Quizá mientras leías estabas pensando: «pero bueno, ¿y cuándo le educamos?» Pues bien, la verdad es que le educamos todo el rato porque nos están mirando atentamente a cada momento, observando nuestro ejemplo y tomando nota. Pero sí, hay un momento también para educar y, sobre todo, para ayudarles a integrar lo ocurrido en la rabieta, y ese momento no es nunca durante la rabieta, sino después, cuando las aguas ya hace rato que están calmadas.

Para que podamos educar y nuestro hijo o hija pueda comprender lo que le decimos y pueda hablar de ello no tiene que estar enfadado/a. Muchas veces queremos que educarles sea lo primero: en plena rabieta y antes de ver qué es lo que pasa, antes de validarles, y antes de conectar con ellos, ya les empezamos a «sermonear». Pero ¡nadie quiere escuchar cuando está muy enfadado! Intentar hacerlo en ese momento es un error porque no servirá de nada y haremos que nuestro hijo/a se enfade todavía más.

Así que digamos que el orden sería: conectar, validar, educar. Y entre lo segundo y lo tercero puede pasar realmente bastante rato. Si el peque tiene, por ejemplo, dos años, no esperaremos a que hayan pasado horas desde la rabieta porque ya no se acordará y cuando le saquemos el tema no sabrá ni de lo que le hablamos. Con un niño de esa edad hablaremos de lo que ha ocurrido para ayudarle a integrar todo lo vivido y sentido cuando se haya calmado. Pero con un niño de cuatro años y medio, tendremos que esperar un buen rato, o incluso horas. Quizá podemos esperar hasta el momento de acostarle para hablar de su ataque de ira.

Para poder hablar profundamente y en conexión, nuestro hijo o hija tiene que estar disponible para ello y mostrar predisposición. Esto normalmente sucede cuando de verdad estamos conectados. Así que, una vez más, déjate guiar por tu intuición y por cómo sientes vuestra energía y grado de conexión y cuando veas que sí es el momento puedes decirle algo como: «te has enfadado mucho antes, ¿verdad? ¿Qué crees que necesitabas que yo hiciera? Sé que has sufrido y lo siento. ¿Qué crees que podrías hacer distinto si otro día te vuelves a enfadar así?, etc.» Es muy importante el lugar desde donde intentamos ayudarles a integrar lo ocurrido: si lo hacemos desde el juicio o el sermón, se cerrarán en banda, se avergonzarán y puede que se vuelvan a enfadar. A nadie le gusta que le juzguen ni le sermoneen. Muy probablemente ya sabe dónde ha errado y le sabe mal. Ayúdale a sentirse sostenido para que pueda ver cómo poder canalizar su emoción la próxima vez. Puede ser incluso un muy buen momento para hacer unas respiraciones juntos y recordar que la respiración consciente siempre nos ayudará a no perder el control.

EXPLORA...

Después de haber leído qué hacer en una rabieta y por qué es tan importante, es el momento de escucharte a ti. Te propongo que pares un momento y, simplemente, lleves la atención a tu cuerpo. Primero, a través de la respiración, observa cómo el aire entra y sale de tu cuerpo. Colócate en una posición cómoda en la que puedas notar la verticalidad de tu columna vertebral y tomar así más consciencia de cómo el aire entra y sale de tu cuerpo lentamente y sin pausa...

Ahora te invito a que observes qué sientes. ¿Se ha movilizado algo después de haber leído cómo podemos actuar ante una rabieta? A veces ocurre que empezamos a recordar todas las rabietas que no hemos gestionado como nos hubiera gustado y nos empezamos a sentir culpables. ¿Te ha ocurrido? ¿Sientes cierta culpa por cómo has acompañado algunos de sus berrinches? ¿Qué sentías cuando ibas leyendo mis palabras?

Otras veces, lo que ocurre es que nos enfadamos con lo que leemos. Nuestra mente, que intenta defenderse de cómo el cuerpo se siente empieza con discursos del estilo «¡como si fuera tan fácil» o «esto ya lo hago y no me sirve de nada», o «¿cómo quiere que haga eso justo en este momento? ¡Es imposible!» Es decir, en vez de observar nuestro cuerpo cómo se ha ido incomodando porque muchas cosas están resonando, actuamos habitualmente bajo nuestro patrón de defensa. Nos defendemos y atacamos sin dejar espacio a que lo que es (nuestro sentir) sea.

Quizá no te ha ocurrido. En este caso simplemente observa cómo has vivido estos pasos y cómo te sientes ahora mismo. ¿Tienes ganas de que tenga una rabieta porque te has motivado y quieres probar si podrás hacerlo? Quizá sí te ha ocurrido lo que acabo de contar y te sientes a la defensiva. Está bien también. No te resistas a sentir eso y respíralo. Poco a poco, ve aceptando que estas palabras te han removido. Que te conectan con lugares de ti que quizá no sabes adónde te llevan. Acepta este movimiento emocional interno sin juzgarlo y escucha en silencio qué te dice tu intuición. ¿Por qué te has movilizado? Simplemente respira y acepta, respira y acepta. Deja que las palabras vayan calando y vayan integrando. No hay prisa. Estás en un proceso largo, profundo y transcendente. No te juzgues y trátate con compasión. Todo está bien.

CUANDO HAY PÚBLICO

Cuando pregunto a madres y padres qué rabietas les cuestan más de acompañar casi siempre coinciden: las que son en público, ya sea en la calle, en el parque, el súper, o en casa de familiares o amigos. Esas rabietas, con ojos que miran alrededor, son las más difíciles de gestionar. Y ¿por qué? Pues por varios motivos, pero el más destacado es que en esas situaciones nuestro ego entra en pánico. Por un lado, porque tenemos miedo a que juzguen a nuestro hijo/a y que piensen mal de él/ella, por otro lado, porque tenemos miedo de que nos juzguen a nosotros. Pero es que, además, a veces las personas que presencian esas rabietas ponen de su cosecha en ese momento con comentarios absolutamente fuera de lugar que, lejos de ayudar, estorban, y enfurecen más al crío. Yo coincido con eso: las rabietas cuando hay espectadores son las que más me han costado, por muy convencida que estuviera de mi forma de actuar o de lo que les ocurría.

Es como si, cuando hay público, el afuera nos impide ir hacia dentro con ese doble foco del que ya te he hablado (uno hacia nosotros mismos y otro hacia nuestro hijo/a) y nos quedamos atrapados en esas miradas, comentarios o energía que sentimos de los demás. Incluso a veces quizá nadie nos está juzgando, pero por el mero hecho de que haya gente ya nos sentimos más inseguros y desconfiamos de lo que puedan pensar. Pero es que quien primero está desconectado somos nosotros mismos.

Me pasó al empezar la fase de rabietas de mi hija mayor: cuando yo peor lo gestionaba todo y cuando la fastidiaba más era cuando estábamos con gente. Me sentía insegura y, como notaba sus miradas, actuaba más por (de alguna forma) satisfacerles a ellos que como yo quería actuar. Sí, un poco absurdo todo, pero era así. A veces era más dura porque creía que los que miraban debían de creer que tenía que serlo, o al revés. Vamos, que no era yo, no me mostraba con la autenticidad y con la seguridad en mis ideas como hacía en casa o en otras rabietas cuando nadie miraba. Los niños viven muy mal la incoherencia, y cuando notan que estás haciendo lo que no sientes, o que no eres tú, se indignan más, y con razón.

Luego me di cuenta de que en esas rabietas en público yo estaba más pendiente de mi ego y de mi necesidad de validación (para que pensaran un «oh, qué bien lo hace, qué buena madre es»), que por conectar y ayudar de verdad a mi hija en ese momento. No estaba presente, estaba en mi cabeza, expectativas e imaginaciones varias que no me ayudaban en absoluto a gestionar lo que estaba pasando. Ahí hice el clic y vi que en las rabietas en público tenía que meternos en una especie de burbuja ficticia donde no cupiera nadie más que ella y yo. Tenía que dejar de estar pendiente del afuera para centrarme en el aquí y ahora, en el adentro, y en solo nosotras dos. Aunque eso supusiera ignorar a los demás, o pararles los pies cuando decían alguna grosería fuera de lugar.

No fue fácil, lo confieso, porque tener que hacer eso tocaba, directamente, con mis inseguridades más profundas. Pero había que hacerlo, tenía que empoderarme y hacer lo que yo creía que debía hacer en esas situaciones, aunque le pesara a alguien. Desde ese momento, las rabietas en público empezaron a ir mejor, y nada había cambiado más allá de mi actitud y mi presencia. Yo había tomado consciencia y todo había empezado a fluir mejor.

Quizá al leer esto te resulte imposible imaginarte parando los pies a un comentario fuera de lugar de tu suegra o de tu cuñado. Te pondré algunos ejemplos de cosas que se escuchan frecuentemente en rabietas en público: «uy, qué genio este niño, si hace esto a los tres años, ¡qué no va a hacer a los trece!», «a este lo que le faltan son límites», «antes, por mucho menos que esto nos daban un buen guantazo y aprendíamos la lección rápido», «ay, pobre, ¿y si le damos chocolate a ver si se le pasa?», «pero sin reñirle ni castigarle, ¿cómo va a aprender que no se puede poner así?», «uy, qué feo te pones cuando lloras», «pues tu hermana no hace esto que haces tú, me voy a jugar con ella», y un largo etcétera que podría ocupar el resto de este libro.

Es una pesadez, lo sé. La gente tiene dificultades para mantenerse callada cuando un niño lo pasa mal y es por lo mucho que les incomoda sentir y entrar en contacto con el malestar del peque. Se remueven tanto, que necesitan intervenir, no pueden evitarlo. Y eso, a menudo, te complica la vida a ti que tienes que gestionar no solo la rabieta de tu hijo/a, sino también el dichoso comentario de tu cuñado intentando, ya sabes, que no se ofenda, decirlo bonito y un largo etcétera. ¡Como si no tuvieras bastante ya! Pero es así, ante una rabieta de un niño/a, muchos entran también en regresión y se hacen muy pequeñitos, qué le vamos a hacer.

Más adelante y con ejemplos, te contaré qué hacer en situaciones así, pero ahora quiero que te quedes con lo más importante: tienes que aislarte y lo ideal sería que, cuando ocurra, visualices una gran burbuja donde solo estéis vosotros dos. Para actuar conectada/o, consciente y asertiva/o en rabietas en público, tienes que estar, si cabe, más presente incluso que con las demás. Presente en el aquí y ahora, consciente del doble foco para poder mantenerte conectada con lo que ocurre y aislándote del afuera tanto como puedas. A mí me ayudaba imaginar una gran burbuja donde todo lo que no éramos yo o ellas no cabía. En esa burbuja, yo sentía que podía ser yo, que podía acompañarlas como quería hacerlo.

Me acuerdo de varios días en la calle haciendo este ejercicio. Las primeras veces es raro, porque no estás acostumbrada/o y estás un poco pendiente del típico «qué pensarán». Pero a base de práctica, y cuanto más convencida/o estés de tu propia forma de hacer las cosas, menos necesitarás que los demás la aprueben y más en paz estarás en estas situaciones. Si, además, puedes ayudarte de algunas frases «tipo» para cortar cualquier injerencia no deseada, mejor. Frases como «entiendo que quieres ayudar y te lo agradezco, pero prefiero gestionarlo a mi manera, gracias», o «te agradezco el interés pero sé cómo ayudarle, gracias». Ya sabes, alguna frase asertiva que, sin ser borde, dé por sentado que los comentarios están de más. Normalmente, después de decir alguna de estas frases, la mayoría de la gente calla y pasa a otra cosa, que es lo que quieres tú, que dejen de centrar la atención en vosotros y te dejen gestionar ese momento a tu manera.

Para darnos cuenta de qué dificultad tenemos en las rabietas en público, recomiendo encarecidamente que lleves un registro y que cada vez que tenga una, puedas luego apuntar hora, lugar y cómo te has sentido. Con este registro te darás cuenta de qué rabietas llevas peor: cuando son en público, pero con gente desconocida, como por ejemplo en el súper o en la calle, o cuando son en casa de los suegros, de tus padres o de unos amigos. El darte cuenta de ello y de en qué situaciones lo llevas peor te ayudará a poder reflexionar luego por qué, y desde ahí será mucho más fácil lidiar con esas situaciones las próximas veces.

EXPLORA...

Después de haber leído sobre estas rabietas con varios ojos mirando asombrados, te invito a que pares un momento y te centres en ti. Pon la atención en tu cuerpo y observa tu respiración ahora y aquí. Nota cómo el aire entra y sale de tu cuerpo y cómo ese aire se reparte por todo tu cuerpo. Con cada exhalación, suelta la posible tensión que arrastres en hombros, espalda, cabeza, ojos, mandíbula...

Cuando sientas que estás en un estado más relajado intenta responder estas preguntas: ¿qué has sentido al leer las últimas páginas? ¿Te han venido a la memoria situaciones similares que has vivido tú? ¿Has sentido que tu cuerpo se ponía ansioso solo de imaginar una rabieta en público?

Toma nota de las sensaciones corporales y de cómo te sientes en este momento. Es importante que tomes consciencia de cómo vives estas situaciones y de cómo te sientes al imaginar que las puedas vivir de una forma más serena y asertiva.

Te invito a intentar recordar cómo gestionaban tus padres contigo tu rabia si había gente alrededor. ¿Qué pasaba si la liabas en un supermercado o un restaurante? Y si vamos un poco más allá y más profundo, ¿cómo sientes que tienes tu autoestima? ¿Qué nivel de inseguridad hay en ti?

Es importante que te des cuenta de tus tambaleos o de tu falta de autoestima (si sientes que la hay), porque de esta forma te será más fácil darte cuenta también en los momentos que tengas que acompañar una rabieta en público. Así podrás tener bajo control las posibles proyecciones, rabietas propias y frustraciones.

PAREJA: CUANDO ACTUAMOS DISTINTO

Pero ¿qué pasa cuando nuestra pareja no actúa igual que nosotros ante una rabieta? Te prometo que si en mis conferencias y cursos no me han hecho esta pregunta mil veces, no me la han hecho ninguna. En realidad, lo raro sería que dos personas distintas actuáramos exactamente igual. Porque es así, somos distintos: cada uno tenemos nuestra forma de pensar, nuestras propias creencias, nuestra propia historia, con unos padres y una mochila determinada. Los dos hemos vivido vidas distintas marcadas por hechos distintos y tenemos distinta visión de la realidad. Esto no solo pasa en el «apasionante mundo de la pareja» sino con cualquier otra persona. Cada una de las personas que habita este planeta es distinta y vive y siente a su manera.

Los humanos tenemos esa tendencia a pensar que los demás deberían pensar, actuar y sentir como uno, y eso no es posible. Pero no nos damos cuenta de hasta qué punto queremos un imposible. Y luego nos sorprende que nuestra pareja lo haga de otra forma. En realidad, es lo lógico y natural. El tema de fondo es que no lo esperábamos: nos enamoramos de una persona, empezamos a salir, disfrutamos de nuestra vida en pareja pero no teníamos ni la más remota idea de cómo seríamos como padres. Y así, ese hombre o esa mujer que tanto nos gustaba quizá ya no nos gusta tanto cuando le vemos ejercer de padre o madre porque el cómo lo hace nos remueve. Se nos despiertan viejas heridas, entramos en contacto con el niño o la niña que fuimos porque el bebé que tenemos delante nos hace de espejo y, encima, tenemos que lidiar con ese otro adulto con quien se supone que tengo que ir codo con codo en esto de la crianza. ¡Que me saquen de aquí! :)

* * *

No es de extrañar que muchas parejas, cuando llevan unos meses de maternidad/paternidad, sientan que van a ser los próximos en separarse de su grupo de amigos. Porque es intenso. Muy intenso. Pero aquí el tema no es que cada uno tengamos nuestra propia forma de actuar, sino de si compartimos base y objetivo. Porque si compartimos la base de la crianza consciente, aunque comprendamos que el otro no lo haga como nosotros, seguro que nos será mucho más fácil ir a la una. Si encima compartimos también el mismo objetivo de tratar a nuestro hijo/a desde el adulto que somos y con respeto y amor, nos será más fácil encontrar las herramientas, compartirlas y ayudarnos a conseguirlo.

Si compartimos base y objetivo, podremos acompañarnos también el uno al otro. Podremos comprender que el otro está también removido como yo, que está librando su propia batalla con sus fantasmas y sus heridas, y que lo está intentando hacer tan bien como puede y sabe en este momento. Desde ahí, podremos hablar, debatir, buscar puntos en común, encontrar estrategias, recursos y herramientas que nos ayuden y podremos transmitir a nuestro hijo o hija que vamos a la una.

El problema de verdad no aparece cuando lo hacemos distinto, sino cuando cada miembro de la pareja está en un polo diferente desde el que es muy complicado hablar y encontrarse. Pero, especialmente, cuando no hay conciencia de nuestro propio niño interior herido, de nuestras dificultades y de nuestra removida interna. Cuando no queremos ver ni atender. O cuando uno quiere y el otro no.

Si eres de las personas que habría preguntado «¿y qué pasa si gestionamos una rabieta de distinta forma?», te invito a que reflexiones sobre estos puntos:

- ¿Realmente el cómo lo gestionáis dista muchísimo o es simplemente que lo hacéis diferente, pero en el fondo existe la misma voluntad de conectar, de no tirar de las estrategias de la crianza tradicional con gritos, amenazas, castigos, etc.?

- ¿Qué nivel de exigencia tienes con tu pareja? ¿Sientes que lo que le exiges es legítimo o le pides cosas que tienen que ver más con tu necesidad de validación y de que todo salga como quieres?

- ¿Vuestra relación se basa en crecer juntos o en llenaros vacíos propios el uno al otro?

- ¿Sientes que en lo importante vais a la una en la crianza y educación de vuestro hijo/a o vuestras formas de pensar, creer y sentir se asemejan tanto como un pimiento a un zapato?

Las respuestas a estas preguntas te darán pistas sobre en qué punto estáis y si quizá tenéis que sentaros a hablar, a sentar nuevas bases para seguir creciendo juntos como pareja.

Yo te recomiendo que habléis mucho. Como he dicho, no nos conocíamos siendo madre y padre, y nos conoceremos mucho mejor si nos dedicamos tiempo y mirada. Si nos preguntamos el uno al otro «¿cómo te sientes?» A veces vamos tan a piñón, pasándonos el parte del día y haciendo relevos, que no nos paramos ni a preguntar algo tan básico como «¿qué tal estás?», y es importante. No solo eso, sino parar y reflexionar sobre el cómo gestionamos situaciones de conflicto con nuestro hijo o hija. Hablar de lo que nos remueve, de cómo podemos llevarlo mejor y de cómo nos podemos ayudar el uno al otro. Buscar herramientas y estrategias para que, cuando llegue el momento, con una sola mirada entre los dos adultos, sepamos si uno está disponible para atender o no, si necesita retirarse, etc. Hablando se entiende la gente, se ha dicho toda la vida. Así que apuesta por hacerlo, por reconoceros en estas nuevas facetas de vuestra vida y crecer juntos como pareja. Muchas relaciones se fortalecen y viven etapas realmente mágicas y mucho mejores que antes porque han apostado por hacer de la dificultad una oportunidad de crecimiento.

Si realmente sientes que hablar con tu pareja de estos temas no sirve de nada y que seguirá gestionando las rabietas de tu hijo/a a la antigua usanza por mucho que le intentes hacer recapacitar, en ese caso lo primero que te voy a decir es que respires hondo. Es normal y comprensible que sientas frustración o cierta tristeza al ver que quizá os entendéis en muchas cosas menos en la crianza y educación de vuestro hijo/a. Ahí se da una especie de duelo del compañero que querías para eso y no tienes; y es normal. A la vez, te invito a que pongas en una balanza lo que sí compartís, para ver qué os une y qué os separa. Para poder ver si podéis conectar con algo más esencial, para encontraros y seguir camino juntos.

Si la respuesta es que sí, que sientes que todavía tenéis mucho recorrido como pareja, te diría que en este caso procures centrarte en cómo lo gestionas tú, en cómo tú acompañas a tu hijo/a, soltando la parte que no depende de ti: el cómo lo haga tu pareja. Porque es así: eso no lo controlas. No controlas a nadie más que no seas tú misma/o, así que respira, relájate y haz tu parte del trabajo. Si alguna vez ves que tu pareja le falta al respeto o hiere a tu hijo/a, es importante que pongas también freno y límite a eso, y podáis hablar largo y tendido de cuáles serán las líneas rojas en cuanto a la crianza y educación de vuestro peque. Y al mismo tiempo sabiendo que cada uno lo gestionará de formas distintas.

Quizá sientes que en todo lo esencial vais a la una, pero te irrita que no lo haga como tú. Sientes que podría hacerlo mejor, más a tu manera, y estás todo el día poniendo la puntilla a su forma de actuar. Si te sientes identificada/o, te diría que te relajes. Que permitas al otro ser, de la misma forma que debes permitir que tu hijo sea. Acepta que cada uno somos distinto y confía en la persona que has escogido para compartir tu vida. Suelta tu necesidad de control y de exigencia, y fluye más con lo que es. De verdad, es su padre o madre, y le ama tanto como tú. Confía en eso profundamente y ve de dónde viene ese patrón de necesidad de controlar y de no aceptar que las cosas no sean exactamente como te gustaría que fueran.

Si, en cambio, sientes que ya no creces a su lado, ya no te aporta nada y que estando juntos os hacéis más mal que bien, quizá es momento de tomar una decisión consciente, adulta y madura al respecto. Tenemos muy integrado que si una relación no dura toda la vida es un fracaso y yo no lo veo así. Para mí fracasar en una relación es aguantarla aunque ya a nadie le aporte nada ni se pueda crecer juntos. Separarnos, a veces, es la mejor de las decisiones no solo para los adultos, sino también para el niño/a que tenemos, porque nos damos la oportunidad de seguir creciendo, de ser más felices y respetamos nuestro sentir.

No es fácil tomar este tipo de decisiones, lo sé. Tampoco es fácil poner estas reflexiones sobre la mesa y hablar desde lo adultos que somos con la pareja, abiertamente. Pero es muchas veces la única manera de removernos del todo y crecer. Las situaciones de crisis (que no significa nada más que cambio) son dolorosas por todo lo que conllevan de desconocido y de miedo, pero a menudo son el peaje a pagar para poder vivir una vida más plena, consciente y feliz.

CUESTIONES PRÁCTICAS

Sea como sea, recuerda que hay cosas que es importante no hacer, especialmente delante de nuestros hijos/as:

- Jamás critiquemos a nuestra pareja delante de los niños/as. Somos nosotros los que estamos enfadados o rabiosos por lo que sea, y es válido y legítimo, pero no olvidemos que esa persona a la que tenemos ganas de criticar abiertamente es el padre o la madre de nuestro peque y hacerlo le va a doler. Le va a doler y no va a comprender qué está pasando, con lo cual, puede sentirse inseguro y culpable de que papá y mamá (papá y papá o mamá y mamá) se hayan discutido. Controlemos nuestra reactividad.

- Si nuestra pareja está intentando acompañar una rabieta de nuestro hijo/a, permitamos que sea él/ella quien gestione. No salgamos con nuestras frases, palabras o acciones a poner la puntilla. Ya sabes: «hombre, pero abrázale» o «pero no le digas eso», o «vete, ya lo hago yo, que así no lo vas a calmar».

- Te recomiendo que solo salgas al rescate en caso de que tu pareja te haga señales de que necesita un relevo. A veces mirándole/a puedes darle un aviso del estilo «si quieres, lo hago yo», pero solo saldremos al rescate si nos lo pide. De lo contrario, desautorizamos al otro adulto de referencia y eso le puede hacer sentir muy infantilizado/a, inseguro/a y cabreado/a. A su vez, el peque se puede sentir muy confuso.

- Entraremos a cortar de raíz la actuación de quien acompaña una rabieta sin tener en cuenta el punto anterior cuando ese adulto esté totalmente fuera de sí y la integridad del niño/a corra peligro. En ese caso, siempre el foco de atención se pondrá en el peque e intentaremos protegerle aunque esto signifique que el otro adulto de referencia se enfade. Lo primero es proteger al más vulnerable siempre.

- Después de la tormenta, intentaremos no hablar de lo sucedido delante del niño/a y esperaremos el mejor momento para reflexionar juntos sobre lo ocurrido, intentando poner consciencia en cómo nos hemos sentido. Intentaremos, los dos adultos, conectar y acompañarnos en lo vivido.

- Cuando hablemos sobre crianza o sobre situaciones que han pasado y en cómo gestionarlas, evitaremos atacar al otro. Hablar desde el cómo nos hemos sentido nosotros ayudará al otro a poder empatizar, pero si atacamos con un «es que tú…», intentará defenderse y puede que lo haga atacando a su vez. Ya sabes, lo de «pues mira quién habla…» y desde ahí no podremos llegar a una comprensión profunda de lo ocurrido ni de lo que nos ha pasado a ambos. Hablar desde el sentir propio es la mejor manera de comunicarnos siempre.

Por último, si sentís que solos no conseguís llegar a acuerdos, acercar posiciones y encontrar puntos en común que os hagan disfrutar del tiempo compartido en familia y en pareja, no tengáis miedo de buscar ayuda externa profesional. Es habitual que muchos sientan vergüenza de buscar a alguien a quien contar sus problemas, pero tengamos en cuenta que a veces la mirada de alguien externo que medie y nos ayude a conectar puede ser la mejor de las decisiones.

Siéntete conectada/o a ti misma/o, busca espacios de silencio, procúrate autocuidado y podrás saber qué camino andar. No lo dudes.

EXPLORA...

El tema de la pareja y todo lo que hemos vivido desde que nos convertimos en madres y padres es un tema que remueve. Te propongo que ahora escuches tu cuerpo, para explorar si lo leído ha activado alguna emoción. Te invito a que pongas atención a tu respiración. Observa cómo entra el aire y cómo sale... Siente la respiración y siente tu cuerpo cómo se mueve con este vaivén del aire entrando y saliendo.

En este momento de consciencia y de atención al presente, escucha tu sentir. ¿Qué te ha llegado leyendo estas páginas? ¿Qué sientes ahora mismo? ¿Se ha activado cierta inquietud o más bien te has quedado más serena/o y con más claridad? Observa y acepta lo que venga. Es válido, es legítimo. Permítete sentir, estar con estas emociones viviéndolas con presencia y atención. Date permiso para abrirte a explorar de qué forma podéis seguir creciendo en esta familia que habéis formado y en esta pareja que tenéis. Date permiso y confía en que lo que venga, será lo que tiene que ser atendido.

SITUACIONES ESPECIALES

Quiero hablarte ahora de algunas situaciones especiales en las que acompañar rabietas se nos puede hacer más dificultoso y complicado, y las tres tienen algo en común: físicamente, no estamos al cien por cien.

CUANDO ESTAMOS EMBARAZADAS

Mi peor gestión de las rabietas de mi hija mayor tuvo lugar cuando estaba viviendo el primer trimestre de mi segundo embarazo. Recuerdo especialmente una, estando de vacaciones, en que yo me sentía absolutamente agotada. En cada embarazo y en el primer trimestre, he sentido un cansancio atroz, de esos que te dejan anclada al suelo y parece que no te puedas ni mantener de pie porque algo te empuja a volverte a tumbar. Estaba muy cansada y tenía mucha necesidad de soledad, de estar tumbada y de descansar profundamente. En mi primer embarazo no hubo problema, podía hacerlo sin más, permitiéndome esos momentos de pleno relax. Pero en el segundo, fue otro cantar. Mi hija mayor, que me notaba ausente y distinta a nivel físico porque no podía jugar como antes, me demandaba más y más. Pero no solo eso, se enfadaba conmigo porque me notaba rara.

Ya le habíamos dicho lo que estaba pasando, que estaba embarazada y que mi cuerpo me pedía descanso. Pero a una niña de cuatro años en plena fase egocéntrica, removida a tope, ¿qué le cuentas? Un día, dentro de nuestra autocaravana (con el poco espacio que eso representa), explotó a la hora de acostarse. No recuerdo el motivo aparente, pero seguramente ella estaba también muy cansada. Empezó a llorar, a gritar y, si me acercaba, intentaba darme patadas. Yo era incapaz de hacer espacio emocional, de aceptar el momento, de conectar con ella. Solo quería que parara y que dejara de gritar. Nada más. Solo eso y todo el rato. Claro, con esa energía mía, ella todavía se indignaba más, y a su vez, yo me encendía más. Se había activado su volcán, y también el mío. El poco espacio, sus gritos, mi colapso. Mi marido estaba perplejo mientras veía cómo yo era incapaz de gestionar nada en ese estado. Ahora no recuerdo si fui yo quien decidió salir por la puerta e irme a dar un paseo o si me mandó él. La cuestión es que salí de la autocaravana totalmente frustrada, impotente, indignada y poseída, para no empeorar más la situación. Él se encargó de todo y yo me dediqué a pasear por el camping y volver a mi centro. Me costó lo mío, te lo prometo.

Al volver, pudimos conectar ella y yo de nuevo, y se durmió tranquila. Entonces apareció mi culpa, mi tristeza y mi llanto con él; mientras me desahogaba le decía: «jamás lo había gestionado tan mal, ¿qué me está pasando?» Era como si todo lo que había aprendido en esos años de maternidad fuera papel mojado en esos momentos en los que yo me sentía tan rara físicamente. Al día siguiente, recuerdo que vinieron mi madre y mi padrastro a visitarnos y, cuando nos quedamos a solas, le confesé llorando «mamá, desde que estoy embarazada parece que hago todo lo que sé que no se debe hacer. No puedo conectar, solo quiero que me deje tranquila y que respete mi cansancio y mi necesidad de parar». Ella me validó y me dijo que era normal, que mi cuerpo procuraba por el bebé, y hacía lo posible para que nada interfiriera en lo que ahora era lo más importante: que se implantara y tirara hacia delante. Además, habían caído los filtros, las hormonas estaban a mil, y la removida consiguiente, desbocada. ¿Qué podía esperar?

Fue duro, la verdad. Pero pasó. A medida que el embarazo fue avanzando, cada vez me fue más fácil, todo se estabilizó y volví, más o menos, a ser la de siempre. Pero es cierto que a menudo, cuando estamos embarazadas, nos cuesta mucho sostener como hemos hecho hasta el momento las rabietas de nuestros hijos. Y es normal. De repente chocan las necesidades de un peque con las necesidades de la adulta, que también son potentes porque se nos activa todo el instinto como especie que somos. Somos dos seres con necesidades básicas muy potentes, sin filtros, viviendo las emociones a flor de piel y esperando que el otro lo comprenda. Cuando estamos embarazadas también nos sentimos más vulnerables: a veces no nos encontramos bien, o estamos más sensibles, o más cansadas, etc. El sentirnos así hace que nos regredamos un poco y necesitemos más cuidados que, a veces, no llegan. Si esos cuidados externos no llegan y todo lo que hacemos veinticuatro horas al día es entregarnos a un peque, a veces el agotamiento es profundo y duro de sostener. Es como si no hubiera equilibrio entre el dar y el recibir. Y quizá antes tampoco lo había, pero no nos importaba tanto porque nos sentíamos más fuertes, más capaces y podíamos aguantarlo. Pero embarazadas, sentimos como si el vaso se estuviera rebosando porque ya no cabe ni una gota más.

Por eso es importante que nos procuremos autocuidado, que pidamos ayuda, y que nos validemos mucho, porque no es fácil sostener cuándo necesitas tú también que te sostengan. Hay embarazos y embarazos, y no a todas nos pasa lo mismo. Pero me he dado cuenta en mi profesión y en mi maternidad de que esto que he contado es muy habitual. Así que toma nota de estos consejos:

- Para poderle acompañar de una forma asertiva estando embarazada, el foco en ti tendrá que estar muy sintonizado: quiero decir que tendrás que estar muy pendiente de cómo te sientes y de qué necesitas. Porque si haces oídos sordos a tu sentir, en plena demanda intensa de tu hijo/a no podrás sostenerlo y, muy probablemente, estallarás.

- Valídate mucho y trátate con compasión. Es normal lo que te pasa y que te pase, no significa que seas una mala madre o que todo lo que habías aprendido se haya desvanecido. No tiene nada que ver. Simplemente significa que tu cuerpo está haciendo un gran esfuerzo para que tu bebé anide en ti y crezca sano y fuerte, y eso pasa factura en lo que antes, quizá, te resultaba mucho más sencillo. Aceptar la realidad que te toca vivir te ayudará.

- Procura descansar. Ya sé que también te lo dice tu ginecólogo/a y te ríes en su cara porque piensas «¿cómo voy a descansar si tengo a otro churumbel que quiere marcha?», pero tómatelo en serio. Necesitas tumbarte y llenarte de lo que te pide el cuerpo.

¿Sabes qué hacía yo cuando no daba para más? Le decía a mi hija: «jugamos a médicos y yo estaba enferma y tenías que curarme» o «jugamos a que eras masajista y yo tenia hora contigo». ¿Qué te parece? ;) Ella sacaba su maletín o lo que fuera y, mientras, yo podía descansar; pasamos largos ratos de juego simbólico que le permitían disfrutar conmigo y, a mí, darme lo que necesitaba.

- Pide ayuda. A veces, como llevamos un tiempo de maternidad y ya sabemos de qué va, creemos que vamos a ser capaces de todo sin ayuda de nadie. Vamos, que tenemos el piloto automático a *full*. Pero, claro, la situación ha cambiado, así que tendremos que pensar que, a situaciones excepcionales, medidas excepcionales. Aunque te cueste, aunque no sepas cómo hacerlo, aprende a pedir ayuda y a dar a tu cuerpo también lo que necesita. Para que tus hijos (el mayor y el intrauterino) estén bien, tú también tienes que estarlo, no lo olvides. Te mereces ser ayudada, no lo dudes.

CUANDO ESTAMOS ENFERMAS

A pesar de que un embarazo no es, ni mucho menos, una enfermedad, a la hora de hablar de por qué nos cuesta tanto acompañar rabietas cuando estamos así, hay muchos paralelismos. Cuando estamos enfermas, obviamente, no estamos al cien por cien, nos encontramos mal y nuestro cuerpo tiene la necesidad básica y urgente de descansar para poder recuperarse. En esta situación es lógico pensar que nos costará muchísimo sostener, acompañar y entregarnos a la presencia y escucha que necesitan nuestros hijos/as cuando están mal.

Casi todo lo que he dicho en las páginas anteriores sirve también para hablar de cuando estamos enfermas, pero en esta circunstancia, se le añade algo que produce mucho dolor: que nos sentimos culpables. Acompañando a mujeres en sus maternidades, he notado que aparece mucha más culpa cuando estamos enfermas que cuando estamos embarazadas. No significa esto que cuando estamos gestando no aparezca culpa (de hecho, culpa hay para todas las circunstancias y, casi siempre, ¡tenemos esa mala costumbre de sentirnos culpables por casi todo!) Nos machacamos por no poder entregarnos, por no estar al cien por cien, por ver que nos reclama y que le decimos que no podemos, por ver cómo otras personas tienen que cuidar de nuestro hijo.

Y claro, inevitablemente, cuando ellos nos ven mal, no les gusta. Se incomodan, se angustian, se sienten inseguros y nos quieren ver como siempre, al cien por cien. Así que el malestar que les provoca la nueva situación lo van a sacar en cuanto puedan, y muy probablemente, en forma de enfado, llanto o rabieta. Si no ponemos atención en que esto es normal, a menudo su reacción activa la nuestra y lo gestionamos todo todavía peor, sin comprender que se siente inseguro/a y lo que tenemos que hacer es comprenderle, validarle y contarle lo que le está pasando. Si no nos damos cuenta, a veces entramos en un círculo vicioso en que, cuanto menos puedo atenderle, más pollos, y a más pollos, más mala gestión, que a su vez provoca más malestar en el pe que, que tendrá más pollos. Y así hasta el infinito.

Cuando estamos enfermas lo primero que tenemos que hacer es aceptar que lo estamos. No somos *superwomen*. No tenemos poderes sobrenaturales que nos impiden enfermar y, por lo tanto, nos pasa lo mismo que a todo el mundo. Sí, somos humanas. Así que lo primero es normalizar una situación absolutamente normal. Normalizarla, comprenderla y escucharla, porque que hayamos enfermado nos puede dar pistas sobre que, quizá, estábamos yendo demasiado a tope. Quizá nos estamos desgastando mucho con tanta entrega, quizá tenemos poca ayuda, quizá nos hemos descuidado muchísimo comiendo mal, moviéndonos poco, etc. Sí, a la enfermedad hay que escucharla y atenderla. De hecho, puede ser un toque de atención que nos haga tomar consciencia de muchas cosas que quizá no estábamos haciendo del todo bien.

En caso de enfermedades crónicas, lo primero será contarle bien a nuestro hijo/a cuál es la realidad que nos toca vivir como consecuencia de esta enfermedad que padecemos. Luego, será necesario poner las medidas que haga falta para que podamos alcanzar el máximo equilibrio entre el dar y el recibir, para que las necesidades de todos sean satisfechas lo máximo posible.

Así que recuerda:

- Si estás enferma, lo primero es que aceptes la situación que te toca vivir ahora y aquí aunque no te guste. Acepta las emociones que vengan. Pon atención plena a este momento y respíralo. Cuanto más te enfades con tu enfermedad, más vas a sufrir.

- Estás enferma, es cierto, pero no eres culpable de nada. Así que si aparece culpa por no poder ser la de siempre, recuerda que todos también somos humanos, vulnerables y nuestro cuerpo no es inmortal. Recuerda que hay que respetarlo, honrarlo y cuidarlo, y eso es lo que te toca hacer ahora.

- Si no estás en condiciones, procura no acompañar ninguna rabieta. Es mejor que lo haga otro adulto que esté más fuerte y la pueda sostener mejor. Cuando el peque esté más calmado, podéis hablar de cómo se siente con el hecho de que tú estés más ausente.

- Que no te avergüence pedir ayuda, a veces es lo mejor que puedes hacer. Y piensa que haciéndolo estás enseñando a tu hijo/a que pedir ayuda cuando la necesitas está bien. ¿No crees que es un buen ejemplo que darle?

- No te resistas y abandónate a lo que es, permitiendo que tu cuerpo se llene del descanso que le des, para poderse recuperar. Aprovecha el tiempo de convalecencia para hacer un poco de revisión de lo vivido, de tus necesidades, de tu sentir; que este tiempo sea provechoso y te aporte crecimiento, intuición y conexión contigo misma.

CUANDO NOS TIENE QUE VENIR O TENEMOS LA REGLA

Muchas veces, en consulta, mamás que por ejemplo quieren dejar de gritar a sus hijos o hijas, me aseguran que es justo antes de tener la menstruación cuando pierden los estribos. Aseguran que en esos días no se ven capaces de gestionar nada. Que no les apetece jugar, ni acompañarles al parque; que sí que lo hacen, pero no con las mismas ganas ni la misma actitud que en días anteriores. Están más distantes, con más necesidad de autocuidado y de calma, y sus hijos e hijas, obviamente, lo notan. Muchos empiezan a sentirse un poco más inseguros porque ven a mamá «distinta» y, como siempre que se sienten así, empiezan a estar más demandantes todavía.

Sientas o no tus cambios hormonales y físicos, te recomiendo que pases algunos meses observándote. Puedes observar que el peor día del mes, el que actúas peor, el que dices cosas que no querías decir, etc., resulta que siempre es justo antes de que te baje la regla. O justo el día que te ha venido. Eso te ayudará a tomar consciencia y a estar alerta el mes siguiente: «vale, está a punto de venirme la regla, vamos a empezar a respirar». ;) El poner atención plena a este momento te puede ayudar a tomar las riendas y a no perder los nervios tan fácilmente.

A mí, mi ciclo menstrual me influye en la forma de criar: porque estoy distinta dependiendo de en qué momento estoy, y ese «estar distinta» se refleja en todo lo que hago: a días estoy más alegre que otros, o más creativa que otros, o más hacia dentro que otros, etc. Así que he procurado adaptar mi vida a mi ciclo menstrual en la medida de lo posible. ¿Cómo? Pues empezando por escucharme. Sentir qué me pide el cuerpo dependiendo de la fase en la que estoy.

Lidiar con rabietas en esos días en los que tenemos menos paciencia que de costumbre y que estamos muchísimo más sensibles no es fácil. Para mí son los días en los que estoy menos asertiva y tolero menos cosas. Es como si esos días no estás para según qué, y tienes una necesidad imperiosa de que te dejen tranquila. Por eso muchas veces hablo de «la cueva» y le digo a mi familia: «hoy es día de cueva», y entonces ya saben que eso significa que no tengo mucha energía para lidiar con lo de «afuera».

Escucharte es importantísimo porque, primero, serás más feliz, y tu cuerpo, tu mente y tus emociones irán más a la una. Actuar en contra de lo que sentimos o de lo que nos pide el cuerpo nos provoca malestar que, a veces, pueden pagar nuestros hijos e hijas sin tener ninguna culpa. Si el cuerpo te pide manta y sofá, haz lo posible para poder tenerlo, aunque sea solo un rato. Ese rato también cuenta y te nutrirá para que luego no te sea tan difícil cuidar a tu hijo a pesar del momento de tu ciclo.

Pero también es importante porque tus hijos e hijas aprenderán de tu actuación: aprenderán a respetar también sus estados anímicos y físicos y a ir a favor de ellos y no en contra y, por lo tanto, también podrán ser más felices. Si tienes hijas, es importante que aprendan que las mujeres somos cíclicas y que esto, lejos de ser una mala jugada, es una pasada. Que pueden aprovechar cada fase para sacar lo mejor de ellas mismas. Eso como mejor se aprende es desde el ejemplo que verán en casa contigo.

Depende de cómo estés en la fase premenstrual y menstrual, quizá te das cuenta de que en las demás fases no has respetado lo que tu cuerpo te pedía, que quizá has hecho muchas cosas para complacer a los demás sin escuchar realmente qué sentías. Y quizá descubres que tienes que cuidarte más, porque de lo contrario tu cuerpo, luego, llora.

Así que recuerda:

- Date cuenta de en qué fases te conviertes en la madre que no quieres ser. O en qué días de tu ciclo menstrual actúas de formas que no quieres. Observa y registra en qué días te es más costoso lidiar con las rabietas de tus hijos y tenlo presente para el próximo mes.

- El próximo mes, cuando estén a punto de llegar esos días en que actúas como no quieres, empieza a cuidarte más, a tomarte un respiro. Tener tiempo para ti te ayudará a llegar mejor a esos momentos.

- Cuando sucedan esas cosas con tus hijos o hijas que te sacan de quicio, primero piensa que en realidad no pasa nada raro (no están haciendo nada horrible), sino que tú tienes menos paciencia por los días en los que estás. Por lo tanto: respira, toma distancia y procura lidiar con ello desde otro lugar que no sea el del ataque.

- Pide ayuda a alguien que, si no estás receptiva y sientes que no puedes cuidar de nadie ese día, pueda venir a echarte un cable. Amigas que se lleven a tu hijo o hija al parque, otras mamás o papás con quienes os podáis hacer favores en días así, tus padres o quien tengas cerca y sea de confianza.

- Ve esto como algo normal y natural que lo único que te está diciendo es que tienes que cuidarte más, que tus necesidades físicas y emocionales también son importantes. Puede ser una gran oportunidad de aprendizaje sobre una misma y los propios límites.

- No tengas miedo a que vean cómo cambias cuando tienes la regla y contesta todas sus preguntas al respecto. Necesitan saber qué es lo que te pasa cada mes y, de esta forma, si lo ven como algo natural, también podrás contarles (a medida que vayan creciendo) cómo te sientes tú en esos días y qué es lo que necesitas.

EXPLORA...

¿Has tenido que acompañar emociones estando enferma, embarazada o menstruando? Si es así, quizá al leer estas páginas te has sentido removida emocionalmente. Paremos un momento para observar... Instala la respiración abdominal, centrando tu atención en cómo entra y sale el aire de tu cuerpo. Quizá con la lectura han venido imágenes de situaciones tensas vividas cuando estabas embarazada o enferma y tenías que cuidar de tu peque.

¿Qué es lo que estás sintiendo ahora mismo? Observa tu cuerpo, ¿se ha tensado? Si es así, si lo sientes en tensión porque se han movilizado emociones no integradas, respira profundamente enviando el aire a cada parte de tu cuerpo. Da la orden de que se relaje aceptando lo que fue: que quizá no estabas en tu mejor momento y lo gestionaste tan bien como pudiste y sentiste en ese momento.

Trátate con compasión, con respeto y sin machacarte. Somos humanos/as y sí, a veces erramos, es normal y forma parte del acto de vivir. Respira y acepta lo ocurrido. Respira y quédate en paz.

RABIA ENTRE HERMANOS

Otra de las situaciones que quizá te tocará acompañar algún día, o ya has vivido repetidamente, es la rabia entre hermanos. Más de una vez tus hijos se pelearán y tendrán episodios de mucha rabia entre ellos. Como siempre, dependerá de muchas cosas: de su relación, de los celos que tengan entre ellos, de vuestra gestión, del tiempo que pasen con vosotros, de sus caracteres y personalidades, etc. Pero vamos, es más que probable que más de un día les tengas que separar.

Lo primero que te quiero decir es que es normal. A menudo, tenemos tanto miedo a que no se lleven bien o tantas expectativas al respecto de su relación, que si se pelean, nos incomodamos muchísimo porque queremos que se lleven bien. Punto. La relación que cada uno de nosotros hayamos tenido con nuestros hermanos en la primera infancia y después también habrá marcado nuestros miedos, expectativas e ilusiones. Así que es importante que estés al tanto de ellos, que seas consciente de qué viviste tú para que no proyectes tu experiencia en la relación de tus hijos entre ellos.

Recuerdo que cuando estaba embarazada de mi segunda hija, me decía a menudo para mis adentros: «su relación será suya. Tú pon de tu parte, pero acepta también que su relación la gestarán ellas y que quizá es muy distinta a lo que tú te has imaginado. Borra tus expectativas». Porque siempre tenemos nuestras propias fantasías. Recordármelo me iba bien para liberarme de presiones excesivas y para ser consciente de que ellas eran personas que habían venido al mundo también a tener unas relaciones y a aprender de ellas. Me ayudaba a soltar el control y relajarme.

Recuerda también lo que ya hemos dicho anteriormente: todas las emociones son válidas, vienen a contarnos algo y podemos aprender mucho de ellas. Así que los enfados entre tus hijos, míralos desde esta mirada con más perspectiva, para que así no te enganches ni en tomar partido ni tampoco en si está bien o mal que se enfaden.

Procura no juzgar sus enfados: la rabia que aparezca entre ellos, simplemente, es. No es mala, no es buena. Es. Y como es y está aquí, tenemos que mirarla, atenderla y procurar que nos sirva de ayuda para que, una vez procesada e integrada, puedan conectar más y mejor; entre ellos y con nosotros.

Así que vamos a lo práctico. Supongamos que tu hijo mayor está muy celoso y en una rabieta quiere hacer daño al hermano pequeño. Aquí lo primero será poner el límite claro para que esto no suceda, impidiendo que le haga daño, pero sin hacer un drama de ello, sin juzgarle y sin salirnos de nuestras casillas. Esto a veces no es fácil porque lo podemos vivir como una injusticia que el mayor hace al pequeño, y eso puede despertar nuestra propia rabia. Sí, la injusticia nos despierta muy a menudo la rabia, y esa rabia, de hecho, es la que ayuda a cambiar muchas situaciones injustas en el mundo. Pero ponlo en el lugar que corresponde: es algo muy habitual entre hermanos, debido a celos y a malestar del mayor, que nos está pidiendo atención y ayuda.

Conectaremos entonces con su sentir y con lo que le pasa profundamente e intentaremos ayudarle. Dejaremos que lo que es sea: su rabia, su enfado. Que llore, que lo que exprese, siempre, dentro de unos límites de seguridad e integridad; es decir, que no haga daño ni rompa nada. Veremos esta rabieta como una llamada de atención y conectaremos con su malestar. ¿Qué nos está contando? ¿Le estamos dedicando suficiente atención en exclusiva? Porque a menudo lo que les pasa es que nos echan tanto de menos, están tan desubicados con la nueva situación, que se desbordan. En la fase egocéntrica en la que se encuentran, no se sienten suficientemente mirados, escuchados, atendidos, así que tendremos que poner atención a eso. Revisaremos qué puede faltarle y procuraremos tomar consciencia y organizarnos para que podamos dar, a los dos hijos (o los que sean), minutos de mirada exclusiva cada día a cada uno. Lo necesitan tanto como el aire que respiran.

En un estallido de rabia entre hermanos, muchos padres y madres se enfurecen y entran a matar. Ya sabes: «¿qué pasa aquí? ¿Quién ha empezado?» Te recomiendo que no vayas por ahí. Si nos situamos de juez, buscaremos un culpable y una víctima y esto, el tomar partido, el situarnos en esa posición, nos desconectará de nuestros hijos y uno de los dos siempre sentirá que no es comprendido ni escuchado en sus necesidades. En vez de eso, pon el límite que creas necesario sin alterarte y luego acompáñales como ya has leído anteriormente hasta que su enfado baje de intensidad. Conectando, comprendiendo y explorando qué les puede estar pasando. Porque al fin y al cabo, lo más probable es que su enfado se haya producido porque sus necesidades no están siendo satisfechas, o porque sienten malestar por culpa de los celos, etc. Así que conecta con ese malestar y con esas necesidades que no están encontrando respuesta.

Luego, permite que cada uno se exprese desde su posición y sentir. Ayúdales a que respeten su turno. Ayúdales a explicarse desde el cómo se han sentido, no desde el culpabilizar al otro o atacarle. Procura no posicionarte y escucharles sin juzgarles. Cuando les escuches, si estás presente en el ahora y aquí, es muy probable que te des cuenta de cuál ha sido el origen. Vamos con un ejemplo:

Pablo, de cuatro años y medio, está pintando tan tranquilo y su hermana Sofía, de tres años, está jugando cerca de él. De repente, Sofía empieza a acercarse a él, a tocarle sus lápices, a querer su papel. Pablo se va molestando hasta que estalla, la empuja y llora. Sofía se asusta y llora también. En este caso sería fácil entrar y reñir a Pablo por haber empujado a Sofía. Pero si nos permitimos un momento de conexión con los dos y de escucha, podremos ver que Sofía probablemente quería jugar con Pablo, pero no sabía cómo comunicárselo. Que Pablo no le hiciera caso no le ha gustado, y ha empezado a molestarle para conseguir algo que no iba a conseguir de ese modo, pero tiene tres años y medio, no sabe cómo hacerlo mejor. Pablo, que quería estar tranquilo, se ha sentido muy incomodado y molesto por lo que ha hecho Sofía y ha descargado con ella su frustración por no poder pintar tranquilamente. Al final, cada uno tenía una necesidad, pero son pequeños, no saben contárselas y fracasan en el intento. Pero si les ayudamos a comprender lo ocurrido y les ayudamos también a empatizar con el otro, es muy probable que acaben pidiéndose perdón y jugando juntos.

Supongamos ahora que tenemos a Miguel de cinco años y a Juan de tres jugando en el salón. Mamá está en la cocina preparando la cena y hace poco que han llegado del cole y del parque. Están aparentemente jugando pero el juego va subiendo de tono hasta que estallan en rabieta, peleándose los dos. Mamá deja la cena de golpe y aparece en el salón de inmediato poniendo toda su atención en ellos y en resolver lo ocurrido. Es muy probable que Miguel y Juan, que han pasado todo el día fuera en el cole y en el parque, sientan que necesitan la mirada y atención de mamá, que desde que ha llegado a casa está haciendo otras cosas excepto mirarles. Normal, hay tanto que hacer. Pero ellos la han echado de menos y la quieren con ellos. Inconscientemente saben que si se pelean, mamá lo deja todo y va hacia ellos, pero que si juegan tranquilamente, mamá está más ausente todavía haciendo otras cosas. Resultado: se pelean continuamente.

Poder darnos cuenta de esas dinámicas que van conectadas con necesidades básicas no satisfechas nos ayudará a no ponernos de jueces y empatizar con nuestros hijos cada vez que estallen. Preguntarnos profundamente «¿qué está pasando aquí? ¿Qué hay que no veo?» nos ayudará a conectar con lo que no es tan aparente, pero que está y es la raíz de ese estallido.

Resumiendo:

- No hagas de juez, no funciona y te desconecta de ellos.

- Procura no engancharte a su pelea, manteniéndote consciente, adulta/o y en una posición que te dé perspectiva y una mirada más allá.

- Procura no proyectar tus miedos, expectativas o frustraciones respecto a tu experiencia con tus propios hermanos en tus hijos e hijas. Ellos no son tú ni tus hermanos. Déjales que ellos mismos hilen su historia.

- Conecta con sus necesidades no satisfechas y llegarás a ellos.

- Enséñales a comunicarse y ayúdales a empatizar. Lo harán si les conectas con lo que cada uno ha sentido, no con lo que han hecho. Recuerda que el comportamiento es el síntoma y que lo que tenéis que hacer es llegar a la raíz.

- Luego, buscad soluciones juntos o simulad que vuelve a pasar lo mismo buscando otra resolución. El juego simbólico puede ser un gran aliado en estos casos.

- Asegúrate de que pones mucha atención cuando están jugando, cuando te cuentan cosas, cuando estáis juntos, etc. Intenta no transmitirles que, en realidad, solo estás absolutamente presente y disponible cuando se pelean.

- Dales dedicación y mirada exclusiva a cada uno. Ya sé que a veces no es fácil y que habrá días que quizá no podrás, pero aunque sean solo unos minutos al día (cuando les bañes, cuando les acuestes) procura estar un rato a solas con cada uno. Será en esos momentos de intimidad cuando se sentirán suficientemente cómodos y seguros para expresarte lo que sienten, cosas que les preocupan o les dan miedo. Procúrales ese espacio emocional de exclusividad contigo porque lo necesitan.

- Recuerda que ellos son hermanos/as y han venido a vivir y a experimentar su propia relación. No la intentes controlar, no la juzgues ni te metas. Es suya, solamente suya.

- Valida sus celos como una emoción absolutamente normal que hay que aprender a vivir, transitar y transformar. Observa si los celos a ti te dan miedo o los niegas, porque les harás un flaco favor. Explora qué producen o han producido en ti de pequeña/o y piérdeles el miedo.

- Confía en ellos y dales tiempo y espacio para gestar, nutrir y hacer crecer su relación de hermanos/as.

EXPLORA...

Después de leer este apartado sobre hermanos, es momento de hacer un alto en el camino y escuchar tu cuerpo. Quizá no tienes más de un hijo/a pero sí eres hermana o hermano de alguien. Así que ya sea por tu ahora y aquí, ya sea por tu pasado, quizá se han activado emociones que ahora podemos observar y darles espacio.

Siéntate cómodamente e instala la respiración abdominal. Observa cómo el aire entra y sale de tu cuerpo y ve soltando cualquier tensión física que haya. Date espacio para relajarte y escucharte. Observa ahora cómo te sientes. Observa si se ha movilizado alguna emoción o si mientras leías ha acudido a ti algún pensamiento, o incluso algún recuerdo. Conecta con ello y permítele ser, dándole espacio para que se manifieste y pueda ser atendido. ¿Qué es lo que se ha movido en ti? ¿Adónde te lleva esta emoción o este recuerdo activado?

Respíralo profundamente, quizá nunca había sido comprendido, atendido o visto antes. Respíralo y acéptalo como lo que es: algo que viene a ayudarte a comprender, a encajar las piezas y, en definitiva, a liberarte de cargas que quizá pesan ya demasiado.

Si lo necesitas, quédate un rato en la respiración, el silencio y en la atención plena del ahora y aquí, dando simplemente reconocimiento, validación y espacio a algo que quizá nunca ha sido reconocido, validado y no se le ha permitido espacio para ser.

RABIETAS NOCTURNAS

Acompañar una rabieta por la noche no es moco de pavo y cuesta lo suyo. El cansancio, las horas a las que sucede, que solemos estar KO, y pensar «¿pero a qué viene esto ahora?» hace que a menudo de noche sea cuando peor las llevamos. Es normal, porque por la noche lo único que queremos es dormir y descansar, y no gestionar un pollo descomunal de nuestro hijo/a. Pero, otra vez, la realidad que nos toca vivir no necesariamente tiene que gustarnos, así que ahí estamos, a las tres de la madrugada lidiando con una rabieta.

Estas rabietas pueden tener varios motivos, por ejemplo, que el niño tenga terrores nocturnos y cuando se despierta se siente aterrado, no comprende que lo que acaba de soñar no es real, etc. Pero puede ocurrir también porque estamos destetando por la noche a nuestro hijo y cuando nos ha pedido teta le hemos dicho que no, por lo que se ha pillado un berrinche de aquí te espero. O puede ocurrir porque se ha despertado y le está costando dormirse, y nos pide que le paseemos en brazos y nosotros le decimos que no porque tenemos los brazos para el desguace de lo cansados y doloridos que están. Ante cualquiera de nuestras negativas por la noche, puede estallar una rabieta. Porque ya sabes, en la oscuridad de la noche todo se multiplica por mil y todo se hace una montaña. Eso también nos pasa a los adultos: cuando algo nos preocupa y nos desvelamos por la noche, esa cosa se hace tres veces más gorda y lo vemos todo negro como el carbón.

Aquí entra otro aspecto en juego que es el miedo al qué dirán los vecinos. En el silencio de la noche, que tu hijo grite como un poseso y despierte a todo el vecindario es algo que a los padres no nos hace especial ilusión. Así que mientras estamos acompañando al niño, a menudo tenemos la impaciencia de que eso que está ocurriendo (su malestar expresado en forma de rabieta) termine cuanto antes. Nos agobiamos, estamos cansados y medio dormidos, sufrimos por los vecinos y nuestro hijo no atiende a razones: ya tienes todos los ingredientes para que la conexión con él sea muchísimo más difícil.

En primer lugar, lo que quiero decirte es que, si lo has vivido, te entiendo. Yo también he estado ahí y lo pasé mal. Una de mis hijas vivió unas semanas de terrores nocturnos y esas rabietas eran francamente difíciles de acompañar porque yo tenía prisa por que terminaran y porque ella no tenía ninguna porque estaba más *out* que *in*. Si la quería tocar, me caía algún manotazo, si hablaba, peor, si…, nada parecía ayudarla, hasta que cambié mi mirada y lenguaje interno y externo. Un día comprendí que no podía hacer mucho, que ella necesitaba su tiempo para «volver», relajarse y dejarse ayudar y que, cuanta más prisa tenía yo, peor. Así que dejé de intentar tener el control y dejé de sufrir por mi vecindario. Lo siento, hoy por ti, mañana por mí, qué le vamos a hacer, cuando se tienen hijos pequeños, es lo que hay, a veces lloran por la noche.

Cuando empecé a aceptar todo eso, la cosa mejoró y en unos días ya no volvió a rabiar nunca más por la noche. Fue todo un aprendizaje, la verdad. En las rabietas originadas porque les negamos algo que quieren (teta, brazos, paseos, o ir a jugar al comedor, por ejemplo), es un poco distinto, porque el peque sí está absolutamente presente y sabiendo qué es lo que quiere. Como están en fase egocéntrica, nuestra negativa no la entienden, pero mucho menos de noche, cuando están cansados, quieren dormir y les negamos eso que ellos saben que les ayudará. Se cabrean a base de bien. Sí, algunos más y algunos menos, hay de todo, como siempre. Pero es habitual que haya unos grandes saraos cuando decimos *no* de madrugada a algo que quieren.

En este caso es importante que lo valoremos todo bien antes de decir *no*. Es decir, que tengamos claro, como ya he explicado, cuál es el límite y por qué. Tomemos como ejemplo el tema del destete nocturno. Si le niego el pecho por la noche porque tengo claro que le quiero destetar, tengo que estar muy convencida porque así podré sostener su enfado el rato que dure. Si no lo estoy, es probable que al rato de llorar a mí me venga un bajón y le dé el pecho. Le estaré transmitiendo que cuando mamá le dice *no*, en realidad es un *sí* pero llorando un buen rato y fuerte. Al próximo día que le niegue el pecho, no me creerá y será un nuevo dramón. Así que no empieces destete nocturno o no digas que *no* a algo que te pida si no tienes claro que se trata de un *no* infranqueable. Porque si no lo puedes mantener, es que era un *sí*, que no estabas segura, y que no hacía falta sufrir los dos para terminar en el mismo punto. En cambio, si estás convencida y mantienes tu *no* validándole, comprendiéndole y acompañándole, podrá expresar su desacuerdo, pero sintiendo profundamente que no hay otra y al final, no lo dudes, lo aceptará. Si no te queda claro cómo, te remito al capítulo 7 sobre los límites.

Si estáis en etapa de rabietas nocturnas por el motivo que sea, procura respirar hondo y buscar espacios durante el día en los que puedas recuperarte del cansancio que implica una noche mal dormida. Valídate, acompáñate y conecta siempre con la idea de que esto que estás viviendo también pasará. Nada dura para siempre, y esta temporada de rabietas nocturnas tampoco lo hará.

CAPÍTULO 9

LA FALTA DE AUTOCONTROL EN ELLOS Y EN NOSOTROS

Uno de los grandes problemas que tenemos adultos y pequeños es la falta de autocontrol. Sí, sí, adultos también. Que los niños y niñas tengan falta de autocontrol es normal ya que la parte del cerebro que se encarga de ello tarda más de veinte años en desarrollarse y completarse del todo. Pero que adultos de treinta, cuarenta y cincuenta años tengamos falta de autocontrol ya es más grave, porque que nuestro cerebro no se haya desarrollado del todo ya no es excusa.

Pero, ¿cómo es posible que, siendo adultos, tengamos pérdidas de control y justamente con nuestros hijos, a quienes amamos tanto? Hay varios motivos que creo que lo explican; uno de ellos es que venimos de siglos y siglos de maltrato aceptado y generalizado en la infancia. Siglos de creer que los niños y niñas, por el hecho de ser más pequeños y saber menos, eran justamente menos. Siglos de abusos de todo tipo y de una creencia más que extendida de que a los niños, para que se convirtieran en adultos, había que tratarles con mano dura. Siglos en que los excesos eran no solo permitidos, sino absolutamente normalizados, bien vistos y aceptados. Siglos de sociedad adultocéntrica totalmente desconectada del sentir de la infancia.

Aunque quizá en el país desde donde me lees ya no sea tan generalizado, estoy convencida de que aún a día de hoy hay muchísimo maltrato en la infancia. Seguimos instalados en una sociedad donde, por lo general, se priorizan las necesidades de los adultos frente a las de la infancia. Lamentablemente, en la actualidad se sigue maltratando y abusando de niños y niñas en muchísimas partes del mundo. La historia de la humanidad nos ha dejado, casi en nuestro ADN, una herencia que permanece más o menos presente en cada uno de nosotros y que nos dice que, si alguien grita o pega a algún niño, lo más probable es que este lo «merecía». Existe un compañerismo adulto donde justificamos las pérdidas de control porque se da por supuesto que algo habrá hecho ese niño o niña que ha sacado de quicio a su padre o a su madre.

Con esta herencia y con estas creencias tan extendidas, no es difícil pensar que de forma inconsciente nos permitamos un poco de manga ancha con nuestros peques. No queremos hacerlo, pero si nos ponemos muy nerviosos perdemos el control. Curiosamente, podemos ponernos igual de nerviosos en el trabajo con nuestro jefe, o con compañeros que nos sacan de quicio, pero ahí sí que sabremos qué no hacer nunca. Es decir, la pérdida de control es selectiva y surge cuando, de alguna forma e inconscientemente, nos damos más permiso. Existe una cierta permisividad con estas pérdidas de control en el ámbito de la familia que son, en buena parte, fruto de esa herencia de siglos y de esas creencias tan extendidas que acaban validando nuestro comportamiento incorrecto.

Pero esto no acaba aquí, porque hay más motivos que hacen más difícil el autocontrol y uno de ellos es que hemos visto, la gran mayoría, pérdidas de control en nuestros padres y madres cuando éramos nosotros los niños. En esa edad tan temprana, tan sensible y tan importante, veíamos que en situaciones de conflicto y de tensión la forma en que muchos adultos resolvían el tema era perdiendo el control de sí mismos. De alguna manera, comprendíamos y registrábamos que en situaciones de tensión y conflicto era así como se debía actuar de adulto: perdiendo el control. En nuestro archivo particular quedaba la conexión neuronal muy bien establecida: situación tensa entre padres e hijos, el adulto pierde el control y resuelve.

Resuelve porque, la mayoría de las veces, aparece el miedo en el peque y desde su miedo el adulto recupera el control. Cuando hemos integrado de forma inconsciente que es así como debemos actuar, aunque no queramos hacerlo, realmente tendremos que trabajárnoslo mucho para conseguir controlarnos. Si no lo conseguimos, es probable que se nos active la culpa: porque aún recordamos lo que no nos gustaba cuando éramos pequeños y quizá incluso dijimos que jamás se lo haríamos a nuestros hijos. Pero cuando estamos en pleno conflicto y la tensión se apodera de nosotros, ¡boom!, acabamos haciendo lo mismo. Esto produce una sensación de impotencia, de incapacidad y de frustración tremenda. ¡No queríamos! Y aun así, repetimos el patrón.

Pero además falla otra cosa que nos impide, a menudo, controlarnos en situaciones complicadas en el ámbito familiar: no tenemos recursos ni herramientas. Los siglos de maltrato a la infancia nos han traído muchísimos recursos en cuanto a la manipulación, creación de miedo en el otro, control, etc., pero muy pocos sobre resolución de conflictos de manera asertiva, respetuosa y empática. Así que cuando de adultos no queremos perder el control en esas situaciones, nos preguntamos: «¿y entonces cómo lo hago?» porque no sabemos hacerlo. No lo hemos visto hacer, ni nadie nos ha enseñado a acompañarnos emocionalmente en momentos así. No contamos con herramientas y ante tal desierto tenemos todavía más números de desesperarnos y perder otra vez el control. Así que creo muy importante dedicar unas páginas a los recursos que podemos usar para cambiar el paradigma.

RECURSOS PARA NUESTRO AUTOCONTROL

COMPROMÉTETE

Lo más importante para no perder el control es lo más intangible y puede parecer lo más obvio. Para dejar de tener pérdidas de control es imprescindible y necesario tomar consciencia profunda del problema que tenemos y tener la voluntad y el compromiso firme de no querer seguir en ese patrón. No podremos dejar de hacerlo si no nos damos cuenta de que hacemos algo que no deberíamos hacer, que está mal, que nuestros hijos no merecen ese trato y que debemos cambiar de verdad y de una vez por todas esa forma de funcionar en situaciones de conflicto. Te recomiendo que para la toma de consciencia te dediques unos momentos de silencio y de introspección. Es necesario que averigües el porqué de esos colapsos, que sepas de dónde vienen para, así, poder tener más pistas y más posibilidades de cambiar la forma de actuar.

También te recomiendo que para sellar de alguna forma tu compromiso con tu nueva manera de proceder con tus hijos, hagas algún ritual. Puedes escribirles una carta y guardarla para cuando sean mayores. O tomarte una mañana para ti e ir al bosque o a la playa y, delante de un paisaje que te nutra, comprometerte, en voz alta, a tratar mejor a tus hijos y dejar de perder el control con ellos. Da igual, no importa el cómo te comprometas, pero sí que le dediques un tiempo de reflexión, consciencia y lo manifiestes de algún modo. Sí, quizá no habrá nadie escuchando tu compromiso y tu voluntad, pero de alguna forma es como si lo lanzaras al mundo: «Yo me comprometo, a partir de este momento, a dejar de perder el control con mis hijos, a quien quiero respetar, honrar y amar como las personas maravillosas que son».

Conecta contigo y con tu intuición y tu alma te llevará hasta la forma que deba tomar este compromiso para que deje huella en ti, siendo algo que puedas recordar en cada momento de tensión y conflicto. Algo que impacte en ti para, así, rememorarlo y que te pueda traer la fuerza del compromiso cuando lo necesites. Esto puede parecerte absurdo o de poco impacto, pero es poderoso, te lo aseguro. Créeme cuando te digo que nada de lo que te contaré a continuación surtirá efecto si antes no has llevado a cabo esta toma de consciencia profunda y de compromiso firme contigo y con tus hijos. Así que, por favor, pruébalo y confía.

HAZ UN REGISTRO

Esto quizá también puede parecer una tontería, pero no lo es. Llevar un registro de los momentos más conflictivos con tus hijos te ayudará a situarte y a tomar consciencia y perspectiva. A veces, para ver hay que poner distancia, y el registro en un papel, negro sobre blanco, te dará esa distancia necesaria para ver más allá. Porque, a veces, cuando estás dentro del túnel, se ve todo tan negro que no sabes ni dónde estás.

Así que te propongo que busques o compres una libreta pequeña, de esas que puedes llevar siempre contigo en un bolsillo, de forma que te resulte fácil apuntar en cualquier momento lo que sientas y hagas. Será un registro de tus pérdidas de control para ver cuán a menudo aparecen, en qué forma, a qué hora y por qué. Te ayudará a darte cuenta de si tienes tendencia a desbordarte o si solo te sucede en contadas ocasiones. Te ayudará a tomar consciencia de si tienes un problema de falta de autocontrol, o si la gran mayoría de rabietas las puedes sostener desde la adulta o el adulto que eres. Apuntar tu sentir te ayudará también a conectar contigo misma/o y eso siempre es bueno. A veces no damos mucha importancia a las cosas hasta que las vemos negro sobre blanco. Me explico: a veces no somos muy conscientes de que gritamos hasta que, en el registro, vemos apuntado en varias páginas «he gritado, he gritado, he gritado». Impacta verlo, la verdad, y es bueno que lo haga porque nos ayudará a poner más empeño en controlar nuestra rabia.

Lo que te propongo que hagas sería algo así:

Lunes 23 de junio, 20:30 h. Grito a Greta porque ha tirado el bol de sopa al suelo. Ella llora y yo acabo llorando también.

Jueves 26 de junio, 21 h. Pierdo los papeles porque les he dicho mil veces a los dos que se laven los dientes y siento que pasan de mí. Me siento impotente.

De esta forma podrás ver si hay una relación entre días, horas y motivos por los cuales pierdes el control y qué hay debajo que lo desata: cansancio, sensación de que no te hacen caso, etc. Cuando veas algún tipo de patrón podrás darte cuenta de dónde viene y por qué se activa en ti. Podrás tomar consciencia y la toma de consciencia es imprescindible para cualquier cambio.

BUSCA EL IMPACTO

Después de haber hecho el registro durante un par o tres de semanas, te darás cuenta de a qué horas sueles estar peor y pierdes más los papeles. Algo que ayuda muchísimo a tomar consciencia y a cambiar la forma de hacer las cosas es vernos desde fuera. Así que te propongo que actives la función de grabadora en tu móvil a esa hora en la que todo en casa se pone más tenso. Imaginemos que el peor momento del día para ti son las mañanas, porque sientes que el tiempo os apremia y que tus hijos no hacen caso a lo que les dices. Cuando les despiertes, activa la grabadora y déjala grabando en el lugar donde más rato paséis antes de iros de casa. Al principio serás consciente de que la has puesto y quizá eso hace que te controles más, pero llegará un momento en que te olvides y actuarás muy probablemente como siempre. Eso es lo que perseguimos, que te grabes siendo como eres cada mañana. Cuando ya os hayáis separado, escucha esa grabación.

Cuando nos escuchemos con ese tono de voz, esas palabras y las emociones desbordadas realmente nos sentiremos impresionados y avergonzados. El impacto que puede tener en nosotros escucharnos puede marcar la diferencia entre perder el control o no volver a hacerlo nunca más. Porque es desagradable vernos así. A veces incluso no nos reconoceremos, pero mejor, porque así tomaremos incluso más consciencia y reforzaremos nuestro compromiso de cambiar.

CUÍDATE

Muchas veces no tenemos autocontrol porque no hay autocuidado. Ignoramos tanto nuestras necesidades que al final acabamos explotando. Es importantísimo tener en cuenta las necesidades de nuestros hijos, pero también lo es tener en cuenta las nuestras y satisfacerlas. Está claro que después de tener a nuestro bebé será más difícil contar con momentos de autocuidado, pero deberíamos tenerlo presente para que podamos nutrirnos, aunque sea a ratitos pequeños con una ducha tranquila o diez minutos de meditación a solas.

A medida que nuestro hijo o hija vaya creciendo, podremos ir aumentando los momentos de autocuidado, porque hay una premisa esencial: el cuidador tiene que cuidarse. Es imprescindible. Si no nos nutrimos, ¿cómo podremos nutrirles con la entrega que necesita un niño pequeño? Nos resultará verdaderamente difícil y, cuando eso pasa, a veces podemos llegar a sentir que nos sacan toda la energía, que nos absorben y se quedan con todo. Si sentimos eso o algo similar es porque, de alguna forma, no estamos conectados a la «fuente». Es que no nos nutrimos y que no tenemos en cuenta que cargarnos las pilas es tan imprescindible como cargárselas a ellos. Nuestra fuente es todo eso que nos hace llenar nuestra mochila y que nos hace conectar con nuestra esencia. Mi fuente es la naturaleza, es escribir, disfrutar de momentos a solas, la meditación, conversar con mi marido, un momento de risas todos juntos, una conversación con una amiga, hacer deporte y conectar con mi cuerpo, bañarme, tener presentes a mis ancestros y conectar con ellos. Todas estas cosas me nutren, me dan energía, me hacen sentir bien y me cargan. Y desde ahí, con las pilas cargadas, puedo ser, en parte, la fuente de energía de mis hijas.

Muchas veces perdemos el autocontrol porque estamos hartos de dar, dar y dar sintiendo que no recibimos. Sentimos, luego, que son ellos, nuestros hijos, quienes nos tienen que dar, y les pedimos algo de vuelta, como si fuéramos nosotros los niños. El problema de verdad es que se remueve el niño que fuimos y que no nos cuidamos. Entonces les pedimos a ellos que nos nutran cuando nosotros no somos capaces de nutrirnos. Y no es así como debería funcionar esto. Cargarnos las pilas es nuestra responsabilidad y depende de nosotros, no de ellos, no lo olvides. Cuídate como si tu vida dependiera de ello. ;).

HORARIOS Y ORGANIZACIÓN

Quizá al observar tus registros te das cuenta de que siempre pierdes los nervios cuando estás ya muy cansada o cansado, especialmente por la noche, cuando ya no te aguantas y tus hijos necesitan toda tu atención. En esos momentos de rutinas que nunca se acaban (lavar dientes, pijama, cuento, acostar), es cuando más gritas o te enfadas y pierdes el control. En este caso es importante que tengas en cuenta los horarios y qué te sirve y qué no.

Es decir: si cada día explotas a las nueve y media de la noche, cuando tus hijos tienen que meterse en la cama, quizá es que tienen que acostarse mucho antes. Si tú a esa hora ya no puedes ser asertiva/o porque estás para el arrastre, tienes que procurar que a las nueve se estén acostando, porque de esta forma tienes muchas más probabilidades de llevarlo bien, y seguramente ellos también. Algunas familias me dicen que no pueden llevar sus rutinas más pronto de lo que las llevan y repasamos todo su día. A veces, me cuentan que llegan a casa muy tarde porque han alargado el tiempo en el parque, y que entonces todavía tienen que hacer la cena, cosa que les alarga un montón todo el ritual de final del día.

La organización de la parte logística de tu día a día es imprescindible y especialmente por la noche. La cena debería estar prácticamente hecha o que prepararla te lleve cinco minutos. ¿Por qué? Porque si te demoras, todo se alarga y llegarás con más probabilidad a tu hora fatídica y perderás los papeles si no le pones mucha consciencia. Pero también porque a la hora que necesitan más que les atiendas te pondrás a hacer la cena y eso hará que tengan que reclamarte más o que se sientan menos atendidos y llamen tu atención, poniéndote aún más nerviosa o nervioso.

Si la cena está hecha, podéis cenar mucho más temprano, adelantando todas las rutinas y acostándose antes. Eso te da margen para que se vayan relajando sin que llegues a tu hora crítica porque no estarás tan cansada/o. Si se acuestan antes, tendrás un momento por la noche para ti, en el que te podrás dar un poco de autocuidado, aunque sean solo cinco minutos de lectura, ver un capítulo de una serie con tu pareja, o meditar diez minutos antes de acostarte.

La organización y tener en cuenta los horarios te ayudarán a no perder el control. Pruébalo.

COMPROMÉTETE CON ALGUIEN

Otra herramienta que va muy bien es comprometerte con alguien con el mismo propósito. Supongamos que tienes una amiga que grita como tú. Las dos gritáis cuando perdéis los papeles, pero no queréis hacerlo y os lamentáis cada vez que se os escapa un grito. Lo habéis comentado muchas veces y veis que tenéis el mismo problema y las mismas ganas de solucionarlo. Pues ayudaos. Es muy útil que las dos os comprometáis a intentar no gritar y a ayudaros la una a la otra.

De modo que, a partir de ahora, cada final de día os mandaréis un mensaje para contaros cómo ha ido el día: «Hola, hoy no he gritado en todo el día. He estado a punto esta noche, antes de acostarles, pero he pensado en nuestro compromiso y me he controlado». Ella nos mandará sus percepciones y muy probablemente nos animaremos a seguir. Ambas nos sostendremos en esta ardua tarea de responsabilizarnos de nosotras mismas, de tomar consciencia y de cambiar el paradigma que estábamos reproduciendo.

Te recomiendo que este compromiso sea firme, que lo mantengáis en el tiempo y que os comuniquéis cada día, de modo que esta toma de consciencia sea constante y haya el recordatorio diario de lo importante que es esto que estamos intentando cambiar.

SIENTE TUS EMOCIONES SIN REACCIONAR A ELLAS

Este es el quid de la cuestión, aprender a sentir lo que venga, sin necesidad de reaccionar a ello. No nos enseñaron, es cierto, así que tendremos que aprender. El verdadero problema es que lo que hacemos casi siempre es reaccionar a lo que sentimos, pasando a la acción y, muchas veces, perdiendo el control. Hemos olvidado lo que hacíamos de bebés: sentir nuestras emociones y vivirlas sin juicios.

Tenemos que comprender de verdad que podemos sentir nuestras emociones, que podemos permitirnos vivirlas sin necesidad ni de hacer nada ni de contárselo a nadie. Esto nos cuesta porque quizá no sabemos cómo estar con nosotros mismos. A veces es justamente lo que más nos cuesta o incluso nos da pánico pasar un rato a solas con nosotros. Cuando nos permitimos sentir sin reaccionar a lo que sentimos, podremos conectar con la necesidad de nuestro niño o niña interior y podremos acompañarnos, validándonos y aceptando nuestro ahora y aquí interno.

Sentir y no reaccionar es un gran aprendizaje. Esto no significa que nuestro hijo o hija pueda hacer lo que quiera, no tiene nada que ver como ya hemos visto en otros capítulos. Pero para no perder el control tenemos que ser conscientes de nuestras emociones, permitirnos vivirlas y sentirlas y no reaccionar a ellas vertiéndolas sobre los demás. Para poder hacer todo esto es muy importante que estés atenta/o a tu cuerpo, que será el portal que te indicará qué sientes, qué te está ocurriendo y desde donde podrás detener la necesidad de reaccionar a lo que sientes. Todo esto requerirá práctica y más práctica, pero permitirte sentir sin reaccionar te ayudará e, inevitablemente, podrás hacer lo mismo con tu hijo: permitir sus emociones sin reaccionar a ellas, manteniéndote en un espacio de disponibilidad, de no juicio y de sostén.

BUSCA LA LENTITUD

Cuando estamos a punto de perder el control, hay algo que nos pasa siempre: aumenta el ritmo cardíaco, el ritmo de nuestra respiración y la velocidad de nuestra mente. Es decir: el corazón empieza a latir más rápido, a la vez que respiramos más deprisa y nos vamos enfadando más y más; a su vez, la mente nos va hablando más deprisa, trayéndonos pensamientos más veloces cada vez.

Por ejemplo: mi volcán está a punto de explotar porque mi hija está haciendo justo lo que le he dicho mil veces que no haga. Siento cómo aumentan mis pulsaciones, cómo aumenta el ritmo de mi respiración y, además, noto cómo mi mente me va diciendo cosas muy rápidamente como: «ya le vale, esta niña no me hace caso, ya está bien, qué vamos a hacer con ella, llevamos todo el día igual, no puedo más, etc.» Esto se retroalimenta: cuanto más me habla mi mente en este sentido, más me enfado, más rápido respiro y más rápido va mi corazón.

El objetivo para conseguir recuperar el control de ti misma/o es ralentizarlo todo. Procurar que la respiración frene, junto con las pulsaciones y la velocidad de tu mente. Todo tiene que recuperar la lentitud: ir más despacio para poder buscar el centro y, desde ahí, recuperar el control de ti mismo/a.

Esto puede parecer difícil cuando estás con el volcán a punto de llegar a su clímax, pero podrás hacerlo si te conectas a tu respiración. Solo podrás parar este ritmo trepidante y tener el control de nuevo si te agarras a tu respiración como si fuera el timón de un barco en plena tormenta. La inspiración y la exhalación, tomando consciencia de cómo el aire entra y sale de tu cuerpo e intentando que lo haga lo más lentamente posible, serán tu guía que te ayudará a volver a ser tú. Pasarás de una activación emocional a una toma de consciencia del ahora y aquí a través de la calma que te dará agarrarte a la respiración.

Cuando hablo de la importancia de la respiración muchos padres y madres me dicen: «a mí no me sirve» o «no me es suficiente». Cuando decimos esto es porque: 1) no hemos practicado y no tenemos suficiente consciencia de nuestra respiración, 2) esperan que la respiración sea una varita mágica y que no requiera de nuestro esfuerzo y trabajo centrarnos y recuperar el control. No, no es una varita mágica: hay que agarrarse a ella con fuerza y respirar una y otra vez, en uno y otro conflicto, hasta que tengamos profundamente integrada la fuerza de la respiración consciente.

Otras veces lo que pasa es que, simplemente, no queremos. No queremos respirar, estamos demasiado enfadados y no nos da la gana recuperar el control de nada porque lo que sentimos que necesitamos es sacar toda nuestra rabia sobre quien esté delante. A mí me ha pasado: tu niña interior se adueña de tu cuerpo, de tu mente y de tu alma y no le importa nada más que mostrar su enfado sin pensar en que quizá no es la forma. Pasa de todas las herramientas que sabe que funcionan para recuperar el control, porque simplemente ¡no quiere! En estos casos, tenemos que darnos cuenta de que la adulta o el adulto que hay en nosotros tiene que calmar a nuestro yo pequeño para recuperar la consciencia y el control de la situación. La respiración será *la* herramienta por excelencia.

Lleva tu atención a tu cuerpo. Observa el ritmo rápido de tus pulsaciones, de tu respiración y de tu mente, y da la orden de ir calmándose. Céntrate en tu respiración y en cómo el aire entra y sale de tu cuerpo. Puedes incluso repetirte mentalmente «inspira, expira, inspira, expira» y así, lenta y profundamente, hasta que sientas que el volcán está más tranquilo y tienes otra vez el control de ti misma/o.

Esto lo acompañaremos de otros recursos que te recomiendo hacer en el mismo momento.

DA UN PASO ATRÁS

Cuando estés en plena situación de tensión y notes que tu volcán está a punto de estallar, da un paso atrás físicamente. Aléjate un metro de esa situación que te remueve. El hecho de dar ese paso físico hacia atrás te ayudará a separarte de esa situación. Si lo aplicas cada vez que sientas que estás a punto de estallar, verás cómo el paso atrás te da la información de «ojo ahí, controla». Es como un «me separo para tomar consciencia y perspectiva de que está siendo un momento de tensión para mí, que me está costando y que tengo que controlarme».

Este gesto, que puede parecer simbólico, tiene mucha fuerza y nos ayudará a relajarnos un segundo mientras encendemos las luces de alarma y extremamos las precauciones para no perder el control. Estos momentos tienen una importancia vital: que en el momento de máximo clímax, cuando sientes que el volcán se está apoderando de ti, puedas dar un paso atrás para coger tú las riendas de ti misma/o y responsabilizarte de que lo que sientes tiene mucho poder. Pruébalo.

RETÍRATE

Si das el paso atrás y sientes que no te sirve de nada, que la sangre te sigue hirviendo y que estás a punto de perder el control, retírate. Sin embargo, no lo hagas si tu hijo o hija es un bebé y no hay nadie más para atenderle. Pero si tienes relevo o si tu hijo ya tiene cierta edad (pongamos a partir de tres años), retírate y cambia de habitación si lo necesitas. Hazlo para poder entrar en otro espacio, airearte, respirar un momento a solas y luego, al cabo de muy poco tiempo, volver a salir y lidiar con lo que está ocurriendo de una manera más consciente y asertiva.

Te aviso: si te retiras, lo más probable es que venga tu hijo corriendo pidiéndote que no te vayas aunque todavía esté en plena rabieta enfadado contigo. Es normal. Ve que en ese momento no te sientes disponible para sostenerle y entra en pánico. Pero no le abandonas, simplemente intentas recuperar un momento la cordura para, justamente, atenderle mejor. Cuando venga corriendo puedes decirle: «un momento, es que necesito respirar». Cuando son muy pequeños, les trae sin cuidado y van a hacer oídos sordos, pero creo que es importante que, poco a poco y a medida que vayan creciendo, vayan escuchándote decir que necesitas tu espacio para tomarte un respiro, o que necesitas recuperar el control. De esta forma verán en tu ejemplo la importancia de escucharse y darse lo que necesitan antes de estallar y perder los papeles.

QUE TU MENTE PIENSE BONITO

La mente está hecha para pensar y piensa todo el rato, a veces es incluso agotador, ¿verdad? Y en nuestra mente a veces habla una voz que, más que ayudarnos, nos hunde. Una voz nacida producto de una cultura, de una sociedad y de una herencia familiar donde el juicio y la reprobación eran el pan de cada día. Démonos cuenta de que, en momentos de tensión y conflicto, nuestra mente saca toda la artillería y la voz habla sin parar y sin compasión. Aunque seas absolutamente consciente de que cada niño tiene su ritmo, que están madurando, que son pequeños, etc., en ese «momento volcán» la mente puede decirte las cosas menos acordes con tu forma de pensar. Cosas como «este niño no va a conseguirlo nunca», «¿qué estás haciendo mal si los demás no lo hacen y el tuyo sí?», «a ver si será que esto de la crianza consciente no funciona», etc. Es como si hablara una voz en la que no te reconoces porque si paras y la escuchas profundamente verás lo mucho que hay de lo que has escuchado a lo largo de tu vida, y lo poco que hay de lo que sientes y piensas tú ahora.

En esos momentos lo que hay que hacer es no escucharla. Tu mente hace lo que sabe: pensar y tirar de patrón. Así que como sabemos que la mente va a seguir haciendo lo que sabe hacer, ¿por qué no le damos material bonito que nos pueda ayudar en esos momentos y que pueda sustituir esa voz? Dale frases, mantras, recursos positivos a los que agarrarte cuando tu volcán esté a punto de estallar.

El material que le doy a mi mente en esos momentos es más o menos este: «tú eres la adulta. Se comporta así porque se siente mal. Conecta con lo que le pasa. ¿Qué te puede estar pidiendo? Respira profunda y lentamente. Está todo bien. Esto que está pasando es normal. Acepta lo que es. Conecta con la raíz. Tranquila, tú eres la adulta y solo tú puedes recuperar el control de esta situación desde el amor y el respeto. No hagas nada de lo que después te puedas arrepentir», y un largo etcétera. Me digo todas estas cosas las veces que haga falta y a veces muy rápido porque, recordemos, el ritmo de la mente en estas situaciones va rápido. Pero, por lo menos, con este material evito que mi mente me diga cosas como «ya está bien, otra vez llorando, menuda pesadez sostener todo el día sus emociones, ya no puedo más, bla, bla, bla».

Tienes que intentar que tu voz adulta y consciente se adueñe de tu mente y te diga todas esas cosas que sí te van a ayudar a conectar con tu hijo, que en estos momentos te necesita. Busca tus mantras, hazlos tuyos, prueba a ver cuáles te funcionan más y úsalos sin cesar. Poco a poco verás cómo te va resultando cada vez más fácil tenerte bajo control.

REFLEXIONA UN SEGUNDO EN EL DESPUÉS

Algo que a mí me ha ayudado muchísimo en estos años de maternidad es pensar siempre si lo que estoy a punto de hacer o decir va a ser de ayuda en esta situación o va a provocar más caos y dolor. ¿Conoces el dicho «eres más torpe que un elefante en una cristalería»? Pues yo siempre la tengo en mente porque no quiero ser un elefante entrando en el corazón de mis hijas y rompiéndolo todo. En primer lugar porque será doloroso para ellas y no lo merecen. En segundo lugar porque será doloroso para mí y no lo merezco. Y en tercer lugar porque tendré muchísimo trabajo después para gestionar todas las emociones que eso habrá supuesto a mis hijas y también a mí. Solucionar ese momento de pérdida de control me requerirá un esfuerzo tal que es mil veces mejor procurar pensar siempre anticipadamente sobre si lo que estoy a punto de hacer va a ayudar o a empeorar las cosas.

Cuando me hago esta pregunta, si la respuesta que me viene es «lo vas a empeorar» opto por callar y parar. Hasta que no encuentre una respuesta menos reactiva y más consciente y calmada, intento no hacer nada. Parar un momento. Porque seguramente lo que necesito hacer es lo mencionado en el punto anterior: aquietar respiración, pulsaciones y mente para poder recuperar el control de mí misma y encontrar así una respuesta más asertiva y consciente que nos pueda ayudar a todos.

¿Fácil? A veces, no. Pero es que he pasado algunas veces por tener que recoger todo lo que he roto de la cristalería y te aseguro que es muchísimo peor. Como no quiero volver a vivirlo, intento respirar, tragarme mi ego y parar, esperando y confiando en encontrar algo mejor que ayude en ese momento. ¿La parte positiva? Que desde la calma siempre, sin excepción, encuentras la respuesta que ayudará ahora y aquí.

VALIDA A TU PEQUE INTERIOR

Para poder encontrar la paz en estos momentos tan tensos y que nos remueven hasta las entrañas, hay que ver qué hay debajo. Y debajo de nuestro volcán, de nuestro enfado, a menudo hay nuestro niño interior, con su ego, asustado de no ser tenido en cuenta y llamando la atención: «¿Y a mí quién me escucha? ¿Y a mí quién me ve? ¿Y a mí quién me cuida y me atiende?» Ya sabes, tenemos muchos números de haber necesitado esa validación, esa mirada, cuando éramos pequeños y no haberla encontrado de la manera que la necesitábamos. Esa validación incondicional de lo que ya éramos a cada momento. No solo si hacíamos lo que querían, o nos comportábamos así o asá, o si éramos como deseaban. No, me refiero a algo más profundo y transcendente. Me refiero a un *sí* incondicional a quienes éramos, esa mirada de aprobación de nuestra esencia, de nuestra alma a cada instante.

No estoy diciendo que no nos quisieran o no nos hicieran caso. Estoy diciendo que muchas veces, los niños, adolescentes y jóvenes que fuimos no encontramos esa validación de nuestro ser verdadero y nos llenaron de condicionales. Con lo cual, nuestro niño interior sintió en ocasiones que no era suficientemente visto, escuchado, tenido en cuenta, atendido en sus necesidades, etc. Y cuando no hemos recibido lo que anhelábamos, a veces nos pasamos la vida buscándolo y reclamándolo. Ese niño interior sale con fuerza cuando nuestro hijo está en modo reclamo: nos hace de espejo y nuestro yo con su edad (dos, cuatro o los años que sean) reclama su parte que no tuvo. Y claro, al ponernos a su nivel ya no hay solo un peque, sino dos, y uno con cuerpo de adulto.

Para que esto no nos suceda o nos suceda lo mínimo posible, tenemos que atender al niño que fuimos. No es necesario ir a ver a nuestros padres, pedir explicaciones y reclamar. Ya sabes: lo hicieron tan bien como supieron y pudieron a cada momento. Se trata de que el adulto o adulta que eres ahora pueda validar y atender al niño que sale y grita. ¿Cómo? Con un diálogo interno.

Tu volcán está a punto de estallar y tu niño interior empieza a sentir que le toman el pelo, que no le tienen en cuenta, que no le respetan. Ahí tu yo adulto tiene que salir a la palestra y hacerse cargo de ese vacío que ha aparecido en el niño que fue y decirle cosas como: «Lo sé, lo que acaba de pasar te ha removido porque te ha recordado todas las veces que te sentiste igual y eras pequeño y no te atendieron como necesitabas. No te sentiste escuchado y, ahora, cuando sientes que no te escuchan, te enfadas muchísimo porque eso mismo ya lo has vivido muchas veces sintiendo una gran injusticia. Pero son niños y no tienen la culpa de que te sintieras así cuando eras un niño. Lo que se te remueve tiene que ver con tu pasado, no con lo que acaban de hacer, que es absolutamente normal por la edad que tienen». O bien: «lo sé; sientes un gran vacío dentro porque te toca acompañar a tus hijos como nadie te acompañó a ti y esto te agota y te remueve. Eras válida/o tal y como eras de pequeña y siempre. Eras suficiente. Merecías ser tratada/o bien. Merecías ser tenida/o en cuenta. Yo te veo, te comprendo y te valido ahora y aquí. Respira, están saliendo emociones de entonces que afloran en el presente. Es legítimo, estoy aquí».

El día que descubres que no necesitas a nadie más para comprenderte, validarte y acompañarte, sientes una gran liberación y ligereza. Es como si ya no hiciera falta seguir buscando fuera o en los demás esa validación que nunca llega, sino que tú misma/o puedes llenarte. Todo empieza en ti y tú solo/a puedes sanarte.

Validar a tu peque interior te ayudará a calmarte, sentirte escuchada/o y poder retomar una perspectiva más adulta y menos activada por un pasado que te ha asaltado de repente. Si jamás habías oído hablar de lo que te acabo de contar, quizá crees que es un poco esquizofrénico este diálogo interior con tu propio niño interior, pero te aseguro que no lo es, y que tiene unos resultados espectacularmente positivos. Pruébalo, no pierdes nada en hacerlo.

BUSCA AYUDA

Del mismo modo que te digo lo anterior, también te digo que si tú sola o solo no lo consigues, busques ayuda profesional. A veces, simplemente, necesitamos que nos echen un cable y un lugar donde podernos sentir apoyados, sostenidos y escuchados. A veces intentaremos hacerlo solos, pero no lo conseguiremos porque todo se nos hará cuesta arriba y no conseguiremos que nuestra voz interior deje de machacarnos, cambiarla por palabras más compasivas y dulces hacia nosotros. A veces lo que necesitaremos es a otra persona, un profesional, que nos diga eso que nosotros no conseguimos decirnos. Que nos comprenda y nos ayude a través de la terapia que lleve a cabo a adueñarnos de lo que sentimos y a aumentar nuestro autocontrol.

No tengas vergüenza de buscar ayuda profesional y de contarle a alguien cómo te sientes y lo que has hecho hasta ahora. No eres débil, si es lo que piensas, sino todo lo contrario, eres un o una valiente y tienes que sentir orgullo de estar dando los pasos necesarios para ser la madre o el padre que mereces ser y que tus hijos merecen que seas.

Busca ayuda sin reparo para dejar de dañarte y dejar de dañar a tus hijos o hijas. Hazlo por ellos pero, sobre todo, hazlo por ti.

EXPLORA...

Después de leer este apartado sobre nuestras pérdidas de autocontrol, vamos a parar un momento para conectar con nuestro cuerpo y nuestro sentir. Observa tu respiración, sintiendo cómo el aire entra y sale de tu cuerpo. Procura ralentizar un poco esta respiración y hacerla el máximo de profunda que puedas.

Una vez entres en este estado de presencia plena en tu ahora y aquí, observa qué sientes en este momento. ¿Ha aparecido alguna emoción mientras leías? ¿Algún recuerdo? Observa cualquier sensación que haya venido y respírala, aceptando este momento tal y como es. Ahora te propongo que explores tu nivel de autocontrol. ¿Has tenido momentos de perder los papeles? ¿Por qué crees que te cuesta mantener el autocontrol?

Te invito también a que intentes recordar si tus padres perdían o no los papeles. ¿Qué pasaba en momentos de máxima tensión? Y tú, ¿recuerdas cómo te sentías?

Hacer este trabajo de exploración y de introspección te ayudará a tomar consciencia, a ver paralelismos y a sacar conclusiones que quizá te ayudarán de ahora en adelante en esos momentos en los que nos es más difícil controlarnos.

Sea como sea, valídate. Procura no machacarte si has hecho cosas que no te han gustado y que crees que no deberías haber hecho. Eres humana/o y estás aprendiendo. Poco a poco, haciendo camino, creciendo y poniendo más y más consciencia para ser la madre y el padre que mereces ser.

RECURSOS PARA SU AUTOCONTROL

A menudo quienes pierden el control son ellos, nuestros hijos, que en plena rabieta cortocircuitan y se pierden en la expresión de todo el caos interior que sienten en esos momentos. Eso a menudo nos choca mucho porque jamás pensamos que nuestro hijos nos podrían hacer daño pegándonos, empujándonos o insultándonos. Y ahí estamos, con nuestro hijo/a absolutamente fuera de control y pensando «y ahora, ¿qué hago?»

Muchos piensan que si hay niños que pierden el control y, por ejemplo, pegan, es porque en sus casas también les pegan. Por suerte, la mayoría de las veces no es por ese motivo. Los niños, a sus cortas edades, no tienen la capacidad de autocontrol desarrollada en el cerebro y todo lo que viven y sienten lo hacen muchas veces de una forma muy instintiva y física. Con lo cual, embriagados por una rabia tremenda, es muy probable que su cuerpo intente exteriorizarla o haciéndose daño a ellos mismos o a los demás. Y no, no son conscientes muchas veces de que hacen daño, ni por asomo. Ellos, simplemente, explotan y lo hacen así, descontrolados totalmente.

Como ya te he dicho anteriormente, esto es normal y no hay de qué preocuparse. Tu hijo o hija irá creciendo, irá teniendo más capacidad de expresarse a través del lenguaje verbal y cada vez tendrá más madurez para autocontrolarse. Lo ideal es que lleguen a los siete años sabiendo perfectamente que no pueden hacerse daño ni hacer daño a los demás y teniendo la capacidad de controlarse en este sentido. Para llegar a esta edad con esta capacidad, tendremos que ayudarles. Es aquí en lo que entraremos ahora, en qué podemos hacer nosotros para ayudarles a tener control de sí mismos (aún sabiendo que la parte del cerebro que regula el autocontrol dista mucho de estar totalmente desarrollada).

LLEVA UN REGISTRO DE SUS RABIETAS Y PÉRDIDAS DE AUTOCONTROL

Igual que has hecho contigo, toma nota de las rabietas que tenga tu peque, registrando día, hora y motivo aparente (lo que parece que le ha hecho explotar) y también, si crees que lo sabes, el motivo real. ¿Por qué es importante el registro? Porque a veces no nos damos cuenta y tenemos rabietas cada día por la mañana. Si lo vemos escrito, se nos hace más claro, más relevante y podremos reflexionar acerca de por qué está pasando y qué podemos hacer. El registro también ayuda a tener una percepción más real de su estado de malestar. A veces creemos que tiene pocas rabietas, pero cuando vemos el registro nos damos cuenta de que tiene tres cada día por lo menos. Y al revés, a veces estamos muy agobiados con las rabietas y, cuando tomamos consciencia con el registro, nos damos cuenta de que en realidad tiene muy pocas. O, a veces, de lo que nos damos cuenta es de que el motivo siempre tiene que ver con un error nuestro: cada día cenamos más tarde y explota porque tiene hambre, o no duerme las horas necesarias porque nos retrasamos demasiado por las noches, etc.

El registro también nos servirá para identificar algún tipo de patrón que nos dé información y nos ayude a saber qué es lo que está pasando. Por ejemplo, que las rabietas más gordas las tiene siempre en sábado, o que suceden siempre cuando estamos con más gente, o que son siempre a la salida del cole. Lo que sea. Pero poder llevar un registro durante algunas semanas para ver con más distancia y de forma más real lo que ocurre, cuándo y por qué, nos ayudará a situarnos, a tomar consciencia y, por supuesto, a buscar posibles soluciones.

Y por último: el simple hecho de llevar a cabo un registro hará que estés, inevitablemente, más consciente, más al tanto, con más atención plena a su estado emocional y a sus rabietas. Eso agudizará tu intuición, tu sexto sentido, que te ayudará a saber un poco por dónde van los tiros y qué hay que cambiar en vuestra forma de gestionar y acompañar, si es que hay que cambiar algo.

Sería como lo que les pasa a mis clientes a menudo: piden hora para venir a la consulta y cuando nos vemos me dicen: «desde que pedí hora estamos mucho mejor». Y no es que pedir hora conmigo sea mágico y solucione todos los problemas, ni mucho menos. Simplemente que al tomar consciencia de que estamos preocupados por algo y buscar ayuda, sentimos que estamos en el camino, que hemos hecho algo, que estamos buscando soluciones, lo cual, a su vez, nos relaja un poco. Nuestros hijos lo notan, se relajan también y todo empieza a fluir un poco mejor. Pues con el registro a menudo pasa algo parecido: estamos más conscientes y, por consiguiente, todo fluye muchísimo mejor.

El registro que te propongo sería más o menos así (como verás, si quieres, puedes añadir cómo te has sentido tú y cómo has actuado):

Sábado 30 de abril. 13:40 Rabieta 10'. Motivo aparente: quería macarrones en vez de arroz. Motivo real: está cansada y tiene hambre. Me enfado y grito.
Martes 3 de mayo. 8:30 Rabieta 20'. Motivo aparente: no quiere vestirse. Motivo real: ayer vomitó y puede que esté cansada y no se encuentre muy bien. Me agobio y le digo que pare. Lloramos las dos.

Y seguiría por lo menos unas dos semanas o tres. ¿Por qué ese tiempo? Porque si registras pocos días tendrás poca perspectiva, y con más días tendrás más amplitud de foco y más consciencia.

No te extrañe que, al hacer el registro, cambie tu mirada respecto de las rabietas de tu peque. Si antes de hacerlo quizá estabas preocupada y pensabas que a lo mejor lo que hacía no era normal, puede que después de hacer el registro te des cuenta de que lo que ha pasado no es tan preocupante ni raro. Puede que te resulte más fácil empatizar y que, a raíz de darte cuenta de qué cosas afectan más a tu hijo y qué le hace estallar en una rabieta, hagas los cambios necesarios para anticiparte y evitar esas rabietas que son absolutamente evitables.

CUANDO QUIERA PEGAR, MORDER O SIMILARES

Al tratarse de un límite, si el niño no tiene autocontrol para no hacerlo, ese control tendremos que ponerlo nosotros. Por lo tanto, tendremos que estar muy alerta si nuestro hijo está en esta fase (especialmente de los dos a los cuatro años) para podernos anticipar cuanto más, mejor. Si podemos anticiparnos, validaremos lo que creemos que en ese momento le está pasando y le ayudaremos a canalizar esa energía de otra manera. Si llevas un registro, te darás cuenta de que a menudo pegan o muerden cuando están o muy contentos, muy enfadados o frustrados, muy cansados o con mucha hambre. La emoción que sienten (ya sea alegría, rabia o malestar producido por una necesidad básica no satisfecha), les desbordan y pierden el control.

Intentaremos anticiparnos y, si le vemos muy excitado porque acabamos de llegar de trabajar y vemos que, por ejemplo, abre la boca para mordernos de la emoción (esto lo hacen a menudo niños muy pequeños), le recordaremos que no muerda, pero que nos puede besar o abrazar. Si está muy enfadado y quiere pegarnos, lo evitaremos, poniendo un límite claro (agarrándole el brazo para que no nos toque, por ejemplo, y recordándole que no dejaremos que nos pegue), y luego le propondremos que si necesita sacar esa rabia pegando, puede hacerlo en el sofá, la cama o una almohada.

Resumiendo: es normal que hagan estas cosas y pierdan el control, y exterioricen lo que sienten a través de su cuerpo. Para que no hagan daño a nadie, pondremos el límite de una forma clara, pero calmada, serena y asertiva, dándole opciones para poder canalizar de una forma más correcta lo que siente, y validando y legitimando sus emociones. No nos enfadaremos ni le regañaremos porque entendemos que lo que hace forma parte de la edad en la que está y de su falta de autocontrol. Donde no llegue, intentaremos llegar nosotros para ayudarle y sostenerle, y siempre intentando no olvidar que eso es el síntoma y que tendremos que ir a la raíz de lo que le sucede.

Otras veces no nos podremos anticipar ni podremos prever que están a punto de pegar y, o bien pegarán a alguien, o a sí mismos o a nosotros directamente. La primera reacción, claro, es de dolor y de sorpresa. Muchas veces no te lo esperas y te llevas un zasca en toda la cara: literal. Aquí es importante que, aunque no se haya podido controlar, sí lo hagas tú. Y cuesta, porque el instinto nos empuja a defendernos, y a actuar ante lo que sentimos que es injusto. Así que si no controlamos nuestra reacción y no tenemos presente que quien acaba de hacer esto no es una persona de treinta años, sino un niño de tres, podemos perder los papeles totalmente y tener una reacción desproporcionada.

En estos casos lo primero es respirar hondo, y desde esa pausa que nos recuerda a quién tenemos delante y su edad, buscaremos la respuesta más asertiva y proporcionada. Intentaremos no reaccionar. Pondremos límite de una forma clara a eso que acaba de hacer si es que quiere repetirlo e intentaremos ver por qué lo ha hecho, qué hay debajo de esa acción. ¿Está aburrido, cansado, enfadado, etc.?

ENSÉÑALE EL PODER DE LA RESPIRACIÓN

La herramienta más útil que tendrá en toda su vida para gestionar sus emociones y todas las situaciones difíciles con que se va a encontrar es su propia respiración. Eso será su timón, si se lo enseñas, claro. Y para enseñárselo, es imprescindible que tú lo vivas así. De nada servirá que le digas que respirar profundamente sintiendo cómo el aire entra y sale de su cuerpo le ayudará a controlarse si tú no lo haces primero. Si ve que lo que dices no va acompañado de lo que haces, no tendrá efecto. Será una orden más, un consejo más, pero no será ejemplo.

Para transmitir de verdad que la respiración es una herramienta poderosísima para tener autocontrol y para poder vivir muchísimo mejor todos los momentos difíciles que le toquen vivir, tiene que ver cómo lo haces tú. Tiene que ver que tú, antes de estallar, respiras y, justo porque lo haces pausada y tranquilamente, consigues recuperar el control. Tiene que ver que te tomas momentos para conectar con tu cuerpo y sentir, y que para eso te ayuda la respiración. Tiene que ver que ante situaciones difíciles, malas noticias, o momentos de estrés, te tomas tu instante para conectar con la respiración con el fin de poder vivir ese momento de la mejor manera posible.

Si lo ve, cuando le hables de ello lo comprenderá y tendrá sentido. Si no, será una explicación teórica más que puede abrazar o no. Te animo a investigar, vivir y aprender sobre el poder de la respiración consciente para que así se lo transmitas a tu hijo a lo largo de todo su crecimiento. Esto tendrá un valor incalculable que le ayudará a sostenerse y a acompañarse en momentos de tormenta.

AYÚDALE A PONER PALABRAS

Poner palabras y expresar lo que le pasa a través del lenguaje verbal le ayudará a no tener que recurrir a lo físico para sacar hacia fuera eso que le duele dentro. Pero para ello, lógicamente, tendrá que tener una cierta edad y un cierto dominio del lenguaje. Vamos, tendrá que ser maduro/a para ello. Muchos niños empiezan con la etapa de rabietas cuando su capacidad para expresarse con palabras es nula, así que todo se pone un poco más difícil. En estos casos, no podemos animarles a poner palabras, porque no las tienen ni saben dónde ponerlas. Nos tocará esperar, comprender y acompañar, y tendremos que ser nosotros quienes les vayamos contando lo que creemos que sienten y por qué: «Creo que estás muy cansado y por eso te has enfadado ahora». Pero a medida que vayan creciendo y vayan teniendo más dominio del lenguaje, podemos ayudarles a poner palabras y animarles a usar el lenguaje verbal para expresarnos lo que les sucede.

Muchos padres intentan hacerlo en plena rabieta, pero como ya hemos visto, en plena rabieta lo mejor es callar, sostener y esperar. Pero una vez ha pasado el temporal y están ya más receptivos sí podemos decirles algo como «¿crees que esto que te pasa me lo puedes contar con palabras?», o «¿puedes decirme lo que necesitas con palabras, por favor?» A veces podrán y otras no, pero irán viendo que hay otra forma de comunicarse que con golpes o gritos: que pueden hablar y contarnos. No les será fácil, pero poco a poco irán teniendo más capacidad de hacerlo. Es importante recordar que para que lo hagan tendrán que ver que somos ejemplo, y que usamos las palabras también para expresar nuestro sentir.

PRACTICAD CON JUEGOS DE ROL

Algo que también os puede venir muy bien para trabajar el autocontrol con vuestros hijos es hacer juegos de rol cuando estén calmados, receptivos y con ganas de jugar con nosotros a lo que les vamos a proponer. Imagina que tu hija hoy ha estallado en rabieta y cuando lo ha hecho te ha pegado. Luego, a pesar de que se lo impedías, seguía queriendo pegarte. Finalmente habéis conseguido resolverlo y ha pasado el momento de tensión y conflicto. Una vez que todo el mundo está en calma (al rato o quizá al cabo de unas horas, depende), podemos proponerle que juguemos a buscar soluciones. Para ello, podemos volver a representar lo que ha pasado: ella simulará estar enfadada como antes y nosotros nos pondremos en la situación en la que estábamos. Luego, cuando cada uno ocupa su papel, le proponemos buscar una solución a ese conflicto y a lidiarlo de otra manera más agradable y asertiva para todos. Le podemos preguntar: «¿Qué te pasaba?» «Estaba muy enfadada.» «Claro, te entiendo, y por eso me has pegado, pero ¿cómo podrías decirme lo mismo sin pegarme? Ahora tú me decías que estabas muy enfadada por lo mismo que antes pero tienes que hacerlo distinto.»

En el caso de que nosotros también hayamos perdido los papeles haremos lo mismo que ella: «Ahora yo, en vez de ponerme nerviosa/o como he hecho, tengo que hacerlo de otra forma más tranquila, ¿vale?» Y como si de una obra de teatro se tratara, vamos a representar nuestros papeles pero buscando soluciones respetuosas, asertivas y muchísimo más conscientes que antes. Esto normalmente les gusta bastante, siempre que lo hagamos en plan lúdico y divertido, no como quien les pega el sermón del siglo. A veces, terminaremos riéndonos un montón y sintiendo una plena conexión.

Otra cosa que podemos hacer es cambiar los papeles. Ahora yo soy ella y ella es la madre para ver cómo se ve desde el otro lado, de tal forma que podamos también darnos cuenta de qué solución espera la otra parte, o de cómo nos ha visto. Sea como sea, estos juegos de rol nos ayudarán a integrar lo vivido, a procesarlo, a poner consciencia en lo que ha pasado y a buscar nuevas soluciones para las próximas veces que suceda lo mismo. Aunque parezca imposible, a veces, cuando nos volvemos a encontrar con la misma situación, recordamos ese juego y buscamos la solución que acordamos que podía ser la mejor. El juego nos conectará y seguro que desde ahí será más fácil buscar soluciones a la pérdida de control de los dos.

TRANSMÍTELE EL CONCEPTO DE TEMPORALIDAD

Muchas veces, cuando pierden el control se sienten fatal. Muchos admiten que no querían hacerlo, pero que no saben por qué lo han hecho. Afirman: «es que no me he podido controlar», y así es, no han podido. Todavía no tienen la capacidad de autocontrol en momentos de tensión y emocionalidad intensa. A la rabia que han sentido en esos momentos se le añade la culpa por no haberlo podido manejar de otra forma, por haber hecho daño a alguien y por haber decepcionado a sus padres, a quienes han visto enfadados o tristes.

Transmitirles que esto va a pasar, que no van a perder el control siempre, sino que va a llegar el día en que van a poder controlarse y que esta fase va a pasar, es importante. Porque nada es para siempre, y esto tampoco. Pero como los niños y niñas viven el presente con tal intensidad, y como a muchos les cuesta tanto tiempo conseguir controlarse, a veces creen que esto ya es así y no se puede cambiar. Claro que se puede y lo harán, pero para no aumentar su sufrimiento transmitámosles el concepto de temporalidad. Que todo cambia y que ellos lo hacen a cada momento. Que poco a poco irán creciendo y que con cada nuevo día tendrán más autocontrol; que con más madurez tendrán más autoconocimiento y más capacidad de hablar de lo que les pasa, y que un día, sin darse cuenta, podrán respirar y no activarse con un hecho que ahora mismo les activa muchísimo.

Eso les aliviará y les transmitirá la sensación de confianza y esperanza, aligerando un poco el peso de su mochila, ya suficientemente cargada.

CUANDO GRITE, EQUILIBRA

Cuando un niño o una niña pierden el control, a menudo gritan mucho. Esto puede ser muy desagradable para los padres y madres que les acompañamos, pues muchos tienen un grito tan agudo que parece que nuestros tímpanos vayan a estallar. Como lo vivimos como algo muy agresivo, muchas veces acabamos también alzando la voz, pensando que así va a dejar de gritar, pero lo que acaba pasando es que grita más porque ahora también se está asustando.

Cuando griten, lo que tenemos que hacer para que recuperen el control es equilibrar esa energía con la contraria. Es decir, si gritan, hablemos flojito cuando sintamos que es importante hablar. Si tenemos que decir algo, digámoslo muy pausadamente y muy bajito, para que tengan que esforzarse un poco en escucharnos. La energía contraria es siempre la que equilibra, y no añadir más de la misma.

Si a pesar de hablar flojito y calmadamente nuestro hijo o hija sigue gritando muchísimo y estamos en un lugar donde está molestando a otra gente, podemos llevárnoslo de allí para ir a algún sitio donde canalizar ese grito. Poner el límite claro, pero sin molestarnos ni tomárnoslo como algo personal y llevarle a una zona donde pueda gritar tranquilamente puede ayudarle a volver a recuperar el control. Nos ve serenos y ve que le sostenemos dándole un espacio donde poder sacar ese grito que necesita ser escuchado. Eso sí, mientras haces todo eso no te desconectes de la raíz de lo que está ocurriendo, busca cuáles son las necesidades no satisfechas y lo que te está intentando contar más allá del grito.

HACED PRESENTES LAS EMOCIONES

Para que un peque pueda controlarse, antes necesitará conocerse. Y lo cierto es que a los niños les explicamos un montón de cosas del afuera, pero les contamos muy poco de lo que les pasa dentro. Hablar de las emociones que sentimos, de lo que nos pasa, de por qué, de una forma absolutamente normal en nuestro día a día, les ayudará a observarse y comprenderse. Solo desde ahí podrán, poco a poco, ir sabiendo qué les pasa, de tal forma que luego podrán contárnoslo y, a la vez, podrán controlarse mejor.

Para poder ayudarles a ser niños emocionalmente sanos, necesitaremos hacer lo mismo con nosotros, tendremos que ser ejemplo. Así que es una ocasión de oro para crecer nosotros mismos en nuestro propio autoconocimiento, para atender nuestras emociones, sentirlas, comprenderlas y aprender a canalizarlas, y todo eso compartiéndolo con nuestra familia.

No nos confundamos: no son nuestros psicólogos, así que no nos pasemos, pero podemos contarles que hoy hemos tenido un día muy ajetreado y estamos muy cansados, o que estamos tristes porque la abuela está enferma, por ejemplo. Se trata de no esconder el mundo emocional que nos rodea y hacerlo cotidiano, normalizándolo y hablando de ello. Todos nos vamos a beneficiar y podremos comprendernos mejor y adueñarnos de lo que sentimos sin tanta necesidad de hacer culpables a los demás de ello. Eso, sin duda, nos ayudará a mejorar en autocontrol y, por consiguiente, les daremos un muy buen ejemplo para que luego sean ellos los que, a medida que vayan madurando, puedan tener también un mejor autocontrol.

EXPLORA...

Paremos un momento para hacer exactamente lo que te acabo de contar: tomar consciencia de lo que sentimos y hacerlo presente para poderlo comprender mejor. Te propongo que centres ahora tu atención en el cuerpo. Para hacerlo, observa tu respiración y pon atención en el aire, en cómo entra y sale de tu cuerpo. Con cada exhalación, suelta la posible tensión que puedas tener en piernas, espalda, mandíbula, cara, cabeza, etc. Suelta y relaja, centrándote solo en tu ahora y aquí.

Ahora te invito a que explores cómo te sientes. ¿Ha aparecido alguna emoción mientras leías? ¿O quizá algún recuerdo? Intenta averiguar por qué se ha activado y respíralo, haz espacio a lo que sea que haya venido. Permite que lo que es sea.

Te propongo que te centres ahora en las pérdidas de autocontrol de tu hijo o hija y explores cómo las vives. ¿Te sientes incómoda/o cuando pierde los papeles? Verle de esta forma, ¿qué te activa y cómo te hace sentir? Obsérvalo y haz espacio a esas emociones que afloran cuando ves a tu hijo/a que te pega o pega a otros, o cuando grita poseído. Sientas lo que sientas en esas situaciones, es legítimo y válido. Permítetelo y, a la vez, explora de dónde vienen y afloran esas sensaciones y emociones. ¿Puedes recordar si cuando eras tú el niño o la niña perdías el control? ¿Qué te decían en casa si sucedía? ¿Cómo te sentías?

Puede que recordar estas cosas te remueva, es normal. Deja que aflore lo que tenga que aflorar sin miedo a sentir. Haz espacio para que lo que quizá no fue visto, escuchado ni expresado entonces lo pueda ser ahora. Nunca es tarde para sanar.

TU DERECHO A «PATALETA»

Criar a nuestros hijos e hijas desde la mirada de la crianza consciente es apasionante y también agotador a ratos. Y a veces, ¡Dios, queremos protestar! Pero la pregunta es: ¿tenemos derecho a pataleta? Mi respuesta es *sí*.

Me acuerdo de un día, hace años, que encontrándome en el periodo premenstrual, después de pasar no sé cuánto rato acostando a una y luego a la otra porque las dos me querían a mí, y después de un día de gestionar emociones y mil cosas más que la crianza conlleva, me senté en el sofá y le dije a Mr. M.: «No es justo».

Y allí empecé a *patalear*. En ese momento sentía que era muy injusto que yo, que creía que me dejaba la piel en eso de criar desde el respeto y la consciencia, hubiera tenido un día terrible y, encima, luego todavía tuviera que explorar mis emociones y por qué me sentía tan aturdida, por qué tanta entrega me dejaba KO. Además de ir a contracorriente, con lo que cansa eso, todavía tenía que empatizar con mi hija mayor que tenía celos y estaba «potente»; comprender que la peque hacía lo que hacía porque es lo que le tocaba por edad; ser la adulta; mantener el control y no sé cuantas cosas más. Entonces le dije a mi marido: «Criar sin consciencia y reproduciendo el viejo patrón apuesto a que es mil veces más fácil que esto, y no es justo».

Mr. M. me escuchaba hasta que me dijo: «ven aquí…», me abrazó y me dijo: «lo sé…», y allí seguí con mi pataleta: «jolín, es que estoy tan cansada; y encima, hala, a cuestionarse una para seguir creciendo y aprendiendo» con voz en plan teatrera a lo Scarlett O'Hara. :) Lloré un poco hasta que nos echamos a reír.

Así que sí, tenemos derecho a pataleta, pero (y esto es importante) no con nuestros hijos e hijas. Podemos patalear con nuestra pareja si la tenemos, o con una amiga, o con nuestros padres, o hermanos, o con la persona que nos depila si nos da la gana. Pero no con nuestros hijos, no les toca a ellos atendernos ni sostener nuestras frustraciones e impotencia.

Quizá tú también te has sentido así alguna vez. Que sepas que te entiendo y me entiendo. Hay momentos de «criar así es agotador…» y quizá ves a tu amiga que aplica lo que le aplicaron a ella, que no se cuestiona tanto como tú, que no lee ni una cuarta parte, que no le aparece la culpa ni por asomo y no sabes si hacerte el harakiri o si te han timado con eso de la crianza respetuosa y consciente. No, no te han timado. Es cansado, a ratos agotador. Es comprometido e implica consciencia, tiempo, escucha interior, información, formación y mil cosas más. Pero siento decirte que si lo otro te chirría es que ya no hay marcha atrás. Tú no te sentirías bien haciendo lo que hace tu amiga u otra persona, o sea que eso no te sirve.

Cuando conectas profundamente con la necesidad imperiosa de respetar la infancia, cuando conectas con lo que no te gustó de pequeña, cuando empiezas a zambullirte en el acompañamiento de emociones, no hay marcha atrás. No puedes simular que no sabes lo que ya sabes. Así que toca respirar profundamente, confiar en que muy pronto verás frutos (estoy segura que ya los ves), y patalear en *petit comité* y sin hijos delante cuando necesites despotricar un poco.

Pero está bien también a veces gritar un «no puedo más», aceptarnos desde ese agotamiento y esa pataleta momentánea que nos permite sacar hacia fuera, soltar y volver a respirar. Está bien. Tienes derecho a pataleta y a sentirte así.

Ahora te propongo que respires profundamente y respondas a esta pregunta: ¿necesitas patalear? Hazlo, escríbelo, cuéntaselo a una amiga o sal un momento al balcón y grita «¡ahhhh!» Patalea un instante y vuelve a situarte.

Estás caminando y lo estás haciendo muy bien. No tires la toalla. Elegiste el camino más comprometido y también el más gratificante, ya verás. Confía en mí. Recogerás unos frutos ricos y maduros, no lo dudes ni por un instante. Y tú, cada día, serás mejor persona, tampoco lo dudes.

Te abrazo fuerte en tu pataleta. Ven aquí, lo sé, qué difícil es esto a ratos, ¿eh? ;)

LO QUE NO HAY QUE HACER

Supongo que si has llegado hasta aquí ya debes de suponer que lo que no hay que hacer nunca es faltarles al respeto aunque hayan estallado en una monumental rabieta. Por lo tanto, no hay que manipular, ni chantajear, sobornar, gritar, pegar, humillar o cualquier otra cosa que se le asemeje por el simple hecho de que son personas y las personas merecen ser respetadas siempre. Sí, aunque se equivoquen.

Como hemos visto, cuando están en plena rabieta están sufriendo, y a nadie le gusta que le riñan, griten o peguen, y mucho menos cuando está sufriendo. Hay una premisa básica que tengo grabada porque es una frase que mi abuelo me decía a menudo: «Nunca hagas a los demás lo que no te gustaría que te hicieran a ti». Es tan básica y elemental que deberíamos tenerla todos integrada. Pero no es así, y muchas veces acabamos tratando mal a las personas que más queremos, como nuestros hijos e hijas. ¿Por qué?

Porque no tenemos autocontrol, porque no nos han educado enseñándonos a sentir nuestras emociones, ni tampoco a saber qué hacer con nuestra rabia, porque nos han tratado así a nosotros, y porque la crianza tradicional ha normalizado formas de relacionarnos con la infancia que para nada son respetuosas. Por lo tanto, de alguna forma, tenemos integrado casi en nuestro ADN que ante un berrinche (tanto si desemboca en un comportamiento inadecuado como si no), puede responderse riñendo al niño o niña, ignorándole, gritándole, dándole un cachete o humillándole y riéndose de él con frases como «madre mía, qué feo que estás cuando te pones así, ¿te has visto la cara?»

* * *

Tenemos que poner consciencia a estas formas de maltrato de la infancia, porque tenemos que pararlo. Primero porque dañan a nuestros hijos e hijas, a su ser, a su alma, a su autoestima y necesitarán tiempo y mucha consciencia para deshacerse de esas heridas tan profundas vividas en una edad tan temprana. No merecen ser tratados así. Tampoco nosotros merecíamos ser tratados así. Pero que lo fuéramos, que estemos heridos también, no nos da derecho a seguir propagando esta cadena de trato irrespetuoso y dañino. Es hora de poner consciencia y apostar por otro tipo de acompañamiento, más conectado, más amoroso, compasivo, respetuoso y consciente de las emociones, sentires y comportamientos de nuestros hijos e hijas.

¿A ti te gusta que te riñan cuando te equivocas o estás mal? A ellos tampoco.

¿A ti te gusta que te griten cuando tardas en hacer algo? A ellos tampoco.

¿A ti te gusta que te peguen? A ellos tampoco.

¿A ti te gusta que te manipulen y te hagan sentir culpable? A ellos tampoco.

¿A ti te gusta que se rían de ti? A ellos tampoco.

¿A ti te gusta que te humillen? A ellos tampoco.

¿A ti te gusta que te castiguen? A ellos tampoco.

¿A ti te gusta que no empaticen con tu sentir y que lo menosprecien? A ellos tampoco.

¿A ti te gusta que te ignoren cuando estás mal y necesitas ayuda? A ellos tampoco.

¿A ti te gusta que te chantajeen? A ellos tampoco.

¿A ti te gusta que te sobornen para que dejes de sentir lo que sientes? A ellos tampoco.

Todo eso que a ti no te gusta que te hagan no lo hagas a los demás. De alguna forma, dañándoles a ellos te dañas también a ti. La energía que cocreas os intoxica a los dos y no os va a traer nada bueno.

Tomemos consciencia todos de que esto debe dejar de normalizarse. Ningún niño y niña del mundo merece ser tratado así. Comprometámonos a dejar de dañar su autoestima y honremos al ser que son como merecen. Seguramente nos será difícil hacer esto si no honramos al ser que somos nosotros, si no nos tratamos bien a nosotros mismos. Así que, por favor, seamos ejemplo. Aprendamos a valorar quiénes somos, a dejar de boicotearnos, machacarnos y minarnos la autoestima. Acompañémonos en nuestros sentires para que así, desde este lugar más lleno y pleno, podamos acompañar a nuestros hijos e hijas en sus rabietas y en cualquiera de sus estados, con más respeto, amor y compasión.

Tratarles mal nos desconecta de ellos y, a menudo, lo hacemos pensando que así van a obedecer. Y quizá lo hagan, pero lo harán desde el miedo, no desde las ganas, el deseo y el gozo de colaborar. Lo harán solo por el miedo a esa jerarquía que imponemos desde el control de quienes son porque nos sentimos, de alguna forma, superiores a ellos.

Ningún ser es superior a otro. Ninguno. Dejemos de comportarnos como tal y apostemos por la consciencia y la conexión. Los resultados son tremendamente más positivos y, además, dejan muchísimo mejor sabor de boca. Seamos ejemplo. Que vean en casa cómo nos tratamos para que vayan integrando estas formas para aplicarlas luego en su vida con los demás. Si les tratamos bien, detectarán cuándo alguien no lo hace a la legua y sabrán que no merecen eso. Sabrán poner límite y decir «no, así no». Porque con nuestro ejemplo y nuestro trato les habremos hecho sentir merecedores de ser tratados bien y les habremos enseñado que no deben aceptar otra cosa, lo cual es un gran aprendizaje para que en un futuro tengan relaciones de pareja, de trabajo, de amistades sanas. Imagina el impacto que tiene en el presente y en el futuro nuestro buen ejemplo tratándoles siempre bien.

CAPÍTULO 10

BAJAR A LA TIERRA

Quizá mientras leías estas páginas pensabas en cómo aplicar todo esto en tu vida diaria, en multitud de situaciones. Esto pasa a menudo: que la teoría queda muy bonita y la podemos comprender perfectamente porque tiene sentido y lógica, pero vemos muy difícil que esa teoría se pueda plasmar también en la práctica. Esta es la gran dificultad: poder vivir y actuar desde la base de la crianza y la educación conscientes *también* en la práctica de nuestro día a día y no solo desde la creencia, la teoría o el convencimiento.

Muchísimas veces me han dicho «cuando lo dices tú lo veo claro y fácil, pero luego, cuando intento aplicarlo en casa, no me sale. La teoría y la práctica me resultan muy difíciles de unir». Pero hay que pasar a la práctica, hay que plasmar eso que sabemos y creemos en nuestro ajetreado y a veces caótico día.

Esa es la gran dificultad: en un mundo de rapidez extrema, de estrés, de casi nula conciliación, de mil responsabilidades y obligaciones, ¿cómo mantenernos centrados, conscientes y compasivos y amorosos con nuestros hijos? Parece una tarea imposible, lo sé. Por eso, en este capítulo, quiero darte respuestas a muchas de las situaciones en las que pueden aparecer rabietas en tu día a día. Es importante que bajemos a la tierra todo lo aprendido, reflexionado y explorado y encontremos la forma de poder lidiar con nuestro aquí y ahora aunque sea un poco caótico.

Pero, a la vez, es normal que cueste. Porque una cosa es saber algo desde el conocimiento puro y duro, desde la lógica, desde la mente racional, y otra muy distinta es haber integrado eso a otros niveles más profundos. Integrarlo en el cuerpo, integrarlo en el corazón e integrarlo en el alma. Porque, además, para integrar algo hay que rendirnos al hecho de que tenemos que desaprender y deberemos abrirnos a aprender algo nuevo, sin tener miedo de lo desconocido. Integrar algo significa dejarnos tocar y remover por esa teoría, permitiendo así la transformación, la evolución y el crecimiento. Pasando de lo racional a lo trascendente. Así de importante es pasar de la teoría a la práctica.

Porque vale, yo sé que tengo que tratar a mi hijo desde el respeto, la consciencia y el amor, pero cuando no quiere vestirse y tengo que dejarle en el cole porque yo también tengo que ir a trabajar, ¿quién me ayuda en esta situación? ¿Cómo aplico la crianza consciente en esos momentos de clímax agobiante en los que el reloj te persigue inexorable? O sí, sé que mi hija tiene mil motivos para sentirse como se siente, pero ¿qué hago cuando no puedo acompañarla como necesita porque tengo que irme sí o sí? Y mil preguntas más que quizá te has ido haciendo mientras ibas leyendo este libro u otros, en los que buscabas respuestas que te dieran soluciones a tus conflictos en casa.

En este capítulo intentaré explicarte posibles situaciones con respuestas no reactivas, conscientes y conectadas, compasivas y amorosas. Procuraré contarte qué es lo que puede estar pasando para que, si te ocurre, sepas conectar más rápidamente y puedas seguir los pasos para llegar a tu hijo o hija. Pero aunque vayas directamente a esta parte del libro buscando respuestas y soluciones rápidas, de nada valdrá si no se ha comprendido profundamente todo el resto del libro. Si buscas soluciones mágicas sin pasar por lo profundo, olvídate, porque no te funcionarán.

Ocurre claramente en el caso de la validación. Si unos padres validan porque me han escuchado decir que hay que validar a los hijos, y lo hacen al pie de la letra, pero se olvidan de que tienen que sentirlo de verdad, que es lo profundo y más importante, no funcionará. No se trata de «seguir el protocolo», sino de vivirlo, integrarlo, sentirlo y, desde ahí lo que hay que hacer sale solo, y dependerá del momento, del niño y de un montón de variables. Por eso es indispensable que lo profundo quede integrado y asimilado de verdad, porque con eso podremos saber qué requiere cada rabieta, cada malestar de nuestro peque, cada situación de conflicto. Y no solo eso: si lo integras de verdad, no solo te servirá para acompañar rabietas, sino también para acompañarle en cualquier momento difícil y doloroso que atraviese en toda su vida, desde la infancia a la adolescencia y a la adultez. Así de importante es.

Pero los ejemplos nos ayudan a visualizar, a imaginar y a hacer propia de una forma más nítida una forma de actuar consciente, no reactiva, compasiva, empática y conectada. Así que vamos a ello.

HORARIOS Y RUTINAS

Cuando tuve a Laia pensaba que era muy importante tener horarios y rutinas. Recuerdo volver del hospital y pensar que a las nueve tenía que dormirse. Menuda sorpresa cuando vi que ella no quería. Dios, sabía muchas cosas de niños, pero jamás reparé en que es mentira que los peques se duerman todos a las nueve. Ahora me acuerdo y me río. Así que en unos días de maternidad ya me di cuenta de que con un bebé que cambia cada día, cada semana, era casi imposible tener rutina alguna. Dependiendo de sus ritmos, de la duración de las tomas, de cómo hubiésemos dormido por la noche, de cómo estaba, llevábamos unos horarios u otros. Pero no importaba mucho porque yo tenía todo el rato lo que ella necesitaba: tetas para tomar leche y un cuerpo donde ella pudiera descansar y dormir. Así que me relajé y me dejé guiar por ella y sus ritmos. Pero fue creciendo, y fui viendo cómo cada vez era más constante en sus horarios, es decir: más o menos tenía hambre a la misma hora, echaba la siesta a la misma hora y tenía sueño por la noche a la misma hora. Hay niños que en eso son como un reloj suizo y otros que cada día hacen cosas distintas en cuanto a horarios. Pero, por lo general, antes de que alcancen los dos años vemos que tienen una rutina bastante marcada y algo predecible.

Esto no significa que si les está saliendo una muela, hay algo del entorno que les ha excitado (fiesta, visita de familiares, etc.), experimentan algún cambio interno en su desarrollo, sufren un virus, etc., durante algunos días o semanas rompan esa rutina y hagan algo distinto. Esto, con niños, tiene que estar siempre dentro de los planes y hay que aprender a improvisar y a adaptarse. Del mismo modo que durante la etapa de bebé no es necesario que instauremos ninguna rutina, a partir de los dos años sí creo importante que, guiados por sus ritmos, nos demos cuenta de qué rutina o pauta tienen en relación a las comidas y el sueño e intentemos respetarla tanto como sea posible.

Esa rutina les dará estabilidad porque estará marcada por sus necesidades. Es decir, como vemos que cada día sobre las doce y media empiezan a pedir comida, a esa hora les alimentamos. O como vemos que cada día después de comer, hacia la una y algo se frotan los ojos, les acostaremos para que duerman la siesta. Observamos a nuestros hijos y, de acuerdo con lo que nos transmiten en cuanto a sus necesidades, actuamos en consecuencia procurando respetarlas.

Cualquier familia tiene comprobado que cuando se sigue la rutina del peque, todo va bastante sobre ruedas y que, en cambio, cuando hay un día donde la rutina vuela por los aires, el niño está más alterado e irascible. Y las rutinas funcionan porque damos al niño lo que necesita un poco antes de que esté sintiendo malestar porque no se satisface su necesidad básica. Le damos de comer antes de que sienta malestar a causa del hambre, y le acostamos antes de que el sueño le haga sentir mal y explote. Observamos, y con cierta anticipación, actuamos.

Si cuando hagas el registro te das cuenta de que todas las rabietas que ha tenido en dos semanas son por la noche, ten por seguro que lo que le pasa es que está demasiado cansado y, por lo tanto, puede ser una buena idea avanzar horarios: baño, cena y acostarle un poco antes que hasta ahora. Será fácil y rápido ver si era eso o no, pero mi experiencia es que si explotan antes de cenar es que estamos dándoles de cenar demasiado tarde, y que si explotan antes de dormir, es que les estamos acostando (sea la siesta, sea por la noche) más tarde de lo que necesitarían. Esto implica a veces que llevemos horarios que no son los que nosotros, adultos, llevaríamos. Yo hace años que ceno a las siete y algunos días incluso a las seis y media. Mis amigos sin hijos se ríen de mí y me preguntan si es que vivo en algún país nórdico. Pero es que en estos años de maternidad, en mi casa las cosas empezaron a ir bastante rodadas casi todos los días cuando avancé el horario de baños, cena y dormir.

En realidad esto también nos pasa a los adultos. Muchas veces si rompemos nuestra rutina, que nos hace sentir seguros como si lo tuviéramos todo controlado, estamos más agobiados y despistados. En cambio, cuando estamos en nuestra rutina, en la zona de confort, sentimos que todo está «bien». Pues imagínate para un niño de dos, tres, cuatro o cinco años, que necesita sentirse muchísimo más seguro que lo que lo necesita un adulto. Para él es muy importante no llegar a momentos de malestar por necesidades básicas no satisfechas. Un adulto que coma un domingo a las tres y media en vez de a las dos como hace cada día puede comprenderlo, puede aguantarse y no montar un pollo delante de todos sus amigos, porque entiende que la paella que están cocinando requiere un tiempo, porque sabe que cuando movilizas a gente todo va más lento, etc. Pero un niño no puede hacer todo este trabajo de reflexión porque, como ya hemos visto, la parte racional no está desarrollada ni mucho menos como la nuestra. Así que ante un malestar por hambre, sueño, falta de movimiento libre, falta de juego, etc., explotan. Y les da igual si la paella no está todavía lista: su rutina ha saltado por los aires, sienten un malestar por hambre tremendo y se convierten en Hulk. Tal cual.

Como tienen más dificultad para adaptarse a los cambios de rutina que un adulto, tengámoslo en cuenta y anticipémonos. Por ejemplo, entre semana y si no hay compromisos extra, procuremos mantener la rutina de horarios, y el fin de semana, si es que la rutina va a alterarse por algún compromiso, pensemos en cómo paliar sus efectos. Por ejemplo, si tenemos una comida el domingo que sé que va a suponer comer mucho más tarde de lo que mi hijo o hija está acostumbrado puedo hacer varias cosas: o darle de comer antes de salir para ahí, o llevarle comida para que, cuando lleguemos, pueda comer independientemente de si la comida para todos está lista o no. Si lo está, genial, no hará falta que tire de táper. Si no lo está, no hay problema porque llevo su comida. De esta forma, el cambio de actividad no afectará a su rutina de comidas.

Con el dormir puede ser un poco más complicado, porque si estamos en un lugar con gente o haciendo algo que le encanta, es probable que tenga nulo interés en echar la siesta. En ese caso, tendré que comprenderlo, ser empática/o y entender que es todo demasiado interesante como para que lo abandone y se ponga a dormir justo cuando se lo está pasando tan bien. Si al tener que irnos está muy cansado, casi puedo estar segura de que necesitará sacar tensión, excitación, malestar acumulado por la falta de sueño, así que toca respirar hondo, conexión, y al toro. A acompañar se ha dicho.

En caso de que lo único que necesite sea un poco de calma, puedo llevarme el cochecito o la mochila portabebés para poderle ayudar a dormir, o retirarme a alguna habitación donde estemos solos y le pueda ofrecer la calma que necesita para relajarse y abandonarse a Morfeo. En definitiva, intentaré suplir el cambio de rutina con la anticipación, y con más paciencia, comprensión y recursos que le ayuden en un día así.

EXPLORA...

Después de leer sobre rutinas y horarios, te invito a que reflexiones un poco sobre ello. Primero, conecta con tu respiración y entra en un estado de relajación. Inspira, expira... conectando con tu cuerpo y con ese aire que te da vida. Respira lentamente, observando cómo te sientes ahora. Crea espacio para que lo que es sea, sin reprimir ni juzgar.

Te invito a que intentes recordar si había rutinas en tu casa cuando eras pequeña/o y si estas eran muy marcadas o había muy poco control. ¿Qué recuerdas en este aspecto? ¿Se agobiaban tus padres si os salíais de la rutina o, al contrario, les costaba mantener una?

A veces no recordamos estos detalles, pero es posible que si viajas en tu memoria a tus veranos, o a tu día a día escolar podrás recordar un poco cómo vivíais las rutinas en casa.

Ahora te propongo que pongas atención y consciencia en vuestro día a día en casa. ¿Qué tal lleváis las rutinas? ¿Os cuesta mantenerlas o lo que te sucede es que si las cumplís a rajatabla te agobias?

Observa, después de lo leído, si hay algún cambio que puede mejorar vuestro día a día en cuanto a rutinas para respetar mejor las necesidades de tu hijo/a y tener así más armonía.

RABIETAS POR LAS MAÑANAS

Muchas madres y padres expresan que su «peor» momento del día son las mañanas. Aseguran que ese rato que pasan con sus hijos/as es un correr constante, estresante y agobiante y que, a menudo, termina como el rosario de la aurora. ¿Qué pasa por las mañanas? ¿Por qué nos cuestan tanto? La gran mayoría de las veces por una única cosa: ¡el reloj! El tiempo que pasa inexorable y nos oprime a adultos y a pequeños, con la diferencia de que los pequeños no entienden por qué hay que ir con el cohete en el culo nada más despertarse.

Sí, las prisas son bastante incompatibles con los niños y niñas: ellos, que viven en el presente, que tienen sus ritmos más bien lentos y pausados, tienen que correr sin saber por qué. Este es el verdadero problema: que la sociedad capitalista y occidental, tal como la tenemos planteada, con los horarios laborales y la prácticamente nula conciliación y flexibilidad, hacen que el ritmo sea estresante. Ya lo es sin hijos pues imagínate con ellos. Esos ritmos trepidantes van en contra de la naturaleza infantil. Por eso aparece el conflicto: porque muchas veces los adultos nos agobiamos y estresamos, porque les achuchamos, porque les hacemos alejar de su naturaleza, de su ser más esencial, y se contagian de nuestro agobio y estrés hasta que estallan.

Necesitamos poner atención a las mañanas, uno de los momentos más importantes del día, porque nos reencontramos después de la noche y la oscuridad, porque empezamos una nueva jornada juntos. Tenemos que volver al ahora y aquí y poder saborear una mañana más, como una nueva oportunidad para cargar pilas y afrontar mejor la separación que quizá vamos a tener que vivir en las próximas horas los unos de los otros. Desde ahí, será más fácil contrarrestar lo poco natural que es para los niños nuestro ritmo frenético y apresurado.

Para poder evitar contagiarles un ritmo estresado que no es el suyo, te recomiendo lo siguiente:

- Toma consciencia de tu nivel de estrés. El estrés se contagia. Si nosotros vamos estresados, nuestros hijos e hijas se estresarán y estarán a un plis de estallar en rabieta, engancharse y decirnos que no quieren ir al cole porque se asustan y quieren estar solo con nosotros, etc.

- Anticipación. Cuantas más cosas tengas preparadas del día antes, mejor, porque más caso les podrás hacer, más atención y mirada, que es lo que necesitan.

- El juego es tu aliado porque ellos viven en el juego y será como te podrás comunicar mejor con él/ella. Tenemos que hablarles en su lenguaje, y su lenguaje es el juego. Pero para jugar no podemos estar ni estresados ni enfadados.

- Respiración. Levántate algo antes y dedícate un espacio de silencio simplemente a respirar profundamente, tomando consciencia de tu ahora y aquí, y observando cómo te sientes, cómo estás. Empezar el día contigo te ayudará a encontrar tu centro y a gestionar la mañana mucho mejor.

- Sé amable con ellos y contigo. No te machaques ni les machaques, os alejaréis y pasaréis el día mal por la mañana que habréis tenido, desconectados totalmente.

- Prioriza. Quizá no es necesario hacer todo lo que haces por la mañana cuando estás con tus hijos e hijas; quizá algo puede esperar, para que puedas tener un poco menos de presión y un poco más de calma.

- Canta. La música ayuda mucho en los momentos en que hay que hacer cosas que quizá no son muy divertidas, porque no se puede cantar enfadado, solo si estamos alegres. Y la alegría, igual que el estrés, se contagia. Así que canta y pasad un buen rato juntos haciendo lo que tengáis que hacer, pero de buen rollo.

- Ojo con los «date prisa». Somos muy pesados con el «va, date prisa», «venga, corre», «va, que no llegamos», etc. Cuantos más «date prisa» digamos, más agobio para todos. Controla. Más silencios y más conexión.

- Si es necesario, levántales más temprano. Sé que nos gusta que duerman mucho porque así pensamos que estarán mejor, pero si dejarles dormir un poco más significa que luego vamos estresadísimos todos y acaba la mañana fatal, mejor levantarnos antes y darnos calma y respiro.

- Explícale lo que pasa, «siento que tengamos que ir con prisas por la mañana, sé que no te gusta y a mí tampoco. Tengo que ir a trabajar y tú al cole» y buscad soluciones juntos (depende de la edad que tenga), «¿qué podríamos hacer todos para que las mañanas sean más tranquilas y divertidas?, ¿se te ocurre algo? Yo he pensado que…»

- Mira el mundo a través de sus ojos, ponte en su lugar. Entiende que para los niños salir a la hora no es importante (viven en el presente y todavía no son esclavos del reloj (por suerte). Ponte en su lugar y te será más fácil entenderle y acompañarle. Si no lo haces, te enfadarás porque es luego cuando pensamos que nos toma el pelo, que lo hace por fastidiar, y nos ponemos nerviosos.

- Poder vernos por la mañana es un privilegio. Sí, porque podríamos estar ya trabajando, o porque podríamos no estar alguno de nosotros por algo muchísimo más brutal e irreversible. Estamos juntos, ahora, aquí. Saboreemos las mañanas y vivamos cada una como si fuera la última.

«SE LEVANTA LLORANDO Y DE MAL HUMOR»

Si sientes que esta frase te representa, debes saber que te entiendo, sé lo que es y he estado ahí y, ¡Dios, qué mal se pasa! Días en los que te levantas bien, con ganas de una nueva jornada, vas a despertar a tu retoño con ilusión y solo abrir un ojo ya está de mal humor y te lo hace saber, claro. Nada de reparo, ni de diplomacia, no. Te suelta un zasca verbal, con llantos, con un gruñido, o quizá un manotazo y todavía no has ni desayunado. Yo esto lo llevé mal: rabietas a las siete y media de la mañana, no gracias.

Pero daba igual si a mí me gustaba o no lo que sucedía, ya lo sabes. Lo que importa no es lo que queremos, sino lo que *es*. Así que tenía que tragarme mi ego, mis ganas de una mañana plácida y feliz, y afrontar la mañana que tenía, que era más complicada de lo que yo imaginaba en mis fantasías. *C'est la vie.*

Claro que no nos gusta, ¿a quién le va a gustar empezar el día así? Pero es lo que hay, así que, una vez más, aplicar lo esencial: empatía y conectar con qué es lo que le debe de estar pasando (¿tiene todavía sueño? ¿Ya sabe que toca ir al cole y no quiere? ¿Preferiría que le hubiera despertado papá? ¿Me ha visto con su hermanito en brazos y me quería a solas?) A veces lo sabremos y a veces no, pero sea como sea, nuestra actuación tiene que ser la misma: desde la comprensión y la compasión, poniendo límite claro si es que el comportamiento que se deriva de su malhumor no es correcto, pero comprendiendo que todos tenemos días en que nos levantamos mal por lo que sea.

Démosles espacio y tiempo. Quizá podemos apartarnos un poco, decirles que les dejamos un momento si quieren estar solos y que cuando quieran, estamos disponibles. Y no nos olvidemos de validar su emoción: «Veo lo muy enfadada que estás ahora mismo… Siento que necesitabas dormir más quizá». Algunos niños tienen mal despertar durante bastante tiempo, y eso se hace duro para muchos padres y madres que les acompañan por las mañanas. Se hace pesado y frustrante, pero es importante que no nos lo tomemos como algo personal.

«¿Qué le he hecho para que, justo cuando se levanta, ya esté enfadado conmigo?», no vayas por ahí porque no es eso. No le has hecho nada, simplemente eres la persona que está y seguramente te tiene mucha confianza y no tiene que disimular lo que siente. Sí, ya sé que a veces preferiríamos que no fueran tan claros, pero ya te he dicho que la diplomacia o el disimulo no es su punto fuerte. ;)

Normalmente, ese malhumor va pasando a medida que se van despertando más. Están todavía muy *out* y les cuesta despertarse del todo y cambiar el chip. Echa mano de todo lo que te he dicho además de la música, el buen rollo y las cosquillas (si crees que las puede aceptar). Ante el mal humor, el mejor antídoto es una buena dosis de buen humor, sin enfados, sin reproches, sin juicios, con conexión y fluyendo con lo que es y se nos presenta ahora y aquí. Recuerda siempre equilibrarle con la energía contraria. ;)

«ENTRA EN RABIETA A MENUDO CUANDO TIENE QUE VESTIRSE»

El vestir es un temazo, ¿sí o no? Quizá tu hijo/a no tiene ningún problema con la ropa. En este caso siéntete superafortunada/o y sal al balcón a agradecer a los dioses el regalo que te han hecho con eso. Pero quizá la frase del título podrías haberla dicho tú. En ese caso, respira, porque voy a intentar ayudarte en eso que parece una tortura cada mañana cuando llega la hora fatídica de vestirse.

En este tema hay distintas modalidades: están los niños que no quieren vestirse y los que sí quieren vestirse, pero tienen problema con la ropa que se ponen. Unos rabian porque irían en pijama y no encuentran ningún sentido a tener que cambiárselo para salir a la calle, y otros porque comprenden que el pijama es para dormir, pero luego encuentran mil peros que hacen del vestirse un imposible.

Lo primero que tenemos que comprender es el verdadero conflicto que existe en esta situación: irían a su ritmo. Quizá sí que se cambiarían el pijama, pero no a las ocho, sino a las diez. Quizá sí que se vestirían sin ningún problema, pero a su ritmo, tardando quizá treinta minutos en escoger y ponerse la ropa. Lo harían, pero a su manera. Pero como su manera es a menudo lenta y no da tiempo a darle rienda suelta un miércoles por la mañana, nosotros nos estresamos, les achuchamos y ellos, que ya muchas ganas de levantarse no tenían, que sienten malestar porque quizá tienen hambre y sueño y cansancio y mil cosas más, se mosquean fuerte y entran en rabieta.

En la mayoría de los casos, lo que cocreamos nosotros no ayuda, porque estamos con la energía baja, ya que consideramos un tostón tener que lidiar con una rabieta a esas horas de la mañana. Así que nosotros no ayudamos. Pero es que, además, muchas veces encontramos tan absurdo lo que nos dice «me molesta esta etiqueta» (y tú ves que es imperceptible), «este calcetín me aprieta» (y tú ves que le queda holgado), «quiero ponerme esta camiseta» (y resulta que es enero) que empatizamos muy poco con su sentir. Con lo cual, señores y señoras, el conflicto está servido.

Vamos a intentar resolverlo:

Para los niños que no quieren vestirse:

Esto no les sucederá siempre, sino que serán etapas o etapa, en singular. Lo principal es que intentemos ir a la raíz y preguntarnos: ¿realmente no quiere vestirse o lo que le pasa es otra cosa como que no quiere ir al cole y negándose a vestirse puede sacar hacia fuera todo lo que ir al cole le genera? ¿O lo que no quiere es que mamá no esté y se le hace demasiado largo no verla hasta las cinco? Conectemos con la raíz de ese bloqueo con el tema del vestir. Porque desde ahí, podremos comprenderle y validarle en su verdadero sentir: «Creo que no quieres vestirte porque hacerlo significa que tenemos que salir de casa y yo ir a trabajar y tú al cole, y quizá no quieres que nos separemos. Te entiendo, puede que se te haga largo el rato que no nos vemos, ¿verdad?»

Puede que nuestro hijo/a no tenga ningún problema más que el hecho de que le molesta que, cuando está feliz y calentito en su pijama, tenga que quitárselo. Le validaremos también: «Sé que no te gusta vestirte ahora mismo, y que vas muy cómodo en pijama; te gustaría no quitártelo, ¿verdad? Lo sé, te entiendo». Necesita saber que le comprendes, que su sentir no es una tontería para él y que es legítima su demanda.

En este caso, puede ser una buena opción ponerle a dormir con la ropa del día siguiente. Es decir, por la noche le bañamos y le vestimos con lo que se va a poner al día siguiente y que sea cómodo, como un chándal (muy similar a un pijama a nivel de comodidad). De esta forma, cuando se levante, ya no tendrá que entrar en conflicto con vestirse.

Aquí algunos pueden decir: «¿Pero y entonces no estamos cediendo a su demanda y no querrá siempre dormir con la ropa del día siguiente puesta?» La respuesta es no. Porque el peque irá creciendo e irá integrando lo de dormir con pijama y vestirse al día siguiente. Madurará y ya no le resultará pesado ni desagradable cambiarse. Verá a sus padres, tendrá cada día más y más consciencia de lo que hacen las demás personas y, simplemente, les imitará. No tengamos miedo de que los niños se queden atrapados en etapas tan tempranas. Su naturaleza inherente es de ir hacia delante siempre, no lo olvides. No estamos cediendo porque no hay ninguna batalla: hay una dificultad que está viviendo e intentamos ayudarle sabiendo lo que puede o no tolerar, lo que puede o no necesitar en este aquí y ahora. Es muy probable que cuando vea nuestra predisposición a ayudarle y a buscar posibles soluciones, se sienta amado, escuchado y esté muchísimo más dispuesto a colaborar en todo, desde la alegría y la conexión.

Piensa siempre que estas etapas son eso: etapas temporales que no duran demasiado y que pasarán sin duda. Es más, me atrevo a decirte que, en un tiempo, lo recordarás y te reirás, y dentro de un tiempo más ni te acordarás de que vivíais esas situaciones. Respira, ponle perspectiva y cierta distancia y repítete: «pasará». ;)

Para los que tienen rabietas por la ropa

Hay otros peques que sí quieren vestirse, no tienen ningún problema con ello, pero el conflicto aparece cuando ya lo están haciendo, que siempre encuentran algún «pero». Si escogemos la ropa nosotros, no les gusta lo elegido. Si la eligen ellos, tampoco. Hay otros que no tienen problema en quien la escoge, pero luego les molesta de una forma tremenda la raya del calcetín encima de los dedos del pie, o una etiqueta que para ti es imperceptible les parece una tortura. En otros el problema es su indecisión: cuando llevan ya puestos unos pantalones, quieren otros, y cuando se los han cambiado, tampoco están contentos y al final se los quitan llorando y, en plena rabieta y en un pim pam, vuelves a tener a tu peque en pelotas y os faltan diez minutos para salir de casa. Ahí te quieres hacer el harakiri, porque gestionar una rabieta a diez minutos de salir y con tu peque en bolas es de todo menos fácil, agradable y cómodo. Te aseguro que mantener la calma ahí convalida por un máster en vida zen. ;)

En este caso también tendremos que hacer lo mismo: fijarnos en si hay otra causa que nada tiene que ver con la aparente. Buscaremos cuál es la raíz, intentando ver si hay una necesidad básica que no está siendo satisfecha. Si es sueño, si es que apenas han desayunado y hace muchas horas que no comen nada, si es que no quieren separarse de nosotros y ya saben qué es lo que viene, si es que no quieren ir al cole, etcétera.

El tema de la ropa es especialmente intenso y motivo de rabietas en niños muy creativos y sensibles. Les apasiona hacer sus propias combinaciones de colores, de prendas, y disfrutan de lo lindo viéndose con esto y con lo otro. Si van a coles donde tienen que llevar uniforme, a menudo suelen protestar, y no poco. Algunos montan rabietas diarias porque para ellos es un suplicio tener que ir cada día con una ropa que no han podido escoger, que ven como aburrida, que no tiene los colores con los que vestirían ese día, etc. En estos casos, carros de paciencia porque tenemos que entender que, para ellos, no tiene ningún sentido la norma de tener que ir todos igual al cole, y habrá poco que les podamos decir más que es la norma del cole y hay que respetarla. Eso probablemente no les sirva y tendremos que acompañar con comprensión, empatía y mucha presencia y consciencia en su frustración, entendiendo que atañe a su necesidad de explorar con colores, prendas; que afecta a su creatividad y forma de expresarse; que también lo hace, de alguna forma, a su alma creativa y sensible, que se siente privada de libertad.

Otras rabietas aparecen porque madres y padres nos ponemos tozudos con que tienen que llevar esto y no lo otro, simplemente porque a nosotros nos gusta más, o creemos que combina mejor, o porque queremos que vayan más «monos» porque hemos quedado con alguien y nos hace ilusión que vaya así. Otras es, simplemente, porque queremos que nos obedezca con la ropa ya que sentimos que no es algo en lo que él/ella tenga que tener voz y voto.

El origen de estas rabietas es, a mi modo de ver, nuestro ego que sale a la palestra con nuestra visión de la realidad como si esta fuera *la* realidad única. Ya sabes, nuestro ego en plan «¿en serio que se quiere poner el jersey de rayas con el pantalón de topos? ¡Ni hablar!» o «¿justo hoy que hemos quedado con las familias de la clase se tiene que poner la ropa más cutre que tiene? ¡Ni pensarlo!» o «este conjunto con estos zapatos no combinan y no te los vas a poner».

Vale, reconozco que cuando un peque explora combinaciones, colores y creatividad con la ropa puede pasar de todo y a veces los ojos de sus padres sufren un poco, lo admito (es broma). Pero ¿qué mal hay en ello? ¿Tan importante es? En serio, detengámonos un segundo a poner perspectiva a este tema: ¿de verdad es importante si se pone el pantalón de rayas blanco o el azul? ¿Va a depender su integridad de ello? No (aunque me leas y piensas que la integridad que está en peligro es la tuya cuando le miras vestido así, ja, ja, ja).

No puede salir en manga corta en pleno mes de enero a menos cinco grados porque eso sí pone en riesgo su salud. No puede ponerse un disfraz para ir a clase porque iría en contra de las normas de la mayoría de coles. Pero, a mi modo de ver, puede salir con la ropa que quiera, si es la adecuada para la época, independientemente de colores y combinaciones. Porque eso solo tiene que ver con gustos, con percepciones subjetivas de lo que es bonito o lo que no. Y, como sabes, hay tantos gustos como personas.

«ENTRA EN RABIETA PORQUE NO QUIERE SALIR DE CASA»

Este es un clásico en muchas casas. Hay peques que no quieren salir, que se quedarían en casa horas y horas, que sienten que como en casa no se está en ningún otro sitio. Hay peques que por las mañanas van al ralentí hasta las once y eso de levantarse y tener que ponerse en marcha para ir al cole y entrar a las nueve les parece un suplicio con toques de tortura. Hay peques que dejar el calor del hogar, esa temperatura con ese olor tan nuestro, para meterse en el bullicio de la ciudad o de una clase, lo odian.

Y claro, cuando ven que no hay otra entran en rabieta. Muchos lo dicen claramente «no quiero salir», otros buscan otros motivos para decirnos lo mismo: «no quiero ponerme la chaqueta», «no quiero caminar», etc. Casi siempre la raíz es esa: una pereza enorme de salir de donde están; una pereza enorme de tenernos que separar. Y se agarran a su hogar, a la casa familiar, para anclarse ahí con un «no quiero salir» claro o disimulado.

Yo les entiendo, a veces por la mañana también me quedaría en pijama e iría a mi ritmo, quizá desayunando y luego volviendo a la cama un rato más, o me quedaría a leer en el sofá tapada con una manta, o me quedaría escribiendo en la terraza tranquilamente en pijama y tomaría el sol. A veces, simplemente, no apetece salir y activarse. Es normal. Ni bueno ni malo, simplemente *es*.

Así que, a pesar de que nos remueva, comprendamos que a veces les cueste. Validemos su sentir «lo entiendo, te gusta estar en casa, lo sé», y comprendámoslo profundamente en nuestro interior. También aceptemos que, a veces, las cosas no pueden ser como ellos y nosotros querríamos y que así es la vida, que tampoco es ni bueno ni malo, simplemente es. Validemos, comprendamos, y si no puede ser (quedarnos en casa), pues juguemos con ellos para que les sea más atractivo salir o pongámoselo fácil (les cogemos en brazos, por ejemplo), y salgamos. Poco a poco y a medida que vayan creciendo, irán entendiendo las rutinas de la vida diaria, las obligaciones y las responsabilidades de cada uno. Ahora mismo, tan pequeños y en plena fase egocéntrica, lo que «hay que hacer» les da muy por saco.

«EXPLOTA CUANDO TIENE QUE SUBIR AL COCHE»

Este es otro clásico: rabieta para subir al coche, por la mañana, por la tarde o cuando sea que tenga que hacerlo. ¿Qué pasa en este caso concreto? Por un lado, muchos peques detestan ir atados, no lo soportan porque ir atados les resta libertad de movimiento y, como sabes, tienen la necesidad básica de moverse libremente. Pero claro, tienen que ir atados a la sillita, así que es inevitable atarles aunque tengan la necesidad de moverse, porque estamos hablando de un tema de seguridad e integridad física.

También les ocurre a menudo que muchos encuentran muy aburrido subir al coche y viajar en él. Aquí tendremos que hacer acopio de muchísima imaginación y pensar en nuestro aliado: el juego. Jugar a que subimos a nuestro barco, que nos llevará a una isla desierta y viviremos apasionantes aventuras, o jugar a que era él/ella quien nos guiaba hacia el tesoro escondido, o a ver cuántos coches rojos vemos, o al veo veo. También podemos cantar, poner audiocuentos o explicar nosotros mismos cuentos inventados.

Lo que sea para hacer, de ese rato, algo divertido, interesante y que nos aporte conexión y distracción. De esta forma, el rato que tengan que ir en coche pasará más rápido, dejará de ser tan aburrido y lo aceptarán mejor.

Si entra en plena rabieta, recuerda: no le repitas mil veces que tiene que subir. Porque esto es lo que hacemos mil veces: lloran porque no quieren y les decimos: «pero ya sabes que hay que ir ahí en coche, que no podemos ir andando, has ido mil veces a su casa y sabes lo lejos que está, venga, sube al coche, no podemos estar así cada mañana, por el amor de Dios». Este discurso se hace machacón, pesado y transmite al niño/a que papá o mamá se están cargando y están empezando a perder la paciencia. Les transmite que creen que su rabieta no debería estar ocurriendo y, como ya hemos visto, ocurre muy probablemente. De hecho tiene que ocurrir para que aprendamos lo que tenemos que aprender, o para que salga hacia fuera lo que tiene que salir. Así que lo mejor es que nos relajemos y aceptemos el momento.

Sea como sea, a muchos adultos les incomoda muchísimo. Un día una mamá me decía que había tardado una hora y media en subir a su hijo de dos años y medio al coche. Cuando le pregunté qué le pasaba, me dijo que estaba cansado de cole y parque, y que tenía hambre. Ella no quería que su hijo subiera a disgusto al coche, quería que le pareciera bien y subiera sin rabieta. Cada vez que intentaba subirle, él empezaba a patalear, así que ella le dejaba e intentaba dialogar. Pero ¿cómo dialogas con un niño tan pequeño que tiene hambre y sueño? Es imposible. Tiene un malestar tremendo por dos necesidades básicas no satisfechas y lo mejor es subirle al coche cuanto antes y llegar a casa para darle lo que necesita: comida y descanso.

«Pero es que luego va a rabiar.» Sí, ¿y? Podemos comprender que lo haga, tiene que expresar su desacuerdo, pero somos adultos, tenemos más perspectiva y sabemos que no comer ni descansar cuando lo necesita atenta contra su integridad, pues le impide estar bien y desarrollarse con normalidad, ¿verdad? Pues entonces, toca subirle al coche. Aunque se enfade y patalee. Intentemos jugar, intentemos hacérselo atractivo, pero si nada de eso funciona porque su malestar es ya muy grande, seamos prácticos, resolutivos y responsables. Subámoslo a la sillita, hagamos de tripas corazón y conduzcamos (mientras respiramos y nos repetimos el mantra «Yo soy el adulto») hasta casa, donde le abrazaremos y procuraremos darle, enseguida, lo que necesita.

Quizá luego está tan enfadado que no quiere ni un abrazo porque siente que no hemos escuchado sus demandas. Es normal y está bien así. Respetemos su sentir. Cuando haya pasado el temporal, le contaremos por qué hemos creído tan importante no demorar ni un minuto más el irnos a casa. Validaremos lo que ha sentido, la rabia que le ha dado que le subamos al coche y, muy probablemente, podremos conectar.

Hay a quienes les incomoda mucho el momento de tenerles que subir a la fuerza. Y lo entiendo. Los peques arquean la espalda, se retuercen, dan patadas, lloran, arañan. Lo que sea, porque detestan subir al coche ahora. Si hacemos fuerza para meterles en la silla resulta desagradable para todos. Esto nos remueve: si en nuestra infancia vivimos situaciones así, nuestro cuerpo las revive, y si fueron muy autoritarios con nosotros, sentimos que estamos reproduciendo el patrón. La diferencia reside en el por qué, en el cómo y desde dónde.

El por qué es consciente y claro: necesidades básicas que tienen que ser satisfechas. No porque «lo digo yo» o porque «quiero que me obedezcas», sino porque conecto con lo que necesitas y hago lo que creo que tengo que hacer para que estés lo mejor posible. El cómo es sin enfadarnos, respetando siempre a la persona que tenemos delante —ese niño que está tan rabioso y desesperado—, sin removerme en mi infancia ni proyectarme en el futuro con pensamientos del tipo: «si ahora rabia así, qué no hará cuando tenga quince». No. Me mantengo presente, disponible y conectada/o. Por último, el desde dónde es totalmente distinto. Lo subimos a la sillita y lo atamos desde un lugar de consciencia plena del momento y de aceptación de lo que es, no situándonos en contra de lo que nos toca vivir.

Fíjate qué diferente todo al autoritarismo con el que se ha tratado y se trata cada día a tantos niños y niñas. No tiene nada que ver y, a la vez, hacemos lo mismo: subir al niño al coche. Pero como el por qué, el cómo y el desde dónde es distinto, la percepción y cómo siente el niño en su interior lo que hacemos es distinto, aunque siga enfadado. ¡Claro que protestará! Pero no le estamos ni humillando, ni machacando desde nuestro ego desbocado, ni hacemos que se sienta culpable, ni le pegamos, ni le faltamos al respeto, ni le estamos dando miedo. Fíjate cuántas diferencias.

No lo niego, no es agradable y preferiríamos no tener que hacerlo, pero ¿quién dijo que tener hijos/as era sencillo? Porque si alguien te lo dijo, créeme que te engañó. Ser responsables implica, muchas veces, tener que hacer cosas que preferiríamos no tener que hacer. Una vez más, *c'est la vie*.

EXPLORA...

Hagamos un alto en el camino para conectar con las mañanas y con la energía con la que participamos de este momento tan importante del día. Después de leer estás líneas, pon atención en tu respiración y permítete inspirar y expirar profunda y lentamente. No hace falta que fuerces nada, solamente respira siendo consciente de que respiras, y de que el aire entra y sale de tu cuerpo.

Pon la atención en este cuerpo y observa si se ha tensionado en alguna parte, si hay alguna molestia física. Si es así, cuando inspires, lleva el aire a esa parte de tu cuerpo que necesita ser destensada y permite que se relaje. Luego, observa cuál es la emoción que se manifiesta ahora en ti. Te propongo que te fijes en si se ha activado alguna emoción al leer lo referente a las rabietas matutinas o si ha venido algún recuerdo sobre hechos pasados. ¿Es así? ¿Qué te está diciendo tu cuerpo que tiene que ser atendido?

Quizá han venido emociones que no son muy agradables de sentir como pena o culpa..., sigue respirando y hazles espacio. Quizá estaban, pero no eran ni conscientes ni integradas. Hónralas como lo que son: emociones que se manifiestan para contarte algo que necesita ser escuchado, visto, sentido y atendido. Respira y permanece en el momento presente, ahora y aquí, permitiendo que lo que es sea.

Y por último, te propongo que observes qué sensaciones se despiertan en ti cuando piensas en las mañanas. ¿Es un momento del día que te ha gustado? ¿Qué pasaba cuando eras pequeña/o? ¿Había muchas prisas y mucho ajetreo que acababa un poco mal y con sensación de estrés y desconexión? ¿O era un momento del día en que te sentías conectada/o a tus padres? Si vuelves la mirada a tu presente, ¿cómo vives las mañanas hoy? ¿Qué se activa en ti por las mañanas? Escúchalo, valídate y toma consciencia de que la energía con la que te relaciones con las mañanas se acaba transmitiendo también a tus hijos.

RABIETAS EN LAS COMIDAS

En otras casas, el momento crítico es el de las comidas. A veces porque no quieren sentarse a comer y estallan porque les decimos que tienen que hacerlo, otras porque ven lo que tienen en el plato y rompen a llorar, etc. Sea como sea, el momento de comer es intenso en muchas casas y tenemos que prestar atención y tomar consciencia, porque si no podemos entrar en dinámicas muy desagradables y negativas en momentos tan importantes del día como estos.

Por mi experiencia profesional acompañando a muchas familias con problemas a la hora de las comidas, puedo decir que, generalmente, existen dos grandes causas: la falta de conexión y comprensión del peque, que la mayoría de las veces hace cosas que son absolutamente normales por la edad que tiene; y la proyección inconsciente de conflictos en la mesa de cuando éramos pequeños. Si te encuentras en alguno de estos dos presupuestos, los conflictos pueden ser variados y a menudo se convierten en dinámicas familiares disfuncionales en un momento en el que se supone que la emoción que debería prevalecer es el placer: el de comer y el de compartir. En muchas comidas el placer está totalmente ausente. Pero vayamos por partes.

Si tu hijo/a estalla en rabieta justo antes de comer, ten en cuenta que es muy probable que el horario no sea el adecuado y tengáis que adelantarlo. Sí, aunque haya comido algo antes. Una rabieta justo a la hora de comer puede muy bien indicar que el peque ya tenía demasiada hambre y que, al no estar satisfecha su necesidad básica, ha empezado a sentir malestar. Ese malestar no ha sabido cómo expresarlo y ha estallado por cualquier cosa al sentarse a la mesa: porque no le gustaba el plato de Mickey y quería el de Elsa, porque no quería macarrones y quería albóndigas, porque no quería sentarse hoy en la silla que usa siempre, porque quería el cuchillo rosa de su hermano, etc. En serio, cualquier cosa.

Así que respira y mira el reloj: probablemente teníais que haberos sentado un poco antes. Afina tu presencia plena en conexión con tu hijo/a porque así sabrás interpretar muchísimo mejor las señales de malestar de tu peque antes de que estalle en rabietas. Así de importante es la presencia plena y sintonizar con la energía de nuestros hijos/as.

Puede que la rabieta no estalle antes de empezar, sino durante la comida, y a veces empiezan por la cosa más aparentemente inexplicable del mundo. Ya sabes, aquello de: «estábamos hablando tan tranquilamente y de repente, porque sí, María ha estallado». Visto desde la perspectiva adulta no tiene ningún sentido, y por eso se nos cae la mandíbula al suelo, porque no entendemos nada. Pero cuando indagamos un poco e intentamos sintonizar, nos damos cuenta de que María se estaba aburriendo, o que sus padres llevaban un rato hablando, o que lo estaban haciendo sobre algo que les producía cierta tensión, o después de comer le ha venido un cansancio y un sueño atroces y ha estallado. Nada es porque sí.

En este caso, otra vez lo mismo: respirar, conectar con ellos y atenderlos intentando saber cuál ha sido la causa y hacerlo sin tomárnoslo como algo personal ni preocuparnos. Lo más difícil, sin embargo, es cuando los conflictos y las rabietas en la mesa se producen porque los adultos están proyectando sus propias vivencias inconscientes y no integradas en sus hijos. Vamos con un ejemplo.

Cuando Paula era pequeña le decían que comía demasiado poco. Quizá lo hacía o quizá no (esto dependerá de la mirada del que observe), pero siempre tuvo que escuchar lo mismo. Pero no solo eso; sus padres la torturaban día sí día también con que comiera. «Come, venga, come», «una más», «si no te lo comes, no tendrás postre», «¿todavía estás así? Venga, ¡a comer!», etc. Y, empujados por sus propios miedos, su ego convertía las horas de las comidas en una lucha sobre quién tenía el poder. En Paula el poder de cerrar la boca y no comer, y sus padres el poder de conseguir que obedeciera a través de la amenaza y el miedo. Quizá Paula ni siquiera tenía un problema de peso, simplemente sus padres consideraban que tenía que comer más. Ella, al notar la fuerza del ego de sus padres, el autoritarismo, los métodos no respetuosos con ella, etc., se sentía ninguneada y con más necesidad que nunca de tener el control sobre algo, en este caso, sobre su propio cuerpo. Todo era inconsciente: lo que hacían sus padres y lo que hacía ella, pero actuaban de manera que entraban en una especie de espiral de mal rollo de la cual era difícil salir porque nadie se daba cuenta de que, desde el ego, no hay posibilidad de conexión.

Paula crece y se convierte en madre. Sin darse cuenta, en el momento de las comidas en familia, se tensa y empieza a estar muy pendiente de qué come su hija, de cómo y de cuánto. Empieza a tener una actitud controladora similar a la que tuvieron sus padres con ella, pero tampoco es consciente de ello. No solo eso, sino que en esos momentos no puede estar relajada porque sufre. Racionalmente, sabe que su hija está bien y no le falta de nada. Quizá incluso la pediatra le dijo el otro día que su hija estaba estupenda, pero da igual. Su cuerpo, a pesar de que su mente sabe que todo está bien, reacciona desde la memoria que tiene integrada por la tensión, el conflicto y la necesidad de control y poder vividos. Inconscientemente, todo lo que juró y perjuró que jamás haría y que habían hecho en repetidas ocasiones sus padres, empieza a hacerlo ella y sufre doblemente. Sufre porque es consciente de que no es el camino y porque no tiene ni idea de cómo evitarlo.

Lo que vivió cuando era pequeña quedó integrado en su cuerpo: esa tensión, esa incapacidad de relajarse y disfrutar de la comida, esa sensación de libertad coartada por no poder decidir cuánto comer ni qué. También el sufrimiento de sus padres, el cual le transmitían a través de sus presiones, el tono de voz, los enfados y las amenazas. Todo eso que tanto la tensaba y que jamás pudieron hacer consciente, solucionar y validar quedó atrapado en su cuerpo de niña pequeña. Sin integrar, sin comprender, sin legitimar y sin consciencia. Y aunque nuestra mente haya olvidado mucho, nuestro cuerpo no, y nos regurgita toda la toxicidad emocional para que, en una nueva oportunidad (ahora como padres), la limpiemos y sanemos.

¿Te sientes identificada/o? Si te encuentras en este punto te doy la enhorabuena, porque esta removida que quizá sientes ahora está sirviendo de catalizador para que pongas consciencia y tengas, esta vez sí, la clave para escapar a la cadena de dolor que vives en torno a la comida. Una cadena que quizá viene de generaciones atrás, quién sabe, pero que pone en tus manos la posibilidad de liberar a generaciones futuras de sufrir por eso mismo que sufriste tú y que están ahora sufriendo tus hijos.

Para resolver estas situaciones que acaban a menudo en rabieta, lo primero es ponerle mucha consciencia y perspectiva. Explorar nuestra propia historia y sentir, y encontrar esos paralelismos que nos va despertando la memoria. La clave es que sepas que cambiar la situación está en tus manos y que, además, solo puedes resolverlo tú. Tu hijo es demasiado pequeño para poder hacer este importante y trascendente cambio. Solo depende de ti. Así que, lejos de asustarte, toma las riendas y suelta el ego y la necesidad de control y de tener el poder. No estáis en lucha, sois del mismo equipo.

Pero entonces, ¿que coma lo que quiera? Estamos tan acostumbrados, a través de la crianza tradicional, a que tenemos que tener el control y el poder de todo, que nos resulta tremendamente difícil soltar el ego. Y además creemos que soltarlo implica que nuestros hijos hagan lo que les dé la gana. No es eso. No pueden hacer lo que les dé la gana porque son pequeños, porque les queda mucho por saber y aprender, y porque es nuestra responsabilidad cuidarles, ayudarles y guiarles en este mundo que todavía no conocen. Pero sí podemos confiar en que, si tienen comida sana al alcance, sabrán comer. Por suerte, no mueren niños con comida sana al alcance en el mundo desarrollado. Así que relax.

¿Que quiere fruta antes de comer? ¿Dónde está el problema? Que la coma, muchos expertos dicen que es incluso más sano hacerlo así. ¿Que en vez de los macarrones que hemos hecho quiere el puré sobrante de anoche? Que se lo coma. ¿Qué hay de malo en que decidan qué les apetece más entre el par de opciones que solemos tener siempre en la nevera? El problema está en la incoherencia de tener comida ultraprocesada y querer que no la pidan o coman cuando nosotros no queremos. Si no quieres tener conflictos en este sentido, no tengas en casa cosas que no quieras que coman. Te ahorrarás muchas rabietas que, en el fondo, habrás provocado tú pensando que es suficientemente mayor como para esperar, para comprender que hoy no, pero mañana sí, etc.

Coherencia, consciencia en el acto de comer, flexibilidad, comida sana al alcance y confianza en su autorregulación y en su cuerpo. Pero, sobre todo, no te desconectes de lo más importante: el placer. Comer tiene que ser un acto placentero tanto por lo que ingerimos como por el hecho de compartirlo. Si no lo es, pon atención en qué es lo que está pasando. Explora, indaga, escucha tu intuición y conecta.

«SIN DIBUJOS, NO QUIERE COMER Y ESTALLA EN RABIETA»

Cada día se escucha más esta frase. En el mundo en el que vivimos, rodeado y repleto de pantallas, es difícil proteger a los pequeños de tal influencia. Más adelante hablaré de pantallas y rabietas, pero centrémonos ahora solo en el momento de comer con una pantalla delante.

¿Cuántos no habéis visto en un restaurante a varios niños sentados, quietos y mirando los dibujos de un móvil o una tablet? Incluso en una misma mesa puede haber cinco niños mirando cada uno el de sus padres mientras estos están de sobremesa después de una comida de amigos o familia. No creáis que no lo comprendo: los mayores deseamos hablar, queremos poder tener «nuestro rato», ponernos al día y no tener que estar de arriba para abajo persiguiendo a nuestros hijos en la calle de enfrente del restaurante. Sé lo que es. Pero son niños. Si queremos hacer una sobremesa tranquila, vayamos de pícnic al bosque o a la playa. Los niños se entretendrán la mar de bien y nosotros podremos verles y charlar con nuestros amigos sin problema.

Pero volvamos al quid de la cuestión: ¿quién le dio el móvil o la tablet la primera vez? Nosotros. Le dimos el móvil porque, ¡atención!, nos convenía a nosotros, porque a ellos te aseguro que no les conviene mirar pantallas tan temprano. Y no pretendo juzgar a nadie, yo también lo he hecho. Pero seamos conscientes y coherentes: si le damos el móvil un día a un niño de tres años para que mire los dibujos en un restaurante, nos lo volverá a pedir otro día. Si entonces decimos que no, se indignará y rabiará, y puede que (si llevamos mal el mantener un límite y si nos sentimos incómodos porque estamos con familia o amigos) volvamos a dárselo, aunque hayamos dicho que no. Estamos entrando en una dinámica donde nosotros cedemos a su demanda airada porque no tenemos claro el límite. No hemos mostrado el límite de manera corpórea, no estamos siendo ni firmes ni coherentes con lo que de verdad queremos porque tememos la rabieta, o porque a veces creemos que es malo que los mire y otros días no (no tenemos clara nuestra postura), etc.

Así que le damos el móvil y entramos en la dinámica de comer viendo dibujos. Yo lo hice, lo confieso: Laia tenía cuatro años y medio y yo acababa de parir a Lua. Pasábamos muchas horas solas las tres y yo andaba bastante agotada. Su padre no llegaba a casa hasta las nueve de la noche, así que a la hora crítica tenía que apañármelas yo sola. A menudo Lua quería teta y dormir justo cuando Laia tenía hambre y, claro, estar sola en la mesa no le gustaba. De modo que había tenido más de una rabieta porque yo no le podía dar la atención que necesitaba en ese preciso instante. Así que un día le dije: bueno, mientras cenas, miras tres capítulos de *Peppa Pig*.

Mientras miraba la tablet, yo tenía un momento de calma para Lua: le podía dar el pecho tranquilamente y acostarla si lo necesitaba. En realidad iba bien, pues cada una tenía su momento tranquilo. Pero poco a poco y con el tiempo, me fui dando cuenta de que mientras comía, se quedaba totalmente embobada. Que luego, cuando estábamos los cuatro, ya no quería conversar como antes y solo pedía la tablet. Que muchos días, la rabieta que no había tenido antes, la tenía después en el momento de apagar la tablet. Que muchas veces no le bastaba con los capítulos pactados sino que quería más.

Así que un día abordamos el tema con mi marido: eso no podía seguir igual. Yo ya sabía que lo que había hecho nos había conducido adonde estábamos, pero Dios, necesitaba tanto esos minutos de paz con Lua, sin demandas ni reclamos de la mayor cuando estaba sola con las dos, que se me hacía un mundo prescindir de la tablet. Me daba miedo. Pero también veía que lo que estaba pasando no iba a mejorar, al contrario, y que la responsabilidad era mía.

Tenía que tener claro el límite, empoderarme y, sobre todo, tener muy claro por qué lo hacía. Y lo hicimos. Un día le contamos que no habría más tablet para comer y sí, protestó, lloró y se indignó mucho. Le quitábamos eso que le molaba tanto y a lo que ya estaba acostumbrada: ya se había creado el hábito. Con mucho convencimiento y la confianza de que más tarde o más temprano lo aceptaría —y que sería una decisión que nos beneficiaría a todos—, lo conseguimos. En muy pocos días comía tranquilamente, hablando conmigo o dibujando en un papel y sin mirar dibujos. Se acabaron las crisis en fin de semana porque quería la tablet mientras comíamos todos, se acabaron los agobios a la hora de apagarla. Y ¿sabes qué? Notamos que le sentó bien. De repente bajó el nivel de enfados y de mal humor. ¿Fue la pantalla? Seguramente. Pero ¿sabes qué más creo yo? Que lo más determinante fue nuestra seguridad, que le dio confianza y seguridad. Saber que ese límite era infranqueable la hizo sentir querida y segura.

Así que, en mi opinión, es infinitamente mejor comer sin mirar dibujos y este tendría que ser un límite claro. Porque, ¿qué valores queremos transmitir en los momentos que son para compartir en familia y de placer con el propio cuerpo al ingerir alimentos? Reflexionemos sobre ello. Y si tienes miedo de decirle que no, piensa en lo que te acabo de contar: si estás segura/o del *porqué*, será muy fácil que el *cómo* fluya y que lo consigáis mucho más temprano de lo que piensas. Y ya que estamos...

EXPLORA...

Es momento de parar un instante para tomar consciencia e integrar un poco todo lo que se ha activado en nuestro cuerpo con la lectura de esta parte relacionada con la comida. Para empezar, instala la respiración abdominal y toma consciencia de cómo el aire entra y sale de tu cuerpo. Cómo va entrando y ocupándolo para, luego, salir y dejarlo vacío... Observa ese ir y venir del aire en ti y ve relajando cada parte de tu cuerpo, soltando tensión y contracción para abrazar un estado más relajado, cómodo y ligero.

Te propongo que pongas atención ahora en tu cuerpo. ¿Qué es lo que se ha activado con la lectura de esta parte sobre la comida? Observa si se ha removido alguna emoción no integrada y si tu cuerpo ha reaccionado de alguna forma en particular. Todo lo relacionado con la comida a menudo es muy inconsciente y nos acompaña desde etapas muy primarias. Aunque no sepas por qué se activa tu cuerpo, simplemente obsérvalo y permite que lo haga, dándole espacio y permitiendo que lo que tiene que salir, salga. Ha estado mucho tiempo oculto y, quizá, necesita salir para limpiar, para sanar.

Ahora te invito a que, mientras sigues respirando conscientemente y con tu atención plenamente en tu cuerpo, observes si ha acudido a tu mente algún recuerdo de tu infancia. ¿Cómo era el momento de las comidas en tu casa? ¿Qué energía envolvía ese rato de comer juntos en familia? Observa si había tensión o la obligación de comer esto o aquello, presiones y malas caras. Intenta recordar cómo te sentías y qué pasaba.

Respíralo. Quizá lo que sientes ahora no es desagradable, pero estás encajando las piezas, tomando consciencia. Y es importante para poder acompañar a tus hijos que antes puedas acompañarte a ti. Valida tu sentir; esa emoción que se ha despertado es legítima, tenías todo el derecho del mundo a sentirla y vivirla y quizá nadie se dio cuenta, ni te la validó. Hazlo tú ahora, nunca es tarde, puedes acompañarte como si de tu hijo/a se tratara.

Respira, date espacio, tiempo y silencio. Y cuando te sientas lista/o, te propongo que centres tu atención en tu ahora y aquí en las comidas. Que observes qué pasa con tus hijos cuando comen. ¿Intentas tener el control? ¿Con qué energía cocreas ese momento? ¿Hay tensión en tu cuerpo a las horas en las que estáis comiendo alrededor de una mesa? ¿Cuándo te activas más emocionalmente y por qué?

Este trabajo de exploración interna de tu pasado y luego de tu presente te ayudarán a comprender qué es de tu ahora y aquí y qué no. Qué tiene que ver con tus peques y qué no. Te ayudará a adueñarte de tu pasado y de tu sentir, y te permitirá sanar y liberarte de cargas que no te permiten ni avanzar ni conectar profundamente con tus hijos, haciéndoles responsables de emociones no integradas tuyas que nada tienen que ver con ellos.

Confía en el proceso, no tengas prisa y permite que lo que es sea.

RABIETAS POR PANTALLAS

Sabemos que antes de los seis años la exposición a las pantallas no es algo que beneficie a los peques, sino todo lo contrario. Mientras miran pantallas están quietos, absortos, no juegan, no crean, no imaginan (y todo eso lo necesitan para desarrollarse de una manera óptima a muchos niveles). Digamos que si conectamos la pantalla, les desconectamos del mundo y, lo que es peor: de sí mismos. Sí, eso también es lo que nos pasa a los adultos. Con esto no quiero decir que las pantallas sean el demonio ni mucho menos: son muy útiles y es absurdo vivir de espaldas a ellas, pero en el equilibrio, la consciencia y la coherencia está la clave.

Tengo la sensación de que con el tema de las pantallas todavía vamos en pañales. Es tan rápida la velocidad a la que va nuestro mundo digital que, en parte, siento que no contamos con toda la información sobre cómo nos afecta estar tan rodeados de pantallas a todas horas. Los adultos tenemos un problema de adicción importante con el móvil y en los pequeños se está demostrando que, en muchos lugares, empieza a haber niños adictos a las pantallas. Esto es un problema de dimensiones que todavía no somos capaces de ver en su total magnitud, estoy segura. Así que cuanto antes tomemos consciencia y reflexionemos sobre ello, mejor.

El problema real de los límites en cuanto a pantallas es que ni los adultos los tenemos. Somos tan mal ejemplo que, cuando somos nosotros los que tenemos que tomar decisiones sobre cuánto ven, cómo ven y cuándo, nos hacemos un lío. Porque no lo tenemos integrado, porque nos falta información y, ¿por qué engañarnos?, somos una sociedad cada día más enganchada a las pantallas. Será muy difícil poder gestionar el tema de las pantallas con nuestros hijos e hijas si no lo gestionamos con nosotros mismos. Pero ¿por qué tanto enganche?

Cuando miramos pantallas sentimos placer en el cuerpo. Tal cual. Puede parecer exagerado, pero está comprobado que es así; sentimos placer y, claro, cuando algo te gusta no mola que te lo quiten. Cuando les apagamos eso que les da placer, se indignan. No siempre, es cierto, depende del carácter del niño, de la relación que tenga con las pantallas, del nivel de placer que experimente, de la propuesta posterior que haya, y un largo etcétera. Pero muchos estallan en rabieta. Hay niños y niñas que son muy «pantalleros»: adoran mirar dibujos y todo lo que se les eche, y llevan francamente mal la frustración que sienten cuando sus padres se la apagan.

Aquí tendremos que explorar varias cosas: la primera es si el límite está claro porque, a menudo, simplemente no lo está. Un día dejamos que mire una hora y media y al siguiente le decimos que diez minutos; simplemente porque nos sentimos culpables porque el día anterior miró demasiado. O le decimos que no puede ver pero, cuando nos interesa, le enchufamos una pantalla delante por nuestra comodidad. Esto confunde al niño/a, que no sabrá a qué atenerse y que tanta arbitrariedad le indignará.

A veces, lo que pasa es que hemos «negociado» con nuestro hijo/a. Le hemos dicho que solo dos capítulos y nos ha dicho que ok (claro, está en la fase egocéntrica y nos dirá ok a todo lo que a él/ella le beneficie y guste). Pero resulta que cuando vamos a apagar la televisión, o la tablet, o el móvil, nos dice que uno más. Quizá accedemos y se queda bien, pero al terminar este capítulo más, nos pide otro. Vemos que no cumple el pacto acordado y nos indignamos. Nuestro ego se apodera de nosotros porque sentimos que no respeta la palabra que nos hemos dado (le tratamos como si tuviera cuarenta años), y él empieza un berrinche de aquí te espero. Entonces, indignados, decimos cosas como «¡pues ya no verás tele nunca más, se acabó!», y el peque aún llora con más fuerza. Vamos, estamos también nosotros en plena rabieta porque nos hemos sentido ninguneados y sentimos que no da valor a lo que hemos acordado.

Otras veces tenemos tanto miedo a que tengan una rabieta que decimos que ya basta de dibujos, pero cuando lleva cinco minutos de pataleta le decimos «bueno, uno más», invalidando nuestra palabra y nuestro límite. Cuando termina ese capítulo, vuelta a empezar, de tal forma que tiene más poder de decisión el peque que el adulto.

¿Qué hacemos en estos casos? Lo primero es revisar qué es lo que está pasando. Si es un tema de absoluta devoción por las pantallas a una edad muy temprana, cuanto menos las tenga al alcance, mejor.

Ellos son pequeños. Quien tiene que tener el límite claro somos nosotros, porque en este caso sí es un límite y no una norma cualquiera, porque depende de lo que vean y cuánto rato lo vean, esa exposición a las pantallas tendrá efectos en su bienestar, en su vista, en su falta de juego y movimiento (necesidades básicas), etc. Por lo tanto, afecta a su integridad y nosotros somos los responsables de ella. Toca reflexionar con nuestra pareja y hacer corpóreo el límite que pondremos en casa. Luego, trasladárselo, aplicarlo con compasión, conexión y consciencia pero, a la vez, de forma firme y sin sentirnos removidos. Le acompañaremos comprendiendo por qué se enfada tanto, sabiendo que le hemos quitado algo que le encanta, pero también con la confianza de que este límite que le estamos transmitiendo es importante para su desarrollo y que le ayudará, aunque ahora él no lo vea.

A veces, la solución a tanta dificultad con las pantallas será más radical: si son niños muy «pantalleros» y que rechazan cualquier límite en cuanto a tiempo, momentos, etc., tendremos que, simplemente, eliminar pantallas. Sí, quitar la tele durante una temporada, eliminar tablets y tener un control muy escrupuloso de nuestro móvil para que jamás lo vea ni esté a su alcance. Porque existe un tema de inmadurez importante que a veces solo podemos gestionar así: si no es suficientemente maduro como para poder comprender que cuando toca apagar hay que hacerlo, y esto supone un conflicto de dimensiones tremendas cada día, pues quizá es que ahora las pantallas no nos hacen ningún bien como familia.

Una opción es poner nosotros el control donde ellos no pueden, de manera que apartemos tal tentación de su vista y de sus vidas. Recuerda que estamos hablando de niños en la primera infancia, a los que de entrada no les resulta beneficioso mirar pantallas, así que si vemos que lo pasa realmente mal y no podemos gestionar este tema de una forma coherente, asertiva y normalizada por su inmadurez en aceptarlo, lo mejor es quitar las pantallas y esperar un tiempo a que crezca y pueda llevarlo de otra forma. Esto, insisto, en casos muy particulares. En la gran mayoría esto no será necesario porque podremos llegar a una entente que nos satisfaga más o menos a todos.

RABIETAS EN EL PARQUE

Estas son duras de pelar. ¿Te imaginas? Un parque lleno de gente que quizá no conoces y de repente tu hijo/a estalla en rabieta. Si ya es complicado muchas veces acompañar una explosión así cuando estamos en casa solos, cuando hay treinta ojos mirando, muchísimo más.

Los niños pequeños se cansan mucho en el cole. Pasan, a menudo, más horas allí de las que son capaces de tolerar, gestionar o aceptar y salen con un buen cóctel de emociones dentro. No solo eso: salen cansados, a veces también estresados y con cierto malestar interno que se manifiesta a veces en forma de malhumor, de conflictos entre iguales o de rabietas. A veces se va al parque para que corran o para que se cansen más, de manera que lo que queda para casa es aparentemente más fácil porque están en KO técnico. Pero no. Más cansancio implica más rabietas, más malhumor y más conflictos.

Así que puede explotar en rabieta cuando está jugando porque se frustra por algo o porque tiene un conflicto con otro niño, por ejemplo. Eso ya es un indicador de que la vida nos está diciendo (y nuestro hijo/a también: «Toca retirada»). Le atiendes, aguantas el chaparrón en medio del parque y te vas, cuanto antes, al nido familiar para poderle dar exclusividad, mirada, descanso y un lugar tranquilo y seguro donde cargar pilas.

Otra rabieta que tiene muchas papeletas de manifestarse es cuando dices que es hora de irse. En estos casos, muchos niños que ya tienen el vaso a rebosar de emociones explotan. No es tanto que el límite les haga explotar como que, en el fondo del fondo, el límite les va genial para poder sacar hacia fuera todo lo que han acumulado durante el día dentro y que no han sabido canalizar de otra forma (normal porque son pequeños).

Y en estas, a menudo cometemos el error de intentar negociar con un niño pequeño que está inmerso en la fase egocéntrica. Accedemos a concederle algo más de tiempo, pero que en cinco minutos nos vamos. Se seca las lágrimas y nos dice que vale y a los cinco minutos nos dice que quiere más. Hay quien le da más cancha, con la fantasía de que así todo acabará bien. Pero tiene mal pronóstico, la verdad. Así que no alarguemos la agonía. Hemos decidido que era la hora porque sabemos todo lo que falta todavía, ¿no?: baño, cena, cuento, con tooodo lo que eso conlleva. Hemos decidido irnos porque sabemos que, si nos saltamos los horarios a la bartola, la cosa acaba fatal. Pues bueno, es un límite consciente que hemos considerado necesario porque afecta a su bienestar en cuanto a descanso, sueño, comida, etc. De modo que mantengámoslo y marchémonos del parque. Sin enfadarnos, sin amenazarle, ni montar un drama, porque no lo es.

Pero ¿por qué lo vivimos como un drama? Porque estamos en el parque, porque nos miran y porque tenemos mucho miedo de que los demás piensen dos cosas: una es que no lo hacemos suficientemente bien, y la otra es que juzguen a nuestros hijos. Ambas cosas nos aterran, a veces de manera inconsciente, y de repente nos sentimos vulnerables o con necesidad de hacer algo que quizá no es ni auténtico. Muchos, cuando se sienten observados por otros padres, están tan pendientes de lo que ellos sienten que, inconscientemente, gestionan la rabieta desde el ego. Y ya hemos visto que desde ahí la cosa acaba mal y llegamos a casa frustrados, sintiéndonos impotentes y teniendo que pedir perdón por lo mal que lo hemos hecho al perder los papeles.

Que él o ella se enfaden es normal: cansancio, demasiadas emociones que no han podido canalizar, y un largo etcétera. Que nos desbordemos nosotros, no tanto. Así que obsérvate en estas situaciones y mira si estás presente, disponible, comprensiva/o y, a la vez, si el límite que pones es corpóreo, es infranqueable y ostentas la responsabilidad de mantenerlo sin fisuras desde el adulto consciente que eres.

LA HORA DEL BAÑO

Uno de los momentos por excelencia en que un peque explota es el momento del baño: está cansado, es tarde la mayoría de las veces, si se baña antes de cenar puede que también tenga hambre, etc. Como además quizá no le apetece mucho bañarse o algo de lo que implica el baño le produce cierta incomodidad, explota. Digamos que el baño «ayuda» al peque a poderse enfadar y sacar así todo lo que lleva dentro. Por eso tantas veces el baño es un suplicio en cualquiera de sus variantes: pollo antes de entrar porque no quieren, pollo durante porque hay que enjuagar la cabeza o quitar el jabón, pollo porque no quieren salir o pollo por secar, peinar o poner el pijama. Da igual en realidad.

En muchas casas, este momento es crítico porque no solo la niña o el niño están cansados, sino que los adultos también. Además es una hora en la que demorarnos hace que el dominó caiga en cadena y nos empezamos a agobiar: «si tardamos tanto ahora con esta rabieta, ya no cenará» o «se nos está haciendo tarde y acabará durmiéndose a las mil», etc. Nos estresamos y ya no gestionamos ni acompañamos igual. Ellos lo notan y todavía se enfadan más.

Justamente por todo eso te recomiendo que no lleguéis demasiado tarde a casa, para que haya tiempo de sobra para hacerlo todo relajadamente. Tampoco es necesario que le bañéis cada día; podéis fijar unos días a la semana para el baño y esos días llegar antes a casa para dedicarle el tiempo que merece. De hecho, el momento del baño puede ser una gran oportunidad de disfrute juntos y de conexión. Por ejemplo bañarle mientras nos cuenta cosas o jugamos juntos. Pero para eso hay que contar con el tiempo suficiente.

Lavarles la cabeza es un suplicio para muchos niños y niñas: lo odian. Mi hija pequeña lo detestó durante años; era mojarle la cabeza y empezar a llorar y a gritar que no le gustaba. Tienes que saber que esto puede durar poco, unas semanas o meses, o puede durar muchísimo más tiempo y que no te quedará otra que comprender sus motivos y sensaciones. Ellos no comprenden por qué es tan importante ducharse y tenemos distintos baremos y formas de pensar acerca de la higiene. Así que comprender que es normal que para tu hijo o hija no sea importante te ayudará a no enfadarte en ese momento y a saberle acompañar desde el respeto y el amor. Sí, tendrás que lavarle la cabeza igualmente, pero no es lo mismo que tu padre te la lave sereno, yendo al grano para que se alargue lo mínimo posible, a que lo haga indignado, gritando y te de un azote en el culo. La diferencia es notable. En el primer caso el peque siente que puede expresar lo que siente sin miedo a la vez que ve que toca hacerlo porque es un límite infranqueable en ese momento; en el segundo siente que su emoción es reprimida, que su padre le da miedo y que le trata mal injustamente.

Como en el caso de atarles en la sillita del coche, no es agradable. Hubo un tiempo en el que yo pensaba «Oh, no, toca baño», porque estaba agotada de que ese momento fuera acompañado siempre de gritos y llantos. Un día me relajé y solté la resistencia que yo tenía a que ese momento fuera tal y como era. ¡Quería que fuera distinto! Como no cambiaba (porque duró mucho tiempo), cada día que tocaba baño me agobiaba y me frustraba. Pensaba: «¡Jolín! ¿Otra vez así? ¿En serio?» Pues sí, otra vez así. Mi imposibilidad durante un tiempo de no aceptar lo que era se manifestaba en ese momento delante de mis ojos; estoy convencida de que no ayudó. Pero la vida es eso: darnos cuenta, a cada oportunidad que tengamos, de que estamos en resistencia, para así podernos abandonar al aquí y ahora tal y como es.

Haz del juego tu aliado a la hora del baño, porque te ayudará muchísimo. Jugar a peluquerías; a que estaba en el mar nadando con delfines; a que era una sirena y estaba en un mar de coral precioso nadando con su brillante cola. Haz volar tu imaginación y observa qué cosas le apasionan más para que, en el baño, puedan ayudarte a hacer de ese momento un instante más de conexión entre los dos. Para mí, el momento de conexión total era después del baño, cuando las secaba. Las envolvía en una toalla y me las ponía en mi regazo mientras les daba mimitos, o les hacía cosquillas, o les decía lo mucho que las quería. Si el momento en el agua había sido de llanto y gritos, en mi regazo se calmaban y podían abandonarse en mis brazos y sentir que, a pesar de todo lo que había ocurrido, yo las quería igual. Eso calmaba sus almas y podíamos seguir con el resto de la noche sin más conflictos.

Es costumbre bañar muy tarde por la noche a los niños y niñas, y te animo a que explores otros horarios (mañana, mediodía o temprano por la tarde). En casa hemos bañado a veces al mediodía o justo al llegar del cole a las cuatro. ¿Por qué? Porque hay menos cansancio. Y lo cierto es que noté que todo era más fluido si se bañaban muy temprano. El agua las ayudaba a relajarse y luego ya se ponían el pijama y tenían toda la tarde para jugar tranquilamente, cenar temprano y, por consiguiente, acostarse temprano. Pruébalo.

Quizá me estás leyendo y lo que te cuento no te resuena en absoluto porque tu hijo o hija jamás ha protestado por bañarse. Cada niño es un mundo: unos lo harán y otros no, o unos lo harán solo en alguna etapa y otros en ninguna. No pasa nada. Pero si aparecen rabietas a la hora del baño, recuerda: comprensión, empatía, no enfadarte, ir de cara al grano, revisar horarios y rutinas y no oponer resistencia a lo que es queriendo que sea todo distinto. Intenta fluir al máximo y piensa que esto también pasará (te lo digo yo, que la hora del baño ha mejorado infinito).

¡A DORMIR!

Para muchos padres, los pollos que más les cuesta acompañar de una forma serena son los de la noche. Se sienten cansados, tienen menos paciencia y es el momento del día en que sienten que su volcán explota más. Lo que les pasa a los adultos es similar a lo que les pasa a ellos: también están cansados, también tienen menos paciencia y también su volcán explota más. El sueño y el cansancio son una gran fuente de malestar, si no acuérdate de etapas de tu maternidad o paternidad en las que has dormido realmente poco, ¿verdad que no eras la alegría de la huerta? No, porque el cansancio y el sueño pasan una factura costosa a muchos niveles. Así que imagínate el cóctel molotov que hay por las noches en muchas casas: tremendo.

En estos casos, como en los otros, nos ayudará mucho tomar perspectiva y verlo con cierta distancia, porque tendremos que observar si lo que pasa es que vamos dos marchas por encima del ritmo que todos toleramos. Será el momento de hacerte estas preguntas: ¿Hacemos demasiadas cosas por la tarde? ¿Van demasiado cansados nuestros peques? ¿Nosotros queremos abarcar demasiado y está claro que no funciona? ¿Cenamos y les acostamos demasiado tarde? ¿Lo que hacemos por la tarde ayuda a ir bajando el ritmo o les excitamos cuando falta poco para ir a la cama? ¿Qué estímulos reciben las horas antes de acostarse? ¿Hay pantallas por la noche?

Estas preguntas te servirán mucho para poder introducir estrategias que, muy probablemente, mejoren la situación. Pero luego tienes que hacerte otras preguntas más internas, como por ejemplo: ¿Qué presencia le ofrezco a esas horas? ¿Estoy plenamente presente en nuestro aquí y ahora o estoy muy *out* porque de lo único que tengo ganas es de que se acueste y me deje tranquila/o? ¿Estoy disponible o más bien distante? ¿Puedo conectar con su sentir o, estando cansada/o estoy más pendiente de mi cansancio que del suyo?

Es necesario revisarnos y explorar lo externo y lo interno, porque solo así podremos hacer lo que necesitamos: tomar consciencia para saber qué es lo que está pasando realmente y qué nos están demandando con tanta rabieta a la hora de acostarse. Revisar horarios será esencial porque en muchas casas el problema es que les acostamos cuando ya están reventados, y aquí poco se podrá hacer para que no explote.

Ten en cuenta que cuando oscurece, las emociones se movilizan casi más que durante el día, cuando hay más distracción. Me refiero a que tu hijo, que quizá durante el día te ha contado poco de lo ocurrido en el cole, por la noche siente ese runrún de lo que ha visto ahí, o de lo que ha pasado o sentido. Por la noche tiene más miedo, más inquietud, más angustia. ¿No te ha pasado nunca tener algo en mente que te preocupa, desvelarte por la noche y luego eso en vez de ser un problema más o menos resoluble se convierte en un drama de proporciones estratosféricas? Sí, porque en la oscuridad de la noche todo se hace más grave, más dramático, más preocupante. Contactamos con la vulnerabilidad y el miedo, y eso lo amplifica todo.

Hay peques a los que lo que les cuesta es parar. Odian parar. Sienten que hay un mundo enorme que explorar a su alcance y dormir es malgastar el tiempo. Así que sienten que es un rollo, una pérdida de tiempo, y hacen lo posible para alargar al máximo la hora de acostarse. En casos así llega un punto en que muchas madres y padres se plantan; no se puede alargar esto hasta altas horas, por supuesto, así que le dicen que tiene que acostarse sí o sí. Ese es el momento en el que suele estallar todo, pero lejos de que eso perjudique la situación, a menudo el llanto ayuda a relajar al niño. A través del llanto, puede soltar esa especie de estrés por no querer parar. Le hacemos contactar con el aquí y ahora, y el llanto le sirve de vía para canalizar, por un lado, la frustración de no poder seguir con lo que quiere, y por otro, el estrés y el cansancio acumulados. Permítele llorar, compréndelo y acompaña su momento. Necesita soltar, así que no te preocupes. Me acuerdo de una época en la que una de mis hijas, de dos a tres años, muchas veces necesitaba llorar antes de dormir. Nunca quería ir a la cama, porque la vida era apasionante y le costaba parar hasta que, ¡boom!, explotaba, lloraba y luego se sentía mucho mejor, más relajada, y podíamos hablar de lo que sentía y lo que le pasaba; luego se dormía serena y feliz.

A otros, lo que les sucede es que ven poco a sus adultos de referencia. La hora de la mañana antes de ir al cole más el poco rato que les queda para estar todos juntos por la noche se les hace ínfimo. Y resulta que es en ese momento, cuando les urgimos acostarse, que sacan hacia fuera toda la añoranza que han sentido al no vernos en casi todo el día. El tema es que muchos no lo saben expresar (o ni siquiera saben que es eso lo que les sucede), y muchos adultos no captan el mensaje. Con lo cual, falla la comunicación a menudo y también la conexión.

Hay muchos otros motivos por los que un niño o una niña explotan por la noche, pero los citados suelen ser los más extendidos. En mi cuento *Baba. No quiero dormir* se explican estos motivos y el cómo nos cuesta conectar a adultos y peques, y me encanta recibir el *feedback* de las familias. Me cuentan cómo consiguen poner palabras a lo que les sucede, invitados por la protagonista de este cuento, Baba. Y en el momento en que unos y otros se comprenden a sí mismos y al otro, puede haber conexión. Porque esto es imprescindible si queremos dormir felices todos: acostarnos enfadados es horrible y está demostrado que no es nada bueno para nuestro cerebro. Así que pongamos a la noche la atención que merece: es uno de los momentos más importantes del día, en el que ir parando, ir conectando con todo lo que nos ha aportado el día e ir relajándonos para dar a nuestro cuerpo lo que necesita. Poder hacerlo desde la armonía y el buen rollo hará de la noche un momento de conexión vital para todos.

Pero si ahora mismo estás en la fase en que te toca acompañar rabietas a estas horas, respira. Comprende todo lo que te he contado, conecta con tu peque, ponte en su lugar y explora qué es lo que le puede estar ocurriendo, para que luego puedas ponerle palabras y acompañarle asertivamente. Si estás demasiado cansada/o para estar ahí de la forma que tu hijo necesita, pide relevo (si es que está tu pareja) y toma aire. Está bien también admitir que hay días que no tenemos el cuerpo para eso y que necesitamos ayuda. No pasa nada. Date permiso y nútrete para poder estar mejor en la próxima ocasión.

Como hemos visto antes, las rabietas por la noche suelen incomodar mucho porque la gran mayoría de la gente tiene vecinos, y que tu hijo o hija se ponga a llorar a pleno pulmón puede despertar al vecindario entero. Procura recordar lo de la burbuja y aislarte porque, aunque no lo parezca, aislarte con él y centrarte solo en la rabieta, y no en el qué pensarán, es la mejor medicina para que ese momento se transforme lo antes posible en algo más armonioso y sereno.

EXPLORA...

Después de leer sobre rabietas en el parque, a la hora del baño, o a la hora de acostarles, hagamos una parada para tomar aire y, sobre todo, tomar consciencia sobre lo que ha podido aparecer durante la lectura. Así que te propongo que te sientes cómodamente e instales la respiración abdominal, observando cómo el aire entra y sale. Relaja tu cuerpo, siente cómo, con cada espiración, puedes soltar un poco más su peso.

Pon atención ahora a cómo te sientes. Observa si la lectura ha despertado alguna sensación o emoción en ti, o si ha venido algún recuerdo, ya sea de tu infancia, ya sea de tus hijos/as. Date tiempo y espacio para sentir qué ha aflorado. Acepta cualquier emoción que venga, aunque produzca sensaciones desagradables en tu cuerpo, y respíralas mientras permites que sean y se manifiesten.

Observa también qué pensamientos han venido a ti mientras leías. ¿Qué se ha activado? El día a día es tan intenso y a veces pasa tan rápido, que no tenemos mucho tiempo para reflexionar, tomar consciencia, empatizar profundamente... ni tampoco para escucharnos. Observa cuál es tu energía en estos momentos en que aparecen rabietas en el parque, a la hora del baño, o al anochecer. ¿Qué hay en ti que se acelera y por qué? Deja estas preguntas en el aire y espera a que tu intuición y tu parte más sabia te guíen hacia lo que tenga que ser atendido y comprendido. Permítete este espacio de escucha, lo mereces.

DE FINDE Y VACACIONES

FIN DE SEMANA DE HARAKIRI

Estás feliz y de relax porque empieza el fin de semana y piensas en todo lo que podéis hacer estos días de fiesta. Tu hijo/a se despierta, y desde que se levanta hasta que se acuesta vais de rabieta en rabieta y tiro porque me toca. Solo ha pasado el sábado y ya estás deseando que sea lunes para volver a trabajar. ¿Te ha ocurrido alguna vez? Sé que a nadie le gusta admitir que preferiría estar en el trabajo que en casa con sus hijos/as, pero ¡es que a veces estamos agotados de tanto conflicto! Simplemente queríamos disfrutar de un día de fiesta en familia, con buen rollo y felicidad, y lo que vivimos es un día para olvidar. Un día en el que nos agotamos, nos cabreamos con nuestro hijo/a —que parece que solo nos quiera fastidiar— y al final también nos cabreamos con la pareja porque estamos los dos al borde de un ataque de nervios.

Digamos que no sería el plan ideal de fin de semana en familia. Pero ya hemos visto que las cosas a menudo no son como nos gustaría sino las que son. Quizá piensas que esto no es habitual, pero te aseguro que lo es más de lo que parece. De todos modos es normal, fíjate: entre semana, ¿cómo vamos? A tope y con el cohete en el culo. Si nuestros peques sienten malestar, es probable que sientan que no tenemos disponibilidad para atenderles, básicamente porque vamos a tope y casi no hay tiempo de relajarnos para poder conectar con lo que sucede de verdad. Te pongo un ejemplo y lo verás más claro: tienes que contar algo importante a tu madre (que estás pensando en cambiar de trabajo o que, últimamente, con tu pareja no estáis muy bien y estás pensando en separaros). ¿Cuándo se lo contarías? ¿Un día que la ves ajetreada preparando la comida, lidiando con mil cosas y que tenéis poco tiempo para estar juntas? ¿O bien lo harías otro en el que quedáis sin niños para ir a caminar o a tomar algo solas en una terraza? Estoy convencida de que elegirías el segundo día porque en el primero no existe un espacio emocional para atender lo que estás a punto de contar. Y esto se nota, no hace falta ser Einstein; es un tema de energía. Dependiendo de la energía que veamos en el otro, nos sentiremos más libres y dispuestos a compartir o no.

De modo que el fin de semana muchos peques notan que sus padres están más contentos, más relajados y disponen de más tiempo. Y entonces, de forma inconsciente, sienten lo que sería en clave de humor: «ahora te vas a enterar de todo lo que he vivido yo esta semana». Ya sabes, que te he echado de menos a ratos en el cole, que Paula, la niña de mi clase, me agarró del pelo el otro día, que papá se enfada mucho conmigo y quizá no me quiere. Todo lo que siente sin, a veces, saber que lo siente; todo lo que le remueve sin casi darse cuenta lo va a vomitar en casa cuando note otro ritmo, otra predisposición y otra energía.

Es normal y es importante que lo veas como una oportunidad de acompañarle y ayudarle. Sin estrés ni prisas porque no hay que ir a ningún sitio. Y en el caso de que haya que ir a algún sitio, o esperan o lo anulamos, que por algo es sábado. Es que a veces nos ponemos tantas obligaciones en fin de semana, con tantos compromisos y tantos quehaceres que parece que no queramos bajar el ritmo. Porque es lo que se lleva: no parar. Hacer, hacer, hacer. ¿Cuántos no piensan que el fin de semana es para hacer muchas cosas y aprovechar? Bueno, pues quizá, y especialmente si tenemos a nuestro peque en fase de rabietas y muy removido, lo más recomendable y asertivo sería bajar dos marchas, anular planes, pasarnos un domingo en pijama en casa sin hacer mucho más que estar juntos, jugar y remolonear sin prisas. Ser. Estar. Y juntos.

Lo más habitual es que al iniciar el fin de semana tengamos que sintonizarnos todos de nuevo. ¿Conoces la frase de las películas: «sincronicemos relojes»? Pues eso. Tenéis que ajustar relojes emocionales para poderos encontrar e ir a la una como familia. A menudo, el niño o la niña tendrá un inicio de semana un poco al revés, llorará más de lo habitual, tendrá alguna rabieta intensa, etc. Pero si podemos acompañarles sabiendo qué es lo que está pasando, podremos ayudarles y en poco tiempo verás cómo parece que ya vais más al unísono y estáis todos mejor y más conectados.

El problema es cuando no sabemos qué demonios le pasa y, como es sábado o domingo, empezamos a enfadarnos porque pensamos que a quién se le ocurre fastidiar un día festivo. Eso me hace pensar en una etapa de mi vida en la que trabajaba en los servicios informativos de Catalunya Ràdio. Laia tenía dos años cuando me incorporé al trabajo después de una excedencia; volví con reducción de jornada y compactada. Esto significa que trabajaba el viernes y el sábado. ¿Qué empezó a pasar? Pues que los domingos eran un infierno. Mientras papá y mamá trabajábamos esos días, ella se quedaba con los abuelos y los domingos nos explicaba lo que había sentido (que nos había echado de menos y que estaba enfadada y removida), y lo hacía del modo que sabía hacerlo a los dos y tres años: con rabietas.

Te prometo que era un poco frustrante. Era el único día de la semana que teníamos para estar los tres juntos y nos lo pasábamos acompañando su malhumor y sus rabietas. Luego, el lunes, ya estaba estupenda hasta el siguiente domingo. Una vez, un día de esos en los que no les parece nada bien y lloran casi sin parar, su padre dijo: «¡Jolines, que es domingo!» Laia lo miró con cara de «¿y?» Su frustración salió a la palestra. Por la noche, cuando ella ya dormía le dije a mi pareja: «¿Te acuerdas de lo que has dicho esta mañana?» Y me dijo: «¡Sí, menuda tontería, como si no se pudiera tener rabietas el domingo!» Nos reímos hasta las lágrimas. Yo creo que tanta risa también nos sirvió para canalizar la tensión del día, pero ¡qué bien lo pasamos a veces los adultos riéndonos de las tonterías que decimos en momentos de crisis! Recuérdalo siempre: el humor es tu gran aliado en etapa de rabietas. Ríete del plátano cortado por la mitad cuando lo quiere entero, de la raya del calcetín que molesta y de las frases llenas de impotencia que se te pasan por la cabeza. Eso sí, no te rías delante de ellos, que es muy molesto. ;)

Te ayudará muchísimo a sostener estos días festivos complicados verlos como una oportunidad de conexión y de ayudarle a canalizar su malestar. Imagínate que lleva una mochila llena de piedras y no puede con ellas, y que en ese día en que os nota más disponibles y hay más tiempo y relax, le puedes ayudar a ir sacando esas piedras de la mochila para que pueda ir más ligero, menos cansado y más feliz.

¿ESTO SON VACACIONES?

Olvida el concepto de vacaciones que tenías antes de tener hijos o hijas. Supongo que era un tiempo de relax, de descanso, de buen rollo y feliz compartir. Bueno, pues cuando tienes hijos a veces las vacaciones no tienen tanto descanso, ni relax, ni buen rollo. No siempre, por suerte, pero todos vivimos algunas vacaciones en las que te preguntas «¿y esto son vacaciones? ¿En serio?», porque no lo parecen.

Tenemos que repensar un poco las creencias que tenemos alrededor de las vacaciones porque, en general, nuestra percepción es de que solo pueden ser bonitas, llenas de buen *feeling* y relajantes. Y la verdad es que las vacaciones forman parte de la vida, donde hay de todo: días mejores, días más complicados, momentos maravillosos y otros durísimos. Así es. Pero como no tenemos que trabajar y tenemos puestas grandes expectativas en las vacaciones, queremos vivir unos días que compensen todos los que hemos estado trabajando; y esto no funciona así.

Un hándicap enorme que tienen las vacaciones es que normalmente rompemos la rutina. Viajamos, nos vamos de camping, tenemos otros horarios, nos reunimos en familia o con amigos para pasar unos días juntos en una casa rural, etc. Cambiamos lugares, horarios, comidas, camas y muchas otras cosas y, claro, nuestros hijos, que son muy sensibles, reaccionan a tantos cambios no como les gustaría, sino como pueden. A veces excitándose muchísimo, otras estando de malhumor porque les hemos cambiado todo aquello que les hace sentir seguros y estables, otras llorando más a menudo que de costumbre, otras enfermando, otras despertándose por la noche más que cuando estamos en casa, etc. El cambio de rutinas también suele suceder en los días festivos. Así que ten siempre en cuenta que el cambio de horarios, de lugares y de a lo que están acostumbrados les provoca también un malestar emocional que tendrán que expresar de alguna forma.

Los días que suelen ser más intensos en vacaciones son los primeros, cuando todo es nuevo y estamos todos un poco excitados con los cambios y con la nueva situación de que mamá y papá tengan fiesta. Luego, si somos capaces de comprender lo que está ocurriendo, validar los desbordes de nuestros peques y acompañarles desde la empatía más profunda, habitualmente conseguimos sintonizarnos todos de nuevo y empezar a gozar muchísimo más de las vacaciones. Otras, hasta que no llegamos a casa y nuestro hijo/a se reencuentra con todas sus cosas y su espacio, no vuelve a ser él. Me acuerdo de una amiga que pasó unas vacaciones de infierno en la Bretaña francesa. Hicieron muchos quilómetros, pensando, todo el rato, que ofrecían a sus hijos la posibilidad de viajar y ver lugares nuevos. Pero eran muy pequeños y a ellos, en ese momento de sus vidas, les traía sin cuidado los lugares turísticos que visitaban. Era un pollo detrás de otro y multiplicado por dos. Mi amiga y su pareja no entendían nada: ¿cómo podían estar tan girados si estaban todos juntos y de vacaciones? Finalmente volvieron cuatro días antes de lo previsto porque estaban a punto de hacerse el harakiri y sentían que necesitaban pasar unos días en casa antes de volver a trabajar. Al entrar por la puerta su hija de tres años y medio les dijo: «Mamá, yo no quería irme de casa, quería estar aquí jugando». La cabeza de su madre empezó a calcular los euros gastados, los quilómetros recorridos y los pollos vividos y tomó una decisión: el año siguiente se quedarían a una hora de casa, jugando en la playa sin hacer *nada*.

Con esto no quiero decir que no se pueda viajar con peques, claro que se puede. Pero tenemos que tener en cuenta sus necesidades, comprender qué es lo que más les va a gustar, con qué cosas van a disfrutar y adaptar un poco el viaje a su edad, ya que de lo contrario nadie lo va a pasar bien.

Otra cosa que sucede en vacaciones es que nos reunimos más con gente: familiares o amigos con quienes decidimos compartir unos días. Esto, aparte del cambio de rutina que supone, también hace que afloren emociones que quizá no habían aflorado antes como, por ejemplo, los celos. Ya sabes, eso de irte con unos amigos con hijos como los tuyos y resulta que se pasan el día peleando, compitiendo y discutiendo. Y tú te pasas los días gestionando emociones, ayudándoles a compartir y apagando fuegos. En tus vacaciones pareces más una educadora infantil que una persona de relax en un camping.

Pero eso no es todo, porque en la gestión de esos conflictos o rabietas que surgen a veces en unos, a veces en otros, los adultos que acompañamos no hacemos lo mismo. Unos serán más respetuosos, otros no tanto, otros más estrictos, otros más gritones, etc. En estos casos, lo que aparentemente eran roces solo entre niños puede acabar transformándose en un roce entre adultos, algo de más difícil resolución. Unos adultos habrán transmitido unos límites a sus hijos que quizá difieren de los que la otra pareja ha puesto a los suyos. Niños y niñas con distintos límites, distintos caracteres y distintas dinámicas: ya tienes el pollo servido. Si además con quienes nos hemos reunido es con la familia, puede que la tensión sea superior porque a todo eso se le mezclan nuestras propias heridas de la infancia, que se abren de nuevo.

De qué manera terminen esas vacaciones dependerá de nuestra capacidad de ponerle consciencia, de podernos adueñar de nuestras emociones sin cargar la culpa en los demás, y de nuestra capacidad de escuchar qué sentimos y necesitamos, y dárnoslo. Es decir: si estoy muy agobiada con tanto alboroto y conflicto, quizá puede ser interesante que, un día determinado, cada familia haga lo que le apetezca sin necesidad de ir todos juntos como siempre. De ese modo, dándonos exclusividad y un entorno seguro y conocido, quizá todo vuelve a la calma. Los peques también van a apreciar y a disfrutar mucho tenernos solo para ellos, sin necesidad de compartirnos con diez personas más.

Para que nadie se ofenda podemos advertir, antes de irnos de vacaciones, que no hay ninguna obligación ni compromiso de pasar todo el rato juntos. Que podemos separarnos algunos días para poder estar en exclusiva con los nuestros, y que cada familia se sienta libre de hacer lo que crea más conveniente si en algún momento necesita «retirarse». Si nos vamos de vacaciones con alguien es para pasarlo bien, no para acabar sufriendo y pasándolo mal. Así que aprovecha estas ocasiones para aprender qué es lo que ocurre en realidad, comprender, validar y tomar las decisiones que creas más convenientes según las necesidades que surjan. Sin miedo, sin necesidad de complacer, desde el fluir en lo que cada momento os traiga. Aunque las cosas, y en concreto las vacaciones, no sean como habías previsto.

Cosas que te ayudarán a acompañar las rabietas en vacaciones:

- Antes de irte, revisa si tienes expectativas y procura tomar consciencia de ellas y repetirte que las vacaciones son parte de la vida, y que en la vida, hay de todo. Asume, por lo tanto, que en vuestras vacaciones también tocará gestionar lo mismo que en casa o más. Hacer un planteamiento realista será de mucha ayuda.

- Intenta no desbarajustar muchísimo las rutinas. Quizá no estáis en casa y cambiáis de vivienda, de camas, de actividades. Pero en la medida de lo posible, procura que los horarios no sean exageradamente distintos a los habituales en casa. Los horarios os darán estructura y permitirán evitar pollos por hambre y sueño que, a menudo, son los peores.

- Ten siempre presente que la emoción de ir de vacaciones, las ganas y el compartir con otras personas o visitar otros lugares, excita. Un niño o una niña, que es todo emoción, puede gestionar muy mal tanto estímulo, así que puede ser interesante añadir un poco de relax y juego tranquilo y libre en nuestras vacaciones; algún día de no hacer «nada», por ejemplo.

- Mentalízate de que para que las vacaciones vayan bien, tienes que tener dosis extras de paciencia. Si, por ejemplo, tenéis que tomar un avión, o un barco, o hacer muchos kilómetros en coche, etc., cárgate de paciencia. Ellos quizá no lo harían. Así que como habéis tomado esta decisión, lo mínimo es llevar carros de paciencia para poderles acompañar en las incomodidades y malestares que vayan expresando, que quizá son más de lo que te gustaría.

- Conectar, antes de decidir qué hacer en vacaciones, con nuestras verdaderas necesidades, ganas y deseos. Conviene no hacer vacaciones con alguien porque ese alguien quiere, pero a nosotros no nos apetece mucho; no ir al pueblo si realmente no sentimos qué es lo que más deseamos. Ya me entiendes: conectar profundamente con lo que os apetece.

Respecto a este último punto, meses antes de vacaciones mi marido y yo solemos empezar a hablar de ello y nos preguntamos: «¿Qué sientes que quieres hacer? ¿Qué te apetece de verdad?» A veces empezamos diciendo una cosa y, al cabo de unos días, en los que nos dejamos sentir esas preguntas dentro, cambiamos de opinión. A veces uno siente una cosa y otro otra, pero nos damos tiempo para ver cómo, escuchándonos, vamos llegando a algo común, a algo que realmente nos apetece a los dos y que creemos que puede ser bueno para toda la familia. Yo a veces lanzo la pregunta al universo y le digo: «¿Qué nos deparan estas próximas vacaciones? Muéstramelo», y simplemente me escucho en los siguientes días. Me imagino en la playa y escucho mi cuerpo. Me imagino en la montaña, veo a mis hijas jugando y escucho mi cuerpo. Me imagino haciendo un viaje más largo y escucho mi cuerpo.

No se trata de pensar, la mente a veces nos despista mucho. Se trata más de sentir adónde te guía la vida confiando que será lo mejor. A veces nos guía a un lugar mucho más cercano de casa de lo que en un principio habíamos pensado, pero poco a poco hemos ido sintiendo que no queríamos ni desplazamientos largos ni mucho ajetreo, y luego se han revelado como unas grandes vacaciones.

Si empiezas tus vacaciones en conexión contigo misma/o y con tu sentir muy alineado con la forma que van tomando las vacaciones es más probable que todo vaya más de acuerdo. No es garantía, pero tienes más posibilidades, porque a más conexión con uno mismo, más conexión con nuestros hijos/as.

Sea como sea, aprovecha cada rabieta en vacaciones, cada nuevo acontecimiento, para ampliar consciencia, conocimiento, aprendizaje, plenitud y evolución. Al final, esto es lo que verdaderamente importa.

EXPLORA...

Después de estas páginas sobre los fines de semana y de las vacaciones que no son como esperábamos, es momento de parar un momento y escuchar si ha venido alguna sensación que necesite ser atendida. En fines de semana y vacaciones sentimos muchas cosas todos, a veces parecemos verdaderas montañas rusas, así que supongo que lo que has leído no te ha sido muy ajeno.

Así que ahora instala la respiración abdominal y observa cómo el aire entra y sale lentamente mientras se va aflojando cada parte de tu cuerpo. Procura que no haya tensión y, si la sientes en algún rincón, envía el aire a esa zona. Inspira profundamente y envíale el aire con la orden de que no hay nada que aguantar y que puede relajarse.

Ahora observa cómo estás después de leer sobre fines de semana y vacaciones. Escucha si ha acudido a tu cuerpo alguna emoción que te haya activado un poco. Pon atención también a si ha aparecido algún pensamiento o algún recuerdo de tu infancia o más reciente. Todos hemos vivido vacaciones y fines de semana con nuestros padres. ¿Puedes recordar qué sensaciones vivías? ¿Recuerdas disfrutarlo? ¿Qué ambiente había en esos días festivos? ¿Qué energía abrazaba vuestros fines de semana y vacaciones?

Respira lo que venga y si algún recuerdo es más bien doloroso, siéntelo, permítele ser. Recordar, sentir e integrar ayuda a sanar. No nos quedaremos hurgando en el fango, simplemente, atenderemos la emoción que haya venido a nosotros. Si necesitas llorar, puedes hacerlo, está bien también.

Ahora te propongo que pongas tu atención en tu relación con tus hijos/as en estas ocasiones en las que tenéis fiesta y compartís más horas. Desde la distancia, observa cómo son vuestros fines de semana y vuestras vacaciones y pregúntate: ¿están llenos de expectativas y frustraciones? ¿Con qué energía los vivís? ¿Cómo te sientes? Pon consciencia a todo lo que venga a ti: emociones, pensamientos, recuerdos, y permíteles aflorar y ser. Quizá nunca te habías parado a reflexionar sobre la energía que pones a los fines de semana y a las vacaciones, y te aseguro que es muy importante. Respira y pon consciencia a lo que haya venido a ti. Necesita ser atendido, comprendido y sanarse. Tómate el tiempo que necesites, está bien.

CAPÍTULO 11

RABIETAS EN NIÑOS Y NIÑAS DE ALTA SENSIBILIDAD

Todos los niños y niñas son muy sensibles, pero los hay que lo son todavía más: los de alta sensibilidad. La alta sensibilidad es una característica, ni un defecto ni algo que nos deba preocupar. El sistema nervioso central de las personas altamente sensibles (PAS) tiene una mayor sensibilidad. Es decir, los receptores de su sistema nervioso son más activos y, por lo tanto, esas personas reciben mucha más información sensorial que alguien con una mediana sensibilidad. Es algo hereditario, así que si tu hijo/a es un niño de alta sensibilidad (NAS) significa que o tú o su otro progenitor es PAS.

Yo lo soy y lo descubrí gracias a mi hija Laia. No, no tenía ni idea de que yo lo era, a pesar de que siempre he sentido que yo era más intensa que el resto de mis amigos y amigas. De hecho, ellos siempre hacen broma de ello. Tengo un amigo que dice que voy con energía nuclear, porque lo vivo todo con una intensidad brutal. Y cuando digo todo es todo. Puedo disfrutar muchísimo más que muchas personas, por ejemplo, de una puesta de sol, y a la vez pueden entristecerme cosas que a la mayoría no les entristece. Se calcula que dos de cada diez personas son altamente sensibles, pero cuando yo era pequeña, la alta sensibilidad era un concepto inexistente. No había estudios ni se sabía nada de ello. Así que crecí viviéndolo todo de una forma extremadamente intensa y sintiéndome, a veces, distinta al resto.

Algunas características de las personas de alta sensibilidad son que tenemos más empatía, tenemos una elevada sensibilidad sensorial en cuanto a sutilezas (cosas que no capta la gran mayoría), somos altamente creativos, solemos tener tendencia a sobreestimularnos y saturarnos y, además, reflexionamos de manera profunda la información que recibimos. Te pondré algunos ejemplos: las reuniones con mucha gente, o lugares muy concurridos pueden agobiarnos un montón. El ruido, también. La naturaleza suele armonizarnos mucho porque, además, captamos en ella cosas que nos llenan de una forma difícilmente explicable. Nuestras emociones las solemos vivir de manera muy intensa, y es necesario un buen autoconocimiento de cómo somos y de cómo nos afecta la alta sensibilidad para conseguir poder vivirla de una forma agradable, asertiva y de manera que nos ayude a, por ejemplo, usarla para servir a los demás.

A mí me salvó la escritura. Me recuerdo muy pequeña viviendo emociones muy intensas y sintiendo que solo escribiendo cómo me sentía podía comprenderme y sobrellevar mi condición de persona de alta sensibilidad. Pero no sabía que lo era, así que sentía que era diferente y no comprendía muy bien por qué. Todo el mundo me contaba sus problemas porque me decían que les sabía escuchar y que les hacía sentir muy acompañados, pero también sufría un montón. Me apropiaba del dolor ajeno, pero con los años aprendí muchísimo sobre cómo gestionar mi particular manera de ser.

Cuando Laia tenía cuatro años yo veía que era distinta de muchos de sus amigos y amigas. Tenía una empatía fuera de lo común, vivía las emociones muy intensamente, elaboraba discursos muy profundos, y tenía una alta sensibilidad a la energía de la gente, a ruidos, a sabores, texturas, tacto, etc. Pero lo que me llamó más la atención era la intensidad de sus emociones y, en particular, de sus rabietas. A pesar de que sabía que era normal, sentía (no sabría explicarte muy bien por qué), que había algo más. Así que empecé a buscar sin encontrar.

Un día Josep Maria, mi padrastro, que sabía que yo sospechaba que algo se nos estaba escapando, me mandó un email con un link y me dijo: «Mira esto, he visto a Laia». El artículo, juntamente con un vídeo, hablaba de la alta sensibilidad. Fue un descubrimiento que me calmó el alma de una manera tan profunda que sentí que algo se había liberado en mí. Porque no solo tuve la certeza de que ella era una niña NAS, sino que yo también era una persona de alta sensibilidad. Me sentí reconocida y, de repente, todo tuvo sentido: se encajaron las piezas que explicaban mi particular forma de ser. Ahora, años después, agradezco a la alta sensibilidad ser como soy porque es gracias a ella que puedo escribir este libro y acompañar a tantas familias con sus hijos/as. Mi condición me ayuda a ayudarles.

Tener un niño o una niña de alta sensibilidad es potente, no te lo negaré. A ratos también desesperante, porque acompañar tantas emociones en las que parece que vayas montada en una montaña rusa no siempre es fácil. Con su crecimiento, todo se ha ido volviendo más fácil porque ya se conoce, gestiona y sabe canalizar lo que siente. Pero cuando era un bebé, fue tremendamente intenso. Por eso, en parte, tardamos cuatro años en ir a por otro. Tanta intensidad nos tenía agotados. Podíamos entrar en una tienda y tener que salir por patas porque había captado algo y se ponía a llorar intensamente. Tenía un gran olfato que la hacía irse de algún sitio solo porque no podía soportar el olor. El ruido la incomodaba muchísimo y teníamos que cuidar mucho adónde íbamos, descartando lugares como conciertos, teatros, restaurantes, etc., porque, simplemente, necesitaba salir de ahí. Algunos tonos de voz la asustaban, así como determinadas caras de la gente. Otra cosa tremenda era su sensibilidad a la temperatura, especialmente el calor, lo que nos suponía algún que otro problema.

A los niños de alta sensibilidad todo les afecta mucho: un pantalón que sienten que les molesta en algún sitio que para ti es imperceptible; el inicio escolar con tantos niños por clase con tantas emociones; los cambios de rutinas pueden descompensarles más que al resto, etc. El clímax llega hacia los seis años, cuando descubren cosas horribles del mundo «real»: las guerras, por ejemplo, la hambruna, el estado del planeta Tierra. Pueden llorar días y días, cada noche, pensando que en el mundo hay gente sufriendo, o que hay lugares donde se queman bosques, o que hay animales en peligro de extinción. Lo que está claro es que con ellos hay que acompañar muchísimas más emociones pero que, gracias a ellos, aprendemos un montón.

Pero volvamos a las rabietas: los niños NAS se desbordan con mucha facilidad. Si un niño que no lo es ya se desborda con todo lo que siente y no sabe expresar, imagínate un peque en el que sus receptores del sistema nervioso son más activos: es una bomba. Y ahí están sus padres (recordemos que con seguridad uno de los dos es también PAS), lidiando con sus propios receptores y acompañando la rabieta de su hijo/a. ¡Tremendo! Ja, ja, ja. Ahora miro atrás y me río, pero no fue fácil, te lo aseguro. Las rabietas de los niños de alta sensibilidad suelen ser muy potentes, más que en los demás peques, y es necesario comprender muy bien por qué se desborda y que aquello es normal, porque si no existe el peligro de llevarlo realmente mal. Cuando comprendí lo que nos pasaba a las dos, todo cambió. Pude saber más de la alta sensibilidad y empecé a comprenderla y a saber cómo ayudarla. También me explicó tanto de mí que fue como un bálsamo.

No vivo la alta sensibilidad como una etiqueta, y mucho menos como una carga, ni por asomo. Pero me ha ayudado saber que lo somos. Si no sabes si tu hijo o hija lo es, puedes buscar información (actualmente hay mucha en la red). Si ya sabes que sí lo es, aquí te dejo algunos consejos para que lo puedas llevar mejor y para evitar desbordes emocionales innecesarios y evitables, que ayudarán mucho a no terminar con rabietas XXL:

- Primero relax: sé que a ratos puedes sentirte desbordada/o o que tu hijo/a no es como los que tú conoces y eso te hace sentir inseguro/a, pero créeme cuando te digo que es maravilloso y que todo irá bien.

- Intenta evitar lugares con mucha gente, mucho alboroto y energía. Es muy probable que aguante poco tiempo ahí y todo lo que habrá captado en un ambiente así podrá afectarle después. Obsérvale: su cuerpo te contará cómo está ahí y podrás anticiparte. Estos peques son muy expresivos y, como tú tienes números de ser altamente sensible, captarás que ahí ya no está cómoda/o y podrás darle lo que necesita: salir, tomar el aire, etc.

- No le llenes el día de mil actividades. Estos niños y niñas necesitan mucha calma y tranquilidad y, especialmente, mucho silencio. Practícalo con ellos; tardes de juego en casa, cada uno dando rienda suelta a su creatividad (son peques *muy* creativos) y en calma.

- Olvida el término exageración: muchas de las cosas que hará te parecerán exageradas (sus quejas, sus llantos, su sensibilidad, su desesperación por cosas que no son graves, su obsesión por cosas que no se pueden cambiar y no están en su control, como por ejemplo las guerras). Pero no exagera. Vive así, lo vive así. Su sensibilidad es tanta que su reacción a lo que le ocurre, ve o vive puede desestabilizarle.

- Comprende su forma de ser y no le juzgues, es lo que menos necesita.

- Limita mucho el uso de pantallas y controla qué mira porque lo que a otro niño/a no le afectaría quizá a tu hijo/a le provoca tres semanas de llanto por las noches sufriendo por lo que ha visto. Evita telediarios y anuncios.

- Procura no anunciarle cosas para las que falta mucho tiempo. La intensidad con la que lo vive todo y lo mucho que piensa y elabora puede hacer que esté un mes inquieto y mal. Dale la información justa en el momento justo.

- Las rutinas van bien a todos los niños/as, pero a los de alta sensibilidad especialmente. Os pueden salvar de muchas rabietas tremendas.

- Pon a su alcance materiales para explorar su elevada creatividad. Le irá muy bien tener ratos creativos en silencio para poder equilibrar tanta intensidad y regularse para entrar en un estado de mayor paz interior.

- Estate atenta/o a lo que comentas: tienen un radar muy potente y si te escuchan decir que estás preocupada porque tal persona está enferma, o algo similar, puede ser motivo de (más tarde) explotar de manera intensa porque se está preocupando tres veces más que tú.

- Trabajad la respiración: puede ser su timón para regular y poder sostener tanta emocionalidad intensa.

- Potencia su campo espiritual con rituales, para que pueda dar rienda suelta a esa sensibilidad del campo más sutil. Se sentirá comprendido/a y puede sentir muy validada su capacidad de captar cosas que el resto no captan.

- Procura que descanse sus horas. Un niño de alta sensibilidad cansado es una bomba de relojería de proporciones tremendas. ;)

- Cuando estalle en rabieta comprende por qué lo hace, procura no juzgar su intensidad a la hora de expresarse y, cuando puedas y te deje, valida su sentir. En algún momento de conexión pasado el temporal, háblale sobre su alta sensibilidad. Normalizad su forma de vivir y sentir para que no se sienta un bicho raro.

- Ojo con tu elevada empatía, porque muchas veces empatizamos tantísimo que nos dejamos atrapar por sus emociones y dejamos de ocupar el lugar de adulto y consciente que debemos ocupar para sostenerle. Si con su tristeza empatizas de tal forma que la haces tuya, no le podrás ayudar.

- Las personas de alta sensibilidad, justamente por su capacidad de empatizar, a veces tienen ciertas dificultades en poner límites y decir «hasta aquí» a hijos/as, familiares, amigos, trabajo, etc. Obsérvate y tenlo en cuenta.

En el mundo en el que vivimos, la sensibilidad no cotiza al alza y las personas altamente sensibles a menudo sentimos que vivir en un mundo así siendo como somos es hostil. Pero de todo aprendemos y crecemos, de modo que ayúdale a crecer y hazlo con él/ella. Es un regalo.

RABIETAS EN NIÑOS Y NIÑAS DE ALTAS CAPACIDADES

Los niños de altas capacidades tienen una capacidad de aprendizaje muy superior a la del resto de niños de su edad y una forma de aprender distinta. De bebés suelen ser muy demandantes y movidos, y viven también las emociones de manera intensa. Las altas capacidades, como la alta sensibilidad, han estado muy mal tratadas. Aspectos que son positivos y que, comprendidos y acompañados pueden hacer que las personas con altas capacidades o alta sensibilidad tengan un altísimo potencial, no se saben tratar de una forma asertiva por falta de información y de comprensión de determinados comportamientos.

Es más, muchos niños o niñas con altas capacidades son diagnosticados erróneamente con TDHA*. En algunos peques coinciden altas

---

* Siglas de «déficit de atención e hiperactividad».

capacidades y alta sensibilidad, mientras que en otros no es así. Si sospechas que tu hijo/a puede tener altas capacidades, igual que te he comentado antes, busca información (actualmente ya hay muchísima) y no pares hasta que algo en tu alma haga «clic» y sientas «es eso», para que te ayude a comprender y ayudar más y mejor a tu peque.

Los niños y niñas de altas capacidades también viven las emociones intensamente y a menudo tienen rabietas muy potentes. Muchas veces, lo que les pasa es que tienen altas capacidades intelectuales, pero a nivel emocional no han madurado al mismo ritmo que en otras áreas. No comprenden qué es lo que sienten ni por qué, y su frustración es tremenda porque su cerebro de alguna forma piensa que lo que hacen en una rabieta, no deberían hacerlo (gritar, no saber expresarse, pegar, etc.) Todo ello comporta una frustración enorme que les irrita aún más. Además, son muy exigentes y sentir o pensar que no hacen las cosas como les gustaría les hace enfadar muchísimo. Esto también comporta grandes dosis de frustración y de incomprensión de cómo son y por qué.

Es por eso que el hecho de que tú puedas tener información y herramientas le ayudará muchísimo a comprenderse e irse conociendo y regulando poco a poco, aceptando y canalizando su sentir. Es muy importante también que los colegios se pongan las pilas en tema de altas capacidades (y también alta sensibilidad), porque a menudo no saben cómo son estos niños/as ni cómo tratarles. O les ven «raros» porque se salen de lo «común» y, con las ratios elevadas de las aulas, a veces estos niños distorsionan al grupo y, al final, pueden quedar relegados. Hay muchos más niños y niñas de altas capacidades de los que se tiene constancia en las aulas, y esto significa que muchos de ellos no están aprovechando su alto potencial, con lo cual se frustran, agobian o aburren, conduciéndoles, a veces, al fracaso escolar.

El papel de madres y padres es importantísimo. Nosotros, que les conocemos tanto y convivimos con ellos, podemos captar si realmente puede haber algo más que la simple etapa de desarrollo en la que aparecen las rabietas. Apelo una vez más a nuestra intuición y a nuestra capacidad innata de conectar con nuestros peques desde el corazón para dejar que nos guíe. A mí me guiaron la intuición y el corazón: sabía que había algo más, era como un presentimiento, como un pálpito que no me dejaba reposar. Era como si mi alma me estuviera diciendo «busca, hay algo más que todavía no has encontrado» y cuando lo hice, todo encajó. Lo sentí en mi cuerpo y no me equivoqué.

Si sientes que hay algo, que tu alma te dice algo similar, no pares de buscar. Hoy en día no es tan difícil como hace años y tienes un montón de información, estudios, entrevistas y reportajes que, seguramente, te darán respuesta a muchas de tus dudas. Confía en tu intuición y síguela.

Tampoco es fácil acompañar un niño de altas capacidades en su crecimiento, es un verdadero reto: interesante, apasionante y maravilloso, pero un reto que a veces también resulta agotador, frustrante y difícil de sostener. Para hacerlo es importante que los adultos que le acompañemos procuremos cuidarnos también. El autocuidado es imprescindible para poderles sostener en todo lo que vivirán y sentirán. Luego, es básico que tengamos la información de cómo son y que podamos de verdad conectar con sus dificultades y capacidades. Así, podremos ayudarles a comprenderse y desarrollarse de una forma asertiva, sana y feliz.

Como emocionalmente también son muy intensos, para acompañar sus rabietas XXL tendremos que hacer más o menos todo lo que he recomendado en los peques de alta sensibilidad. Pero en este caso añadiría:

- Tengamos muy claro que el hecho de que tenga altas capacidades no significa que tenga que estar desarrollado por igual en todo. A veces nos chocará que cosas muy básicas no las tenga integradas, pero piensa que en algunas áreas puede no haberse desarrollado al mismo ritmo.

- Existe el peligro de hacerles mayores antes de tiempo. Como suelen hablar muy bien muy pronto y tener discursos complejos y desarrollados, podemos caer en la trampa de creer que es muchísimo mayor de lo que es. Entonces, cuando pase algo que consideremos que ya no «debería ocurrirle» podemos no acompañarle como necesita y hacerle sentir peor de lo que se sentía. Tengamos siempre presente que intelectualmente puede ir muy por encima de la media, pero que en habilidades emocionales o sociales, muy por debajo. Y eso no es ni bueno ni malo, simplemente *es*. Saberlo y ser conscientes de ello nos ayudará.

- Pensemos que cuando intelectualmente están más desarrollados que emocionalmente, ellos mismos ven que en las rabietas estallan de formas que no son correctas. Esto les hace sentir muy mal y pueden sentir mucha culpa. Tenerlo en cuenta y poder hablar de ello desculpabilizándoles y ayudándoles a comprender lo que les pasa les calmará por dentro.

Los niños y niñas con altas capacidades tienen un potencial increíble. Si tu hijo o hija las tiene, confía y no tengas miedo. Acompañarle en su proceso de crecimiento supondrá un reto, es cierto, pero también será un regalo, no lo dudes.

CUÁNDO CONSULTAR CON UN ESPECIALISTA

En mi opinión, deberíamos consultar con un especialista cuando tengamos dudas, nos falte información y sintamos que solos no llegamos a comprendernos y comprenderle. Hay muchas reticencias en consultar con un especialista porque de forma consciente o inconsciente nos da vergüenza. A veces sentimos que tener que pedir ayuda es vergonzoso porque significa, de alguna forma, que no somos suficientemente buenos padres y madres. Pero ¡es que nadie nace enseñado! ¿Verdad que si necesitaras ayuda en otras áreas de tu vida probablemente la pedirías porque tendrías clarísimo que no sabes del tema y que tienen que informarte bien y ayudarte personas que sí saben? Por ejemplo, en temas de tu propia salud, o de cómo montar una empresa, etc. Pues bueno, ¿por qué no consultar con un especialista si te das cuenta de que tienes verdaderas dificultades en acompañar las rabietas de tu hijo/a o tienes dudas de si lo que hace es normal?

La información es poder, y cuanta más tengas, más tranquila/o te quedarás y mejor podrás ayudar a tu peque. Así que yo te recomiendo que le consultes cuando algo en tu interior te diga que hay algo que no va bien, que no conseguís conectar, que no le entiendes y que os estáis distanciando. Yo te recomiendo acudir cada vez que tu intuición te diga que algo falla. Pero para poder escuchar tu voz interior y que esta sea certera y precisa, es necesario que estés conectada/o contigo misma/o. Que te escuches, que te des espacios de silencio para cultivar la intuición, algo tan importante en estos casos.

También te recomiendo que consultes con un especialista si sus rabietas son muy intensas y extremadamente frecuentes. No porque eso signifique que tu peque tiene algún problema, sino porque hay que ver qué está pasando. Quizá se trate de un problema de rutinas, de límites o de acompañamiento emocional, pero cuanto más temprano se trate y resuelva, mejor.

Es importante también que consultes si ves que tu hijo o hija está muy ausente: que tiene la mirada perdida aunque le hables, que está muy desconectado y que tiene ataques de ira muy importantes. O si en el colegio te advierten de que podría estar pasándole algo no habitual. En la gran mayoría de los casos mi experiencia es que el peque está muy removido por motivos absolutamente normales y con un buen acompañamiento emocional por parte de sus padres y de su adulto de referencia en el cole mejoran muchísimo. Pero es importante tener en cuenta lo que nos digan de las horas que pasan allí, que al fin y al cabo son muchas. Será información que nos puede venir muy bien para consultar con el especialista y ver qué le puede estar pasando.

Formarnos e informarnos es imprescindible no solo para la etapa de rabietas de nuestros peques, sino para todas las demás. ¿Cómo les acompañaremos en la adolescencia si no tenemos ni idea de lo que les pasa ni cómo ayudarles? ¿Cómo les acompañaremos en otros momentos de su vida si no sabemos nada al respecto? Tenemos que leer, tenemos que informarnos, tenemos que ir a cursos, conferencias y debates sobre temas que nos atañen sobre nuestros hijos e hijas. No porque tengamos que ser perfectos y tengamos que tratarles como algo tremendamente especial, sino porque es nuestra responsabilidad. Un día decidimos convertirnos en madres y padres, nadie nos lo pidió. Pues entonces, seamos merecedores del título que ostentamos y tomémonos en serio lo de educarnos, informarnos, desaprender para poder aprender de nuevo y ser así los acompañantes en este camino que necesitan. Será bueno para ellos, pero, especialmente, será bueno para nosotros, que creceremos y mejoraremos.

EXPLORA...

Después de leer estas páginas, ha llegado el momento de hacer un alto en el camino y centrar la atención en el cuerpo. Lleva la respiración consciente a él, sintiendo cómo el aire entra y sale, lentamente. No fuerces esta respiración, deja que sea cómoda y placentera, pero consciente. Suelta cualquier tensión que sientas ahora en tu cuerpo y observa tu interior. ¿Se ha despertado alguna emoción en ti mientras leías? A veces, cuando pensamos en consultar a un especialista o pensamos en si lo que hace nuestro hijo/a puede ser algo que vaya más allá de una rabieta normal nos activamos con el miedo.

Te propongo que observes que, si ha venido alguna emoción, intentes averiguar qué la ha activado. Qué pensamiento, qué creencia. Te invito también a que observes en qué parte de tu cuerpo se ha situado esa emoción y le envíes el aire. Respira profundamente mandando aire a esa parte de tu cuerpo que se ha tensado. Inspirar, exhalar, mientras das permiso a esa emoción para salir a la superficie para verla, atenderla y transformarla.

Date un tiempo haciendo justamente eso: permitir que lo que ha aflorado sea.

CAPÍTULO 12

¿AMOR O DEPENDENCIA?

Amamos muchísimo a nuestros hijos e hijas, tanto que no somos capaces de describirlo en palabras. Decimos cosas como «hasta el infinito y más allá», o «te quiero más que a nada en el mundo», pero realmente no sabemos muy bien cuánto amamos a nuestros hijos. A veces creo que, en realidad, no les amamos tanto, o que les amamos mucho, pero solo en determinadas situaciones. Básicamente porque cuando hacen cosas que no nos gustan, o estallan en rabieta, o tenemos que sostenerles cuando están realmente mal y se comportan de una forma que no soportamos, lo que muchas veces les mostramos es que, tanto tanto, tampoco les queremos. O que les queremos con un amor muy condicionado a cómo están en cada momento. Si están bien, les queremos un montón. Si no están bien, ya nos es más difícil quererles.

Suena duro dicho así, ¿verdad? Pero ser adultos también significa dejar de autoengañarnos y cuestionárnoslo todo. Y en este todo entra también el amor. ¿Cómo les queremos? Porque a menudo yo he sentido que las quería mal, que me estaba equivocando en la forma de quererlas, y lo odiaba. Odiaba darme cuenta de que en algunas ocasiones cuando yo era incapaz de sostenerlas en sus llantos o rabietas, lo que les mostraba es que justamente no las quería porque no las trataba como merecían ser tratadas. Odiaba ver que ese amor que yo creía incondicional estaba más condicionado de lo que pensaba.

Así que tuve que replanteármelo todo desde el principio y hablar claro conmigo misma. «¿Las amas? Pues entonces ¿por qué cuando más te necesitan a veces no las atiendes desde la presencia plena conectando profundamente con ellas? ¿Por qué a veces te lo tomas como algo personal si sabes que no lo es? ¿Por qué te enfadas si no están como quieres que estén?» Fue duro darme cuenta, pero también fue revelador comprender que algo profundo en mí tenía que cambiar si quería criarlas desde la consciencia.

En realidad muchas veces lo que creemos que es amor es pura dependencia. Dependencia del otro para que me llene mis vacíos. Dependencia del otro para que me haga feliz. De la forma más inconsciente caemos en estas disfunciones en el amor, creyendo que les amamos más que a nada en el mundo cuando, en realidad, amamos que nos hagan sentir bien con nosotros mismos, no que sean quienes verdaderamente son.

Porque si realmente amáramos incondicionalmente quienes son a cada momento, podríamos sostenerles desde el adulto que somos sin tomárnoslo como algo personal, sin enfadarnos ni incomodarnos. Pero muchas veces ya hemos visto que no somos adultos, somos todavía niños con pesadas mochilas que cargar y amplios vacíos que llenar, así que les reclamamos a ellos que nos llenen. Lo maqueamos de amor, pero en realidad es dependencia. Dependemos de que sean como queremos que sean, y que hagan lo que queremos que hagan, etc., para sentirnos bien. Si todo cuadra, yo me siento feliz con él y conmigo. Si no, me siento a la deriva.

Vemos ahora que mi felicidad o bienestar depende de cómo esté mi hijo o hija y eso no debería ocurrir. Nuestra felicidad solo debería depender de nosotros mismos, única y exclusivamente. Nadie puede hacernos felices de la misma forma que, como te he dicho en algún capítulo, nadie puede hacernos enfadar. Nos enfadamos solos y nos hacemos más o menos felices solos. Aquí está el quid de la cuestión; y muchas veces no somos capaces de verlo. Pero vayamos al principio.

Crecimos con nuestros vacíos sin sanar. Normal, éramos primero pequeños, luego adolescentes y luego jóvenes sin muchas herramientas, recursos ni consciencia. La cultura, la sociedad y la familia nos inculcaron una serie de valores y creencias que es muy probable que no cuestionáramos, entre ellas, que hallaríamos la felicidad en el exterior: cuando estudiáramos, cuando encontráramos pareja, cuando encontráramos trabajo, cuando nos casáramos, cuando tuviéramos niños, etc. Creciendo buscando fuera lo que nos llenaría dentro, lo creímos a pies juntillas, y empezamos la carrera para conseguir esas promesas. Con casi todos los «*checklist*» hechos, tuvimos hijos/as y resulta que proyectamos en ellos todas nuestras esperanzas inconscientes de felicidad. Ellos nos los darían todo, porque sería fácil, porque tendríamos una relación perfecta. Pero la maternidad y la paternidad son otra cosa muy alejada de los cuentos de hadas, así que llega la realidad.

Pero acostumbrados como estamos a buscar llenar lo de dentro con lo de afuera, cargamos toda la responsabilidad en nuestros hijos: bueno, quizá cuando dejen de ser bebés seremos más felices. O quizá cuando dejen de tener estas rabietas, seremos más felices. O quizá cuando… Es una carrera interminable y abocada al fracaso y la frustración más absoluta para todos. Porque mientras proyectamos y no vemos que nuestros hijos están aquí y ahora esperando nuestra mirada y nuestro amor incondicional a lo que son a cada instante, también se frustran. Y, lo más peligroso, empiezan a creer que cuando se porten mejor seremos más felices con ellos. O que cuando no lloren les querremos más. La cadena es imparable si no ponemos consciencia y nos planteamos seriamente qué es de verdad el amor hacia los hijos e hijas.

Porque el amor hacia ellos no puede ser dependencia. Su infelicidad de este momento no puede llevarnos a la nuestra. Su rabieta de ahora no puede cambiarnos nuestro estado emocional. No podemos darles esa responsabilidad. Porque entonces nuestro bienestar pasa a depender del bienestar de los demás, y ahí vamos vendidos. Pero no solo por eso, sino que cuando esto sucede, lo que le transmitimos a nuestros hijos e hijas es que solo estamos bien y podemos sostenerles cuando nos muestran lo que queremos ver, no lo que es ahora y aquí.

Entonces es cuando empiezan a sentirse no vistos, no escuchados, no tenidos en cuenta, porque cuando están mal, no somos capaces de amarles también así. No somos capaces de decirles ese *sí* incondicional a lo que son ahora, igual que cuando están contentos y cariñosos con nosotros. Es como si solo les quisiéramos cuando hacen cosas que atenúan nuestros vacíos, cargándoles con una responsabilidad tremenda que jamás deberían cargar.

La responsabilidad de ser felices, de llenarnos nuestros vacíos, de sentirnos completos con quienes somos es solo nuestra. Nuestra e intransferible a cualquier otro ser humano, y mucho menos a nuestros hijos e hijas, pequeños y vulnerables, incapaces de defenderse de esta manipulación inconsciente. Dios, qué duro es darnos cuenta de que quizá no les estábamos queriendo «bien», y en vez de eso, les estábamos usando para nuestro propio beneficio y bienestar. Yo no quiero participar de eso, no quiero. Quiero hacerlas libres de mis heridas, de mis cargas, y que puedan desarrollarse como quienes han venido a ser, sabiendo que no tienen que hacerme feliz ni complacerme. No lo necesito. Pueden ser quienes son sin complacer a su madre. Te juro que me empeño en ser feliz por mí misma para que jamás sientan que mi felicidad depende de su ahora y aquí. Porque todo, absolutamente todo, empieza en mí.

TODO EMPIEZA EN TI

Supongo que ya lo has intuido a lo largo del libro: o está en ti o no está. La frase «todo está en ti» puede cargar a muchos de una responsabilidad abrumadora, pero quizá a otros les carga de una sensación de ligereza y libertad tremenda. Porque si todo está en nosotros, de repente, ya no dependemos de nadie y esto puede ser liberador.

Para comprender esto profundamente e integrarlo te propongo que hagamos un ejercicio. Te haré una única pregunta para que la respondas sin pensar demasiado, pero tan conectada o conectado como puedas. Para poderlo hacer, te propongo que, como en los momentos de exploración de este libro, prestes atención a tu respiración. Observa cómo el aire entra y sale de tu cuerpo y toma consciencia de este momento presente. Ahora y aquí. Nota el espacio donde estás, la temperatura, el ruido que pueda haber… y sigue respirando y notando cómo el aire entra en tus pulmones y oxigena todo tu cuerpo y, luego, después de hacer su función, sale otra vez. Conecta con tu cuerpo y relaja cualquier parte donde notes que hay un poco de tensión.

Ahora que ya estás en un estado de más presencia y atención plena, procura responder esta pregunta: ¿cómo te gustaría que fuera la relación con tus hijos o hijas cuando ellos tengan, pongamos, veinte años? Piensa un momento y di (si quieres incluso en voz alta para que tengan más fuerza) sobre qué bases y valores te gustaría que vuestra relación estuviera asentada. Cuando sepas ya la respuesta, hazte esta nueva pregunta: ¿crees que estos valores son los que les transmites y les has transmitido hasta ahora? Intenta ser muy sincero o sincera con la respuesta.

Esta pregunta la he hecho durante años en mis conferencias y a menudo salen las mismas palabras. Me dicen que quieren que su relación esté basada en la confianza, en el respeto, en el cariño y en el amor incondicional. Pero cuando les pregunto si esto justamente es lo que les transmiten a sus hijos en su día a día, su cara se transforma. ¿Cuándo creemos que se construirá esa relación basada en esos principios tan importantes? ¿De los dieciocho a los veinte? ¡No! Especialmente se construirá en la primera infancia y en los años siguientes. Se construirá cada día con cada acto nuestro, con cada rabieta que podamos o no sostener, con cada conflicto, con cada emoción que acompañemos, etc.

Cuando en plena rabieta nos expresan cómo se sienten de esas formas tan poco asertivas y les reñimos o nos enfadamos con ellos, les estamos transmitiendo que no nos lo pueden contar todo. Que cuando nos cuentan cosas que no nos gustan, no estamos disponibles ni les podemos acompañar. ¿Cuántos adultos no pasan por malos momentos y cuando les preguntas si se lo han contado a sus padres te contestan «no, porque no puedo contarles esto, sufrirían demasiado, o se enfadarían»? ¿De dónde creemos que viene eso? De lo que han vivido y han integrado.

Preguntémonos qué queremos: porque si queremos que a los treinta años nos cuenten que están pasando por un muy mal momento en su vida, tenemos que haberles acogido y sostenido cuando nos contaban lo mismo a sus tres años. Tienen que haber integrado, de nuestra forma de acompañarles y actuar, que también estamos cuando están mal, que pueden confiar en nosotros porque podemos sostenerles. Tienen que haber visto que aunque estén mal, nosotros seguimos siendo estables y fuertes, de tal forma que pueden apoyarse en nosotros.

Así que sí, todo empieza en nosotros y en cómo transitemos cada ahora y aquí con ellos. Somos su ejemplo y en nosotros verán o no aquello que intentamos transmitirles. Si queremos que nuestra relación esté llena de respeto, tendremos que haberles respetado muchísimo siempre. Pero para respetarles así, tendremos que haber empezado por respetarnos a nosotros mismos, ¡así de importante es empezar por nosotros! Porque si no lo hacemos, lo que transmitimos cuando simulamos no es veraz, no es auténtico. Y nuestros hijos e hijas con su sensibilidad notan nuestros engaños a la legua. O aunque no intentemos ya ni simular: si ven que no nos respetamos, por mucho que les digamos que tienen que respetarse no lo harán, porque no es lo que ven que se hace en casa.

Si queremos que se mantengan auténticos, tenemos que ser auténticos nosotros y la relación que establezcamos con ellos tiene que ser auténtica. No debe estar basada en lo que otros piensen, opinen, etc., sino en lo que realmente salga de nuestro corazón y nuestra esencia. Cualquier valor que quieras para ellos, tienes que aplicártelo tú antes si es que quieres transmitírselo de verdad. Si no no llega, no se integra.

Tienen que ver que nos escuchamos, que nos cuidamos, que nos tenemos en cuenta, que nos respetamos y que, a la vez, les escuchamos, cuidamos, tenemos en cuenta y les respetamos también a ellos. Básicamente porque cuando nos respetamos a nosotros, nos llenamos y nos nutrimos, y solo desde ahí seremos capaces luego de llenar y nutrir a los demás.

¿Pero cómo respetarnos si quizá no nos queremos mucho? ¡Ay, qué difícil! Para respetarse hay que amarse primero, y nos enseñaron a amar a los demás, pero nos enseñaron muy poco sobre amarnos a nosotros mismos. ¡Cuántos no han crecido pensando que tenían la culpa del malestar de sus progenitores! Y si creces sintiendo que si ellos estaban mal era por tu culpa y responsabilidad, ¿cómo demonios ibas a quererte si pensabas que justamente no lo merecías? El amor condicional trae más amor condicional y así es como algunos han aprendido a quererse: solo a ratos y dependiendo. Cuando nos amamos poco y mal, ¡qué difícil es querer de forma abierta, incondicional y sin miedo a nuestros hijos! Y vuelta a empezar en esa rueda de la que hablaba antes...

Todo empieza en ti. Toma consciencia profundamente de estas palabras y pregúntate si realmente lo sabes y lo vives así. Cuestiónate el amor hacia ti, el respeto hacia ti, la escucha hacia ti, porque quizá está muy por debajo de lo que deberías recibir de ti misma o de ti mismo. Eres, sin duda, la persona de tu vida. Así que quizá ya va siendo hora de ser tú y de quererte sin fisuras por lo que ya eres: un ser completo, maravilloso, único e irrepetible que está viviendo tan bien como sabe y puede, y que aprende y aprenderá a quererse cada día un poquito más.

Un día mi hija Lua, cuando tenía cuatro años, me preguntó a quién quería yo, así que le fui diciendo la lista de personas a las que más amo de mi vida. Entonces me preguntó: «Mamá, ¿y a ti no te quieres?» Me quedé sorprendida de su observación. Era cierto, no me había mencionado a pesar de creer que yo a mí misma sí me quería. Pero si no me mencionaba ante tal pregunta, ¿quizá era que no me quería tanto como yo pensaba? En cambio ella muchas noches dice:

«Te quiero, mamá, y también a Laia, a papá y a mí misma». Qué suerte empezar queriéndose tan pequeño, ¿verdad?

Poco después de esa conversación pasó algo en mí muy profundo: me di cuenta (más de lo que me había dado cuenta nunca) de que todavía no me amaba lo suficiente. Que a la que me despistaba, me dejaba de tener en cuenta. El compromiso conmigo misma por el que tanto he batallado todavía no estaba absolutamente integrado y, en cuanto me di cuenta, hubo un clic. Lloré. Y me amé más. Lloré por mí, por no haberme amado lo que necesitaba.

Dije basta. Decidí que quería ser la persona más importante de mi vida. Quería amarme de verdad, llenarme profundamente para poder dar a manos llenas; a mis hijas, a mi familia, a mis amigos, a ti, al mundo. Pero no podía si no me amaba antes, profundamente y sin grietas, a mí. Así que unos días después me fui a comprar un anillo. Un anillo para no olvidar jamás el compromiso de amarme a mí misma. Tengo los dedos tan delgados que no encontré ninguno, así que tuve que escoger uno y me lo tuvieron que hacer a mi medida. Simbólico ¿eh? A mi medida. Único. Irrepetible. Como somos todos. Como es el amor que me tengo que dar cada día de mi vida.

Así que deja que te pregunte si alguna vez te has comprometido contigo misma/o y si te amas. Si la respuesta es no, hazlo. Hazlo porque nadie te va a amar con el amor que necesitas darte tú. Hazlo porque te necesitas, lo necesitas. Hazlo porque solo así podrás llegar a tu máximo potencial, que es lo que mereces y merece el mundo. Verte en tu máximo esplendor. Verte brillar. Por ti, por tus hijos e hijas, por todos. El universo te está esperando y tu amor por ti es imprescindible. Comprométete a empezar por ti siempre. No mereces menos.

Si me estás leyendo y sientes que esto no sabes hacerlo, sientes que no te quieres suficiente o que nunca te has querido y que, más que eso, te boicoteas a menudo, te propongo un ejercicio. Ponte frente al espejo y mírate bien. Da igual si vas vestida/o o te desnudas. Lo importante es que te plantes frente al espejo y te mires a los ojos. Observa qué sientes mirándote así. ¿Qué viene? ¿Qué sensaciones vienen?

Respira, mírate a los ojos y luego di en voz alta: «me amo».

Observa también qué sientes ahora pronunciando estas dos palabras. Repítelo. ¿Qué sientes? ¿Qué pasa en ti? ¿Te incomoda? ¿Te molesta? ¿Te sientes estúpida/o? ¿Te entran ganas de llorar?

Date cuenta de qué resuena en este momento y acéptalo, sea lo que sea. Respíralo y date cuenta de si te amas de verdad o no. De si es un ejercicio que tienes que seguir haciendo cada día o no. Te llevará tan solo un momento, pero hecho a consciencia y a menudo te aseguro que mejorará tu calidad de vida. Mejorará tu sentir, tu estado de ánimo, tu bienestar, tu relación con los demás. Aprenderás a poner límites. Aprenderás a elegir. Aprenderás a enseñar a tus hijos a respetarse y a quererse.

Quererte vale el esfuerzo de aprender a hacerlo.

EXPLORA...

Quizá han sido unas páginas que han movido algunas emociones. Te invito ahora a parar un momento e integrar lo leído mientras haces una autoexploración profunda. Primero, toma consciencia de este momento presente y observa cuál es tu ahora y aquí. Pon atención en el lugar donde estás, en los sonidos, las sensaciones varias que recibas de este momento. Ahora centra la atención en tu cuerpo y observa cómo el aire entra y sale de él. Procura bajar un poco el ritmo de tu respiración y llevarlo a lo más lento que puedas, sin forzarla, pero intentando que sea pausada y profunda.

Ahora te propongo que sitúes tu atención en tu estado emocional ahora y aquí. ¿Sientes que se ha activado alguna emoción mientras leías? Sea lo que sea, déjalo ser. Tanto si es algo agradable como motivación o inspiración, como si es más desagradable como enfado o rabia. Permite que sea y que aflore. Respíralo y deja que salga... Esto estaba dentro y quizá necesita ser visto y atendido.

Ahora te invito a que reflexiones un momento sobre todo lo que te he contado: ¿sientes que te amas de verdad? ¿Cómo te tratas? ¿Sientes que te respetas? Contesta de la forma más sincera posible y, luego, quédate en silencio observando qué producen en tu cuerpo las respuestas. ¿Incomodan? ¿Entristecen? ¿Frustran? ¿Alegran? Respira y toma consciencia de ello, quizá hay algo que necesita ser visto y tomado en consideración para, cuando puedas, empezar a cambiarlo.

Puedes hacerlo. Todo está en ti y tú eres muchísimo más poderosa/o de lo que crees.

¿ME VES? ¿ME ESCUCHAS? ¿ME QUIERES?

Esto es lo que quiere saber tu hijo o tu hija a cada rato. Es lo que necesita saber, de hecho, y hará lo posible para conseguir tu mirada, tu escucha y tu amor. Muchas veces no lo hará de la manera más asertiva y quizá lo haga de esa forma que sabe que te irrita y que hace que lo dejes todo justamente por eso. Pero obtendrá lo que necesita: tu mirada. Cierto es que no será de la forma que más le llenará, pero fíjate si la necesita que antes que no tenerla, la preferirá así.

Cada vez que tu hijo o tu hija estalle en rabieta, asegúrate de que le ves, de que le escuchas y de que le amas. De que ves el ser que es más allá de lo que ahora está expresando, sintiendo y manifestando. De que ves su esencia, eso que no se ve pero se nota. De que escuchas su corazón, aunque no haga ruido. De que le quieres ahora y aquí aunque lo que hace invite a no hacerlo. Pero puedes, porque amas quien es más allá de lo que manifiesta en este preciso instante. Puedes porque sabes que ahora está sufriendo y puedes ver más allá del síntoma y de su comportamiento. Ves lo que hay debajo y que él o ella tanto necesitan que veas. Ves el dolor, o el vacío, o la inseguridad, o el malestar. Lo ves, lo sostienes y lo acoges mientras le transmites, con tus actos, «te quiero también así y te acompaño en tu dolor».

Recuerda tu infancia y ve todo lo que hacías, o casi, como esa búsqueda insaciable de ser visto, escuchado, tenido en cuenta y amado profundamente y sin fisuras. ¿Tanto cuesta comprender que los niños, tan pequeños, tan vulnerables, y tan dependientes, necesitan ser vistos? ¡Estoy aquí y soy este ser inmaduro que intenta crecer como puede! ¿Me ves? ¿Me escuchas? ¿Me amas a pesar de todo? A pesar de no saber, de no comprender, de no hablar, de no hacer las cosas como las hacéis los adultos.

En cada rabieta, visualiza a tu hijo o hija con una bandera blanca pidiendo socorro. Pidiendo ayuda y ser visto. En cada conflicto, en cada llanto, desengánchate de la forma en la que se manifiesta este malestar y que no te asalten las dudas de si te toma el pelo. Solo necesita que veas quién es ahora, en este instante: que veas su confusión, su malestar. Mira más allá, quita una a una las capas que te separan de ver su interior sin aferrarte a lo que es más evidente o a la forma. Ve al fondo.

Ocupa tu lugar adulto, sé quien eres para poderle dejar ser quien ha venido a ser. Permite que se manifieste su ser auténtico y procura no querer hacerle ser quien no es. Permite que este maravilloso niño o niña te sorprenda, te remueva y te haga aprender infinidad de cosas que quizá no sabes. Borra expectativas, fantasías infantiles y absurdas, o proyecciones varias y céntrate en vuestro presente. Solo existe ahora. Aquí y ahora. Y solo necesita tres cosas: que le veas, que le escuches, que le ames.

* * *

Una de las cosas que más me planteo y tengo en cuenta a la hora de criar y educar a mis hijas es esta: cómo no cargarme el ser que ya son. Sí, no me preocupa que hagan esto o aquello antes o después que otros, no me preocupa que tengan tales o cuales habilidades, o dificultades, simplemente porque creo que eso es algo que en la mayoría de los casos requiere tiempo, maduración y crecimiento y que, acompañándolas, iremos sorteando las dificultades que se presenten.

Pero sí que me ocupa el no machacar el ser que son. Por nada del mundo me gustaría transmitirles que no son suficientes, que lo que son ahora y en cada momento, desde el mismo instante que habitaron en mi vientre, no era valioso. Así que en mi día a día es algo que viene a mi mente: «honra su ser», incluso aunque a ratos hagan cosas incorrectas que haya que reconducir. Los niños, independientemente de sus comportamientos y etapas, son y por el mero hecho de ser, de existir, merecen todo nuestro respeto y honra a su ser.

Y te digo esto porque a menudo valoramos a nuestros hijos e hijas por lo que hacen, no por lo que son. Si se *porta bien* es un niño estupendo. Si *hace* lo que se le dice, también. Pero si se *porta mal* o como no queremos, ya no nos gusta tanto, y si no *hace* lo que le decimos, nos sulfuramos. Les valoramos por lo que hacen o dejan de hacer, no por lo que son a cada momento. Eso no es mi culpa, ni la tuya. En este mundo que nos ha tocado vivir es eso lo que se valora, el hacer, hacer, hacer. La productividad, el hecho de que tu existencia produzca algo. Y claro, los niños producen poco.

¿Sabes qué otra etapa a nivel social se menosprecia aparte de la infancia? ¡La vejez! Porque en la vejez tampoco se produce, en la vejez se *es* más que se *hace* ya que el cuerpo empieza a reducir marchas y vamos quedando más en lo que somos y no en lo que hacemos.

Nacemos *siendo* sin saber hacer nada, y morimos (si conseguimos llegar a la vejez) despojados de nuevo de lo superfluo *siendo* otra vez. Son etapas vulnerables en las que los cuerpos son frágiles, en las que requerimos de la sensibilidad de otros para sentirnos sostenidos, abrazados, amados. Etapas carentes de valor para una sociedad que se aleja cada vez más de la esencia y valora todo a través de resultados, de hechos y de productos. Es importante tomar consciencia de ello para no cargarnos también nosotros a quienes son nuestros hijos. Así que te invito a hacer esta reflexión. Pregúntate:

- ¿Transmito a mi bebé de dos meses que es valioso por el mero hecho de ser? ¿O me impaciento porque no hace todavía lo que anhelo que haga ya?

- ¿Transmito a mi hija de un año y medio que a pesar de que está aprendiendo a vivir en un mundo que no comprende es valiosa por lo que es a cada momento?

- ¿Transmito a mi hijo de tres años que está en plena fase de rabietas que más allá de sus comportamientos él es más que suficiente y que su ser no está en cuestión?

- ¿Transmito a mi hija de ocho años que el mero hecho de estar en su presencia me colma de gozo?

- ¿Transmito a mi hijo adolescente que es un ser maravilloso independientemente de las dificultades que le toque atravesar? ¿Le hago sentir que es válido incluso con sus desajustes y confusiones?

- ¿Respeto su ser aunque me remueva y a ratos no me guste como es ahora?

- ¿Acepto y respeto el hijo o la hija que tengo o quiero cambiarle por el que quería tener?

Para no cargarte su ser, honra quien es. Con sus gustos, con sus preferencias, con sus habilidades y dificultades. Honra cada parte de él o ella, porque no hay nadie más que sea así y su presencia en este mundo tiene su sentido. Hónrale porque no merece menos, porque es valioso y merece que su esencia sea respetada. Es completo, es suficiente.

Si te cuesta, piensa: «¿Y si no estuviera aquí?» Y verás lo mucho que te perderías y te conectarás directamente a su ser. Esto no va reñido con educarle, ayudarle a canalizar sus emociones, corregir comportamientos inadecuados y poner límites firmes y adecuados a su edad y madurez. Una cosa no quita la otra, espero que veas la diferencia.

Pero hazlo sin cargarte el ser que habita en él o ella porque le vas a alejar de su esencia, y esto le dejará huella y tendrá que dedicar un buen tiempo de su vida a buscar quién era antes de alejarse (sin querer) de quien no ha dejado de ser nunca. No te desconectes. No le desconectes.

Pero la verdad es que la calidad de nuestra presencia no es, a menudo, la que nuestros hijos desearían, porque su calidad presencial es muy superior. Nuestros hijos pequeños sí saben estar presentes. Un bebé, un niño de dos o de cinco años están presentes en su ahora y aquí, cosa que a los adultos nos cuesta horrores. Esa calidad es la que anhelan, la que piden, la que necesitan. Que cuando estemos con ellos, estemos de verdad. Pero ¿cómo se hace eso?

Te propongo un ejercicio que te ayudará a volver a conectarte cuando te des cuenta de que estás *out*, que no le ves, que te has «ido». Lo primero que tienes que hacer es darte cuenta de la calidad de tu presencia en cada momento. Cuando estés con tu hijo o hija, date cuenta de si de verdad estás con él o ella ahora o estás «lejos». Y luego, cuando te hayas dado cuenta de que en realidad no estás presente, para un momento y respira profundamente. Tal y como hemos ido haciendo a lo largo del libro, conecta con la respiración, notando cómo el aire entra y sale de tu cuerpo. Inspira por la nariz y saca el aire por la boca lentamente. Luego, internamente di estas palabras: «Te veo».

Hazlo, tienes que verle. Su cuerpo físico, su construcción, su desarrollo, su alma, su esencia. Para y mírale *de verdad*. Mírale con los ojos y con el corazón. Escucha lo que tiene que transmitirte aunque quizá no sea desde la palabra. Escúchale bien y ve más allá.

¿Qué ves? Es tu hijo y está aquí, ahora, contigo. Ábrete y siente estas palabras en ti: «te veo, cariño, te veo hijo/a mío/a. Estoy disponible. Estoy aquí para ti, en cuerpo y alma. Veo tu cuerpo y tu esencia. Te veo, te atiendo». Quizá te cuesta porque quizá nadie te vio a ti, de verdad, cuando eras pequeña o pequeño. Quizá te cuesta verle de esta forma porque no recibiste esa mirada presente en cuerpo y alma de tus adultos de referencia y no te sentiste mirada/o. Quizá...

Pero es tu herida, no la suya. No repitas otra vez la historia y aprende, poco a poco, a verle de verdad. Te propongo que hoy, cuando puedas, te acerques a tu hijo y cuando estés a su lado siente un «Te veo» profundo y sincero. No hace falta que lo digas en voz alta, sintiéndolo de verdad será suficiente. Es muy probable que, de repente, notes una conexión infinita, una empatía enorme y un amor que te abrazará por todos los poros de tu piel. Las asperezas se limarán, las heridas sanarán un poquito y la fluidez volverá a vuestra relación, sea la que sea. Practica el «Te veo» a menudo, cuando notes que no le estás viendo. Practica el «Te veo» cuando sientas que te alejas y, poco a poco, verás cómo gana en calidad vuestra relación. Pruébalo, ¿qué puedes perder si no tengo razón? Nada, al contrario. Así que confía un momento en mí y hazlo, verás qué bien os va a sentar.

SUELTA Y FLUYE

Por si a estas alturas quedaba alguna duda, está claro que no controlamos casi nada en esta vida. Todo lo que sucede es producto de una cadena interminable de causas y efectos, y en ella solo tienes control sobre una única cosa: tú. Cuesta aceptar esto cuando tienes hijos o hijas. ¿Que no podemos controlar nada? ¿En serio? ¿Ni un poco de sus vidas? ¡Menudo timo! Pero no, en realidad no es ningún timo, sino una suerte. Aprender a soltar el control de los hijos y liberarnos de esa necesidad, anhelo y ganas de nuestro ego de tenerlo todo controlado es una bendición. De hecho, es lo mejor que nos puede pasar: comprender profundamente que aquí lo único que controlamos es a nosotros mismos y a veces a duras penas, como ya hemos visto. Comprender, de verdad, que el otro es otro ser y que es soberano.

Nos han hecho creer que no, y hemos pasado siglos y siglos haciendo justamente eso: controlar la infancia, controlar a los hijos e hijas y hacerles ser quien la sociedad, la cultura y sus familias han querido que fueran. Hemos visto el dolor que eso ha acarreado y lo hemos sufrido en nuestras carnes. Hemos vivido el control en nosotros y muchísimas veces no nos hemos sentido seres soberanos, al contrario. Y ahora, que nos toca ser los adultos, ¿tenemos que permitir ser al otro? ¿Sin controlarle? Dios, ¿y cómo se hace eso?

Pues para empezar aceptando que no tienes el control de tus hijos y que no debes tenerlo. Que ellos tienen sus propios procesos y que llegan a esta vida con su propio camino y dificultades. ¡Claro que sería bonito ahorrarles muchas cosas que nosotros ya hemos aprendido para que no tengan que sufrir! Pero resulta que eso no es posible. Cada una de las personas que habita esta tierra tendrá que andar su propio camino, a su ritmo, desde su nivel de consciencia, desde su madurez o la falta de ella.

Es imprescindible aceptar profundamente que nuestros hijos son otra persona de la que no tenemos el control y que, por lo tanto, acompañarles en su crecimiento requerirá que nos lo vayamos recordando a menudo. Tendremos que despojarnos de nuestro ego y renunciar a vivir nuestra relación como si de una batalla se tratara. No lo es. No estamos en guerra, sino que somos uno en esto: tú adulto, él o ella pequeño; todos intentando hacer las cosas tan bien como se puede desde el nivel de cada uno en cada momento.

Aceptar que ser madres y padres no va de controlarlos sino justamente de aprender a confiar en ellos es esencial. Pero ¿cómo confiar en ellos si muchas veces pensamos mal de ellos? Llegados a este punto, deja que te recuerde algo muy importante: tu hijo es bueno. No quiero decir que lo haga todo bien, ni que sea «perfecto», ni que no haya momentos críticos con él, ni que no tenga dificultades o que a ratos parezca que os desafía. Quiero decir que tu hijo, en esencia, quiere hacer lo correcto. Que en esencia, su intención es buena.

Quizá crees que se porta fatal, pero en esencia te echa de menos, o tiene un malestar que no puede con él por celos, por la etapa que atraviesa, por el cole, por lo que sea. Pero en esencia quiere hacer lo correcto aunque a veces se equivoque y tenga una mala pata tremenda. He visto tantos ejemplos de ello, tantos ejemplos de cómo simplemente confiando en ellos y cambiando la mirada todo va a mejor y cambia la calidad de nuestra relación, aumentando el bienestar de todos.

Tu hijo no es una mala persona, ni alguien que ha venido a desgraciarte la vida, ni un tirano, sino alguien que sufre y que pide a gritos ayuda, alguien que te quiere como nadie a pesar de todo, alguien que quiere que todo vaya bien. Cambiar la mirada, conectando con su esencia y confiando en ellos no está reñido con poner límites claros y firmes, guiarles, educarles, etc. Pero si queremos hacerlo desde una mirada consciente y conectar, es necesario que veamos su bondad, su necesidad, su llamada más allá del comportamiento que tengan.

Deja que te pregunte una cosa: ¿tú conectarías con alguien que pensara mal de ti? ¿Tú te abrirías con alguien que notaras que desconfía de ti? ¿A ti te gustaría estar con personas que te juzgan constantemente, que piensan que no eres buena/o y que haces cosas mal para fastidiarles? Pues eso. Si quieres conectar con tu hijo, abordar los conflictos que surjan haciendo el camino más llano, no dudes de él/ella. No lo hagas. No dudes de su inherente buena intención, de su bondadosa esencia.

No te quedes con lo que hace y ve a lo que es, y ayúdale. Ayúdale, no desde el control y tu ego, sino desde la consciencia y tu yo adulto a encontrar el camino, a canalizar, a expresarse, a comprender. Y si es demasiado pequeño para razonar, ten la paciencia suficiente para darle tiempo a que madure y mientras quiérele mucho, abrázale mucho, pon los límites necesarios que le ayuden a desarrollarse con seguridad y confía. Confía en él y confía en vosotros.

Podrás soltar el control cuando sueltes el miedo a futuribles a los que te anticipas y te hacen sufrir. «¿Y si cuando tenga diez años sigue igual? ¿Y si no aprende nunca que esto no lo puede hacer? ¿Y si...?» Esta forma de anticiparte con ese miedo que se instala y acaba empañando tu presente te desconecta de lo que tu hijo o hija es ahora y de lo que le pasa e intenta contarte. Así que te propongo que cada vez que te asalte un «¿y si?», tomes consciencia y te contestes a ti misma/o con un «o no». Porque todas las desgracias que anticipas y que piensas pueden ocurrir o no (en la vida puede ocurrir de todo, pero no todo es probable que ocurra). Agárrate ahí para que ese «o no» te devuelva al presente.

Suelta el control, suelta el miedo y abraza la confianza en la bondad de tu hijo/a y la confianza en la vida. Cuando puedas hacerlo, empezarás a experimentar algo brutalmente gozoso y gratificante: el fluir. Empezarás a fluir en la vida, como si fueras agua, formando parte de un todo, de un cosmos más grande que tú, pero del que a la vez eres parte indivisible e indispensable. Y en la fluidez del vivir irás adquiriendo más y más confianza, que a la vez te ayudará a acabar de soltar los miedos o ansias de control que todavía habiten en ti. Poco a poco, cada vez más conscientes, más capaces, más livianos, más confiados y fluyendo más en este camino apasionante de acompañar las vidas de nuestros hijos e hijas.

LA MONTAÑA DE MILLONES DE CIMAS

A mí, que me gusta mucho la montaña, cuando tuve hijas pensaba que esto era como escalar, que llega un momento en el que llegas a la cima y puedes divisar, asombrada, todo lo recorrido, mientras vives como una recompensa ese momento final. Empecé a criar y pronto me di cuenta de que la crianza de los hijos e hijas tenía una particularidad muy distinta: no había solo una cima. Había millones.

Había millones porque la subida nunca terminaba y, a la vez, siempre podías parar a divisar el camino recorrido y asombrarte por el ahora y aquí. Esperar a que hubiera una única cima (cuando se independicen, cuando no nos necesiten, cuando...) era una ilusión y era menospreciar el presente que compartíamos día a día juntos.

Me negaba a sentir esa sensación de recompensa después de escalar una montaña cuando tuviera cincuenta o setenta años y mirara hacia atrás. ¿Por qué esperar tanto? Y además, ¿cuándo termina el acompañamiento de un hijo? Si lo comprendemos como un camino que hacemos compartiendo y dándonos la mano cuando lo necesitamos, ese camino termina, quizá, cuando termina nuestra vida terrenal. E incluso así, ¿quién nos dice que no seguimos unidos por ese hilo invisible que nos conecta más allá del tiempo y el espacio y que yo vivo como algo tan real y palpable?

Así que no, no tiene nada que ver con escalar una montaña que solo tiene una cima. Porque la nuestra tiene millones y las vamos conquistando cada día, paso a paso, con cada nuevo reto que nos depara el acompañarnos. Con cada rabieta, una nueva cima. Con cada dificultad, una nueva cima. Con cada día gozado juntos, una nueva cima. Con cada risa en familia, una nueva cima desde donde parar y disfrutar del momento presente. De dónde estamos, de lo que somos, de lo que hemos conseguido juntos, de lo que hemos aprendido y de lo que nos queda por compartir.

En esta montaña cambiará el tiempo a menudo y también el terreno. Tendremos que aprender día a día, sin renunciar a nada y con la mochila repleta de recursos, herramientas y motivación. Tocará caminar a ratos a ciegas, sabiendo que todo es incierto y que la incertidumbre, en parte, es lo que hace de esta montaña la más especial. Abracemos lo desconocido porque ¿quién sabe más que la vida de lo que tenemos que vivir en ella? Confiemos y abracemos esta incertidumbre que a veces nos hace tambalear y dudar como madres y padres. Forma parte del camino y crecer en él significa también aprender a fluir y a gozar de lo desconocido, sea lo que sea. Porque no es lo que ocurre, sino cómo vivimos lo que ocurre. No es la incertidumbre, sino cómo la afrontamos. No es la dificultad del camino, sino cómo la sentimos dentro y transformamos.

A ratos desfalleceremos. Criar a los hijos/as tiene momentos muy duros, hay etapas que parecen un maldito túnel sin luces en ninguna parte. Lo sé, te lo aseguro. Pero con la misma fuerza y seguridad que sé eso, también sé que lo que hacemos, criarlos desde el respeto intentando darles lo mejor de nosotros, tiene un valor importantísimo. A veces parecerá que más que subiendo la montaña, la estamos bajando, o querremos tirar la toalla y pensaremos que lo de escalar no está hecho para nosotros.

Lo que te voy a decir ahora es para esos días en los que te asalten las dudas, en los que creas que criar desde el respeto, acompañar sus rabietas sin enfadarte, etc., es muy difícil o incluso imposible:

Yo no sé si tú estás orgullosa/o de cómo lo estás haciendo, pero yo sí de que intentes hacerlo cada día mejor, de que no tires la toalla. Estoy orgullosa de que ante tanta crítica despiadada, ante tanta incomprensión, sigas escuchando esa voz interna que te dice «sigue escalando».

Te felicito por seguir a tu corazón y querer que el respeto y la confianza reinen de una forma auténtica entre tú y tu hijo/a, y no como un escaparate que cuando miras detrás lo que ves es miedo (miedo al chantaje, a la riña, al grito, a la falta de amor incondicional). Te felicito porque a pesar de vivir momentos difíciles, estás aquí. Si no creyeras que criar desde el respeto profundo es posible, no me estarías leyendo. Si me lees es porque te interesa cuestionarte, formarte y beber de muchas fuentes que puedan ir haciendo «clics» en tu interior para que puedas crecer y contigo, tus hijos e hijas.

Criar desde el respeto, respetándonos profundamente a nosotras/os mismas/os y a nuestros hijos/as tiene un valor incalculable y, por si tú la tienes, te diré que no tengo ninguna duda de que es el mejor legado que puedes dejarles a tus hijos. Crecer sabiéndote respetado, sabiendo que mereces ser amado y respetado, que lo que opinas es tenido en cuenta, que tus emociones no son juzgadas y en cambio son acompañadas y validadas desde el más profundo respeto, crea, sin duda, adultos felices y sanos emocionalmente.

Y que tú críes así, nos beneficia a todos. A mí y a un montón de gente que no conoces y a la que no conocerás jamás. Pero sí, les beneficia también. Y a ti te beneficia que muchas personas criemos con el mismo objetivo y desde la misma óptica. Que seamos más escalando y subiendo nuestras particulares montañas.

Así que gracias.

Gracias por no desfallecer.

Gracias por, a pesar de tener días y momentos muy difíciles, seguir pensando que tus hijos/as merecen tu mejor versión.

Gracias por respetar su cuerpo, su alma y su mente.

Gracias por creer que los niños merecen nuestro afecto, comprensión, amor y respeto.

Gracias por no hacer caso de los que te dicen que lo que se hacía antes, tratarles sin respeto, no era tan malo porque ya sabes, «no hemos salido tan mal».

Gracias por perseverar.

Gracias por creer que es posible, que tú puedes hacerlo, y gracias por poner tu granito de arena en hacer de este lugar, el que sea que habites, un lugar mejor.

Sinceramente, tal y como va el mundo, no creo que podamos permitirnos más dolor. No creo que podamos permitirnos seguir criando desde la distancia emocional, las faltas de respeto y los abusos. Tu labor es importantísima aunque creas que nadie la ve. Yo la veo y te lo repito: sigue escalando y disfruta, cada día, de vuestra particular cima. Hay millones y ojalá las podáis gozar cada día más plena y conscientemente. No merecéis menos.

GRACIAS.

EXPLORA...

Paremos un momento a sentir ahora y aquí. Te propongo que observes tu respiración y pongas consciencia en ella, sintiendo cómo entra y sale el aire de tu cuerpo. Inspira por la nariz tan lentamente como puedas y, luego, saca el aire por la boca también lentamente. Cuando sientas que estás en un estado más relajado, obsérvate. ¿Qué emoción habita ahora en ti? ¿Se ha despertado alguna sensación, alguna emoción, algún recuerdo?

Sea lo que sea, hazle espacio, saboréalo tanto si es una sensación agradable como si no, permítele ser. Permite que aflore y te traiga lo que tenga que ser atendido. Vívelo, nótalo y respíralo poco a poco, lentamente, mientras le dices de alguna forma lo mismo que a tu hijo o hija «te veo».

Mereces hacerte espacio, que aflore lo que tenga que aflorar para sanar heridas, para que este camino con tus hijos e hijas sea más libre, más liviano, más fluido y feliz.

Conecta con tu cuerpo y dale el permiso de guiarte también en este camino. Permítele que sea tu portal para conectar siempre contigo y con el momento presente. Será tu guía y tu brújula para no perderte. Vuelve al cuerpo cuando te sientas desfallecer. Vuelve al cuerpo cuando necesites cargarte en la fuente. Vuelve al cuerpo cuando sientas que te desorientas o que te pierdes. Vuelve al cuerpo. Es el portal. Tu portal. Confía en él.

EPÍLOGO

Si hay algo que tengo claro en esta vida es que tener hijos es lo más trascendente que haremos jamás. La forma con la que les criemos y, especialmente, el trabajo personal que podemos llegar a hacer mientras les acompañamos en su crecimiento puede ser una revolución. No solo para nosotros mismos, que nos beneficiaremos de un crecimiento que difícilmente podríamos hacer de otra forma, sino también para ellos y para las generaciones futuras.

La energía potente que genera la rabia puede ser una gran oportunidad para poner consciencia en nosotros mismos y en la calidad del acompañamiento que damos cuando es nuestro hijo o hija quien siente esa emoción dentro. Que la fuerza de la rabia nos ayude e invite a ir más allá. Que pueda ser el catalizador de una transformación para elevar nuestra consciencia en todo lo que nos rodea pero, especialmente, en nosotros y en nuestros hijos e hijas.

Sentir la rabia dentro es duro. Entrar en rabieta nosotros cuando ya somos adultos no es algo que deseemos ni de lo que nos sintamos orgullosos, pero aun así sucede. Verles sufrir con sus rabietas nos frustra, incomoda y entristece a veces. Pero todo esto puede servir para algo muy importante: crecer, evolucionar, transformarnos. Podemos ayudar a crecer a nuestro niño interior herido que no supo qué hacer con su rabia. Podemos aprender a sentir esta emoción sin entrar en reaccionar a ella. Podemos acompañarnos en esta emoción que tanto nos desestabiliza, comprendiendo que tiene un mensaje que darnos, comprendiendo que tiene que ser atendida, sentida, vivida y escuchada. Podemos integrar lo vivido, sufrido y sentido para, poco a poco, ir liberándonos de tanta carga emocional acumulada.

De esta forma, seremos más libres, más adultos y conscientes y podremos acompañar muchísimo mejor a nuestros hijos e hijas, mientras nos adueñamos de nuestras emociones, sin hacerles responsables, sin culpabilizarles ni hacerles sentir que tienen que sostenernos. Creciendo nosotros, podremos ayudarles a crecer permitiendo que sean los seres que son. Ocuparemos nuestro espacio adulto, con la responsabilidad que acarrea tener hijos e hijas, y podremos sostenerles sin engancharnos a sus emociones, de una forma respetuosa, compasiva, amorosa y consciente.

Tenemos que aprender a ver más allá. Tenemos que desengancharnos de las expectativas, ilusiones y fantasías que hemos creado con nuestros hijos e hijas, pero también de las creencias heredadas que tanto poso han dejado en nosotros. Tenemos que desaprender. Tenemos que dejar de ver el síntoma con miedo para poder entrar a ver la raíz con amor y compasión. Tenemos que dejar de tratar las rabietas como algo malo que asusta, y empezar a verlas como la comunicación de algo que necesita ser visto y atendido. Verlas no como una dificultad, sino como una oportunidad de crecimiento.

Ahora y aquí tenemos la posibilidad de cambiar el paradigma y abrazar otra forma de hacer las cosas. Sin gritos, sin amenazas, sin la necesidad de crear miedo para tener el control del otro, sin manipulaciones ni agresiones. Sabemos adónde ha llevado el mundo esta vieja manera de tratar a la infancia. Quizá va siendo hora de tratarnos distinto. Quizá va siendo hora de sanarnos para poder ver crecer generaciones más sanas y conscientes.

Con este libro he querido ayudarte y motivarte a hacer el trabajo que requiere acompañar así a tus hijos e hijas. Tengo muy claro que es el camino para hacer de este un mundo mejor. Y sí, quizá a veces desfallecerás, es normal. Valídate, compréndete, trátate con amabilidad y compasión. Lo estás haciendo tan bien como puedes y sabes a cada momento. Abrázate porque solo aceptándote profundamente cómo eres ahora y aquí podrás aceptar también cómo es ahora y aquí tu hijo o hija. Y eso, la aceptación de quienes sois, os conectará inevitablemente haciéndolo todo más fácil y llevadero. Conectemos con ellos y entreguémonos al presente como si no hubiera un mañana. Es todo lo que tenemos y, en realidad, es todo lo que necesitamos.

No quería terminar este libro sin darte las gracias a ti, que lees estas palabras. Deseo profundamente que cada página de este libro haya resonado hondo y haya removido, liberado y encajado piezas que te ayuden a conectar mejor con tus hijos e hijas cuando estén pasándolo mal. Ojalá estas páginas te ayuden a acompañarte mejor para poderles acompañar mejor.

Gracias por ser valiente y no escoger el camino del viejo patrón, mucho más fácil, inconsciente y trillado. Gracias por abrir traza y por tu consciencia. Sé que a ratos es difícil, duro y que el camino se hace largo y solitario, pero te aseguro que merece el esfuerzo. Sigue caminando, sigue aprendiendo, sigue poniendo consciencia, sigue creciendo. Por tu bien. Por el de tus hijos. Por el del mundo entero.

Ahora y aquí honro y bendigo tu camino.

Ojalá resuene.

AGRADECIMIENTOS

Cuando aprendí a escribir, recuerdo que pasaba horas y horas encadenando letras, palabras y frases, porque experimentaba una felicidad que no me proporcionaba ninguna otra actividad. Empecé a escribir cuentos, historias y no paré. Cuando me preguntaban qué quería ser de mayor, decía que escritora, hasta que me contaron que de eso no se podía vivir. Así que elegí periodismo para ganarme la vida, justamente porque pensé que siendo periodista tendría que escribir mucho, por lo tanto, era algo que me acercaba bastante a lo que yo quería desde niña. Aun así, seguí creando mis propias historias, llenando carpetas físicas y carpetas en el ordenador de escritos, novelas, cuentos, reflexiones, ensayos... Así que el primer agradecimiento de este libro quiero dárselo a la escritura, por haberme hecho tan feliz y haberme dado y llenado tanto. Agradezco toda la felicidad que he sentido escribiendo cada palabra que alberga este libro que estás leyendo. Ha sido una auténtica gozada.

Agradezco también a la vida que me haya permitido escribir dándome inspiración, ganas y motivación para hacerlo. Agradezco que un día mi intuición me dijera «tienes que escribir un libro sobre rabietas y ayudar a las familias».

Me agradezco a mí misma, a mi yo más profundo, que jamás dejara de escribir a pesar de todas esas voces que me lo quitaban de la cabeza porque «no se podía vivir de eso». Desconocían que yo no escribía pensando en vivir de ello, sino simplemente porque me hacía tremendamente feliz y me conectaba a la fuente, a un lugar donde sentía que me nutría, que me conectaba a la esencia y al mismísimo universo. Agradezco poderme haber conectado ahí para escribir cada palabra de este libro.

Gracias a mi agente literaria Sandra Bruna por confiar en él desde el primer minuto: Sandra, tus palabras fueron un motor. Gracias a mi editora Marta Sevilla por decir *sí* a este proyecto casi a ciegas. Pareces mi talismán: con tu *sí* al primer libro que escribí con mi madre Àngels Torras y ahora a este. Gracias, gracias y gracias, de todo corazón.

Gracias a Josep Maria Garcia, mi padrastro, quien tanto me ha ayudado a saber acompañar mis propias emociones y las de mis hijas. Josep Maria, no sé si eres consciente de lo importante que eres y has sido en mi vida y de lo mucho que me has enseñado. Gracias por, siendo yo una niña de cinco años, decidir querer formar parte de la vida de mi madre y de la mía, amándome y cuidándome como si fuera tu hija. Vivo el compartir la vida contigo como un regalo y te agradezco profundamente tu estar sereno, profundo, sabio y sostenedor. Gracias por querer escribir el prólogo de este libro. Te lo agradezco de todo corazón, así como todo el apoyo que me has dado mientras escribía este libro.

Gracias a mi madre, Àngels Torras, por tanto. Mamá, gracias por animarme siempre, por saber acompañarme de esta forma tan amorosa, compasiva y a la vez empoderadora que me hace sentir capaz de todo. Me siento profundamente agradecida y afortunada de ser tu hija.

Gracias a mi abuela, por leerse absolutamente todo lo que escribo siempre. Por devorar cada libro, cada cuento, cada post. Si alguien me ha enseñado lo que significa la palabra «incondicional» esa eres tú. Gracias y que me sigas leyendo muchísimos años más.

Gracias a mi suegra, la mejor que podría tener, por estar siempre dispuesta a ayudar. Gracias a ella, a mis hermanos, a mis cuñadas, a mi padre y a su mujer por estar pendientes y disponibles, y mandarme mensajes de «¿qué tal el libro? ¿Quieres que te ayudemos con las niñas para que puedas avanzar?» Os quiero, familia.

Gracias a Lali, por apoyarme en cada proyecto. Gracias por los mensajes de «tranquila, podrás», que me mandas, por confiar en mí tan plenamente, por ayudarme, escucharme y animarme siempre. Eres luz.

Gracias a Khadija, por estar siempre al otro lado cuando me asaltan las dudas y me olvido de respirar.

Gracias a mis clientes, seguidores y seguidoras, alumnos por confiar en mí y pedirme que elabore contenido que os pueda ayudar. Me llenáis de inspiración y de ganas de intentar haceros este camino de la maternidad y paternidad más consciente, más fácil y más feliz.

Gracias a mi marido, por apoyarme tanto y en todo. Cariño, no sé si eres consciente de lo mucho que significa para mí tu apoyo y sostén en cada proyecto y libro que escribo. Gracias por la paciencia y por la confianza. Verte tan seguro de que puedo, me empodera. Te quiero.

Gracias a Laia y a Lua por todo lo que me han enseñado y me enseñan cada día. Hijas mías, gracias por cada uno de vuestros enfados porque en ellos he aprendido de mí, de vosotras, y de acompañaros en momentos de malestar. Esta experiencia me ha ayudado, después, a que muchas familias hayan podido acompañar mejor a sus hijos y eso, en buena parte, ha sido gracias a vosotras dos. Ojalá este libro siga haciendo esta cadena de ayuda muchísimo más larga y fuerte.

Laia, Lua… La vida a vuestro lado es un auténtico regalo que agradezco profundamente y honro día a día. Gracias porque a vuestro lado he aprendido a acompañaros. Gracias por la paciencia que habéis tenido y tenéis todavía con vuestra madre, que no es perfecta, y que aprende a medida que vamos creciendo todos. Mantengo mi compromiso de revisarme siempre, de poner consciencia, de adueñarme de mis heridas y emociones para que no difuminen vuestro camino. Sois libres. Sois soberanas. No me pertenecéis. Os quiero profundamente y me siento conectada a vosotras con ese hilo invisible del que hablamos desde que nacisteis. Un hilo que nos unirá más allá del tiempo y el espacio. Más allá de la vida terrenal y más allá de todo. Somos una. Ahora y siempre.

ECOSISTEMA DIGITAL

NUESTRO PUNTO DE ENCUENTRO

www.edicionesurano.com

2 AMABOOK
Disfruta de tu rincón de lectura
y accede a todas nuestras **novedades**
en modo compra.
www.amabook.com

3 SUSCRIBOOKS
El límite lo pones tú,
lectura sin freno,
en modo suscripción.
www.suscribooks.com

DISFRUTA DE 1 MES
DE LECTURA GRATIS

1 REDES SOCIALES:
Amplio abanico
de redes para que
participes activamente.

4 APPS Y DESCARGAS
Apps que te
permitirán leer e
**interactuar con
otros lectores.**